Computervisualisierung und Modelldenken

Jörg Saborowski

Computervisualisierung und Modelldenken

Konzeptionelle Grundlagen und fachdidaktische Konsequenzen für den Chemieunterricht

Die Deutsche Bibliothek – CIP-Einheitsaufnahme

Saborowski, Jörg:
Computervisualisierung und Modelldenken : konzeptionelle Grundlagen und fachdidaktische Konsequenzen für den Chemieunterricht / Jörg Saborowski. – Köln : Saborowski, 2000
Zugl.: Köln, Univ., Diss., 1999
ISBN 3-89811-416-3

ISBN 3-89811-416-3

e-mail: joerg.saborowski@uni-koeln.de

Druck: Libri Books on Demand

Printed in Germany

Du sollst von der Anschauung ausgehen und von ihr zum Begriff gelangen.

F. A. W. DIESTERWEG

INHALTSVERZEICHNIS

1 EINFÜHRUNG: PROBLEMEXPLIKATION UND METHODISCHES VORGEHEN 13

2 GRUNDLEGUNGEN 19

2.1 Standortbestimmung: Der Status quo von Modellen im Chemieunterricht 19
2.1.1 Forderungen der Fachdidaktik 19
2.1.1.1 Malenter Empfehlungen 19
2.1.1.2 Denkschriften der GDCh 21
2.1.1.3 Empfehlungen der MNU 23
2.1.2 Lehrpläne Nordrhein-Westfalen 24
2.1.2.1 Gymnasium (Sekundarstufe I) 24
2.1.2.2 Realschule 26
2.1.2.3 Hauptschule 26
2.1.2.4 Gesamtschule 27
2.1.3 Bayerische Lehrpläne im Vergleich 28
2.1.4 Diskussion und Folgerungen 29

2.2 Voraussetzung: Der Erkenntniskontext 33
2.2.1 Erkenntnistheoretische Standpunkte: Empirismus und Rationalismus 33
2.2.2 Das Forschungsprogramm „Evolutionäre Erkenntnistheorie“ 36
2.2.2.1 Postulate wissenschaftlicher Erkenntnis und der „Hypothetische Realismus“ 37
2.2.2.2 Kernaussagen der Evolutionären Erkenntnistheorie 39
2.2.2.3 Konzepte der Evolutionären Erkenntnistheorie 40
2.2.2.3.1 Mesokosmos 40
2.2.2.3.2 Anschaulichkeit 41
2.2.2.3.3 Der Erkenntnisprozeß 44
2.2.3 Kritik und Einführung einer konstruktionistischen Prämisse 45
2.2.4 Diskussion und Folgerungen 51

2.3 Konkretisierung: Der Modellbegriff in der Fachdidaktik 55
2.3.1 Der umgangssprachliche Modellbegriff 55
2.3.2 Erschließung der wissenschaftlichen Bedeutung 56
2.3.2.1 Der allgemeine Modellbegriff nach STACHOWIAK 56
2.3.2.2 Der Modellbegriff in den Naturwissenschaften nach HERTZ und KELLER 58
2.3.2.3 Der fachdidaktische Modellbegriff nach KIRCHER 60

2.3.2.3.1 Festlegung des Modellbegriffs 60
2.3.2.3.2 Das Verhältnis von Modell und Objekt 62
2.3.2.3.3 Die Einbeziehung des Subjekts 64
2.3.3 Erweiterung des M-O-S-Relationsgefüges 65
2.3.4 Diskussion und Folgerungen 69

2.4 Computervisualisierung: Möglichkeiten eines Mediums 73
2.4.1 Grundlagen der Visualisierung 73
2.4.2 Bedeutungsfelder der Visualisierung 76
2.4.2.1 Förderung visueller Lerntypen und Multimedia-Anwendungen 76
2.4.2.2 Datenanalyse und Molecular Modeling 77
2.4.3 Visualisierungen als Veranschaulichungen und Anschauungsmodelle sowie als Aufgabe der Fachdidaktiken 81
2.4.4 Animationen und virtuelle Realität 82
2.4.5 Dreidimensionale Visualisierung mit VRML 85
2.4.6 Computervisualisierungen im Chemieunterricht 93
2.4.7 Diskussion und Folgerungen 95

2.5 Zusammenführung: Die Verbindung von Determinanten der theoretischen Überlegungen und Möglichkeiten des Computers 97

3 DIE RAUM-ZEIT-DIMENSION: EMPIRISCHE UNTERSUCHUNG ZUR COMPUTERGESTÜTZTEN RAUMVORSTELLUNG 105

3.1 Vorbetrachtungen: Das Denken im Raum 105
3.1.1 Das Konzept Raumvorstellung 105
3.1.1.1 Raumvorstellung im Rahmen der Intelligenzmessung 105
3.1.1.2 Systematisierungsansätze 107
3.1.1.3 Entwicklung der Raumvorstellung 108
3.1.2 Die Bedeutung der Raumvorstellung für den Chemieunterricht 109
3.1.3 Befunde zur computergestützten Raumvorstellung 112

3.2 Untersuchungshypothese 114

3.3 Grundsätzliche Überlegungen zur Testkonstruktion 115

3.4 Entwicklung einer Testsoftware 117
3.4.1 Aufgabenauswahl 117
3.4.2 Softwareplattform 119
3.4.3 Konstruktion und Programmierung der Testsoftwarepakete 120

3.5 Qualitativer Vortest 122

3.6 Quantitativer Vortest 123

3.6.1 Durchführung und Stichprobendaten 123
3.6.2 Ergebnisanalyse 124
3.6.2.1 Rohwerte 125
3.6.2.2 Prüfung auf Normalverteilung 125
3.6.2.3 Schwierigkeiten- und Trennschärfenbestimmung 129
3.6.2.4 Testgüte 131

3.7 Testoptimierung 135
3.7.1 Aufgabenselektion 136
3.7.2 Testendform 137

3.8 Hauptuntersuchung 137
3.8.1 Durchführung und Stichprobendaten 137
3.8.2 Ergebnisanalyse 139
3.8.2.1 Rohwerte 139
3.8.2.2 Prüfung auf Normalverteilung 140
3.8.2.3 Schwierigkeiten- und Trennschärfenbestimmung 143
3.8.2.4 Testgüte 144
3.8.3 Überprüfung der Testhypothese 145
3.8.4 Weitere Ergebnisse 147

3.9 Zusammenfassung der Untersuchung, Diskussion der Ergebnisse und Konsequenzen für den Chemieunterricht 151

4 DIE MODELLDIMENSION: ANSÄTZE FÜR EINEN MODELLORIENTIERTEN COMPUTERUNTERSTÜTZTEN CHEMIEUNTERRICHT 159

4.1 Allgemeine und methodische Überlegungen 159

4.2 Die Behandlung des Teilchenmodells im Chemieunterricht als Beispiel für den Einsatz neuer computergestützter Visualisierungskonzepte 163
4.2.1 Sachanalyse des Themenbereichs 164
4.2.1.1 Modellbereich: Eigenschaften der kleinsten Teilchen 165
4.2.1.2 Objektbereich: Die Erklärungskraft des Teilchenmodells 167
4.2.1.3 Subjektbereich 168
4.2.1.3.1 Schülervorstellungen 168
4.2.1.3.2 Diskontinuumsproblematik 172
4.2.1.3.3 Modell und Realität 174
4.2.1.4 Trennung von Modellbereich und Realitätsbereich des Teilchenmodells 176
4.2.1.5 Folgerungen 178
4.2.2 Möglichkeiten der Computervisualisierung 179

4.2.2.1 Alternativen zu herkömmlichen Darstellungsformen 179
4.2.2.1.1 Zur Kugelform 179
4.2.2.1.2 Zur Größe 180
4.2.2.1.3 Zur Massenerfüllung 181
4.2.2.1.4 Zur Bewegung 182
4.2.2.2 Anwendungsbereiche 183
4.2.2.3 Verknüpfung der Alternativen und Konzeption eines Softwarepaketes 184
4.2.2.4 Erweiterbarkeit der Software 187

4.3 Weiterführende Beispiele 187
4.3.1 Die Stoffumwandlung 187
4.3.1.1 Sachanalyse des Themenbereichs 187
4.3.1.2 Möglichkeiten der Computervisualisierung 193
4.3.2 Einführung der kovalenten Bindung 196
4.3.2.1 Sachanalyse des Themenbereichs 196
4.3.2.2 Möglichkeiten der Computervisualisierung 198
4.3.3 Der Säure-Base-Begriff nach BRÖNSTED 200
4.3.3.1 Sachanalyse des Themenbereichs 200
4.3.3.2 Möglichkeiten der Computervisualisierung 202

4.4 Diskussion und Ausblick 203

5 ZUSAMMENFASSUNG 207

ABBILDUNGSVERZEICHNIS 213

TABELLENVERZEICHNIS 215

ABKÜRZUNGSVERZEICHNIS 217

LITERATURVERZEICHNIS 219

ANHANG 229

A 1 Rohwerturlisten 229
A 1.1 Qualitativer Vortest (RVT) 229
A 1.2 Quantitativer Vortest 230
A 1.3 Hauptuntersuchung 232

A 2 Testmaterial der Testvorform 235
A 2.1 Objekte 235
A 2.2 Menüprogramm 237
A 2.3 Testbögen 238

A 3 Testmaterial der Testendform 246
A 3.1 Objekte 246
A 3.2 Menüprogramm 247
A 3.3 Testbögen 248

A 4 RVT-Testbögen 254

A 5 Aufgabengruppen I-IV des RAT von BARKE 256

1 EINFÜHRUNG: PROBLEMEXPLIKATION UND METHODISCHES VORGEHEN

Der Chemieunterricht befindet sich in einer Krise. Eine Vielzahl an Untersuchungen zeigt, daß sich eine existentiell bedrohliche Situation der Schulleistungen, der Akzeptanz und der Interessenlage beim Schüler[1] entwickelt hat. Dies geht einher mit der gesellschaftlichen Abwertung der Chemie, die vielleicht als Teilergebnis eines defizitären Chemieunterrichts anzusehen ist.

Diese Situation wurde zuletzt durch die vielbeachtete „Third International Mathematics and Science Study" (TIMSS) (BAUMERT & LEHMANN 1997) erneut dokumentiert. Hier wird bei der Diskussion der Fähigkeitsniveaus im Fach Chemie hervorgehoben:

> „Weitaus deutlicher als in Mathematik tritt in den naturwissenschaftlichen Fächern der qualitative Sprung zwischen Alltagswissen und einem fachlich-konzeptuellen Verständnis naturwissenschaftlicher Phänomene hervor. Am deutlichsten ist diese Diskrepanz im Fach Chemie. [...] In Biologie und Physik deutet sich ein eher gleitender Übergang zwischen Alltags- und Konzeptwissen an, während im Fach Chemie ein abrupter Sprung erfolgt. Ein elementares Konzeptverständnis erreichen bis zum Ende der 8. Jahrgangsstufe je nach Stoffgebiet zwischen 5 und maximal 25 Prozent der Alterskohorte." (BAUMERT & LEHMANN 1997, S. 87)

Es scheint also so zu sein, daß wir im Chemieunterricht etwas entscheidend Falsches machen. Und dieses Falsche kann nicht an einen kurzzeitig zu behandelnden Inhalt gebunden sein, sondern nur an einen Inhalt, der grundlegend ist und ab dessen Einführung das Verständnis von und das Interesse für Chemie radikal nachläßt. Dieser Inhalt scheint zudem im Lernprozeß dort angesiedelt zu sein, wo der in der TIMS-Studie erwähnte „Sprung" stattfindet. Hier müssen keine genauen Analysen und Untersuchungen getätigt werden, um das Schlüsselproblem festzustellen:

> ***Die Einführung submikroskopischer Modellvorstellungen als Grundlage weiteren Chemieunterrichts ist ein neuralgischer Punkt für Verständnis von und Interesse für Chemie.***

Die Modelle bilden zusammen mit dem Experiment die Säulen der naturwissenschaftlich-chemischen Erkenntnis. Während das Experiment streng methodologisch betrachtet zwar nur in Wechselwirkung mit entsprechenden Modellen seinen Sinn erfährt, ist es durch seinen häufig vereinfachenden unterrichtlichen

[1] Die in dieser Arbeit verwendeten Funktionsbeschreibungen sind geschlechtsneutral zu verstehen. Es wird jeweils sowohl das weibliche als auch das männliche Geschlecht angesprochen. Anderenfalls wird das Geschlecht ausdrücklich erwähnt.

Einsatz als Bestätigungs- oder Problemstellungsexperiment oder sogar nur aus motivationalen Beweggründen heraus nicht so problematisch für das Basisverständnis, zumal es auch im phänomenologischen Chemieunterricht seine Rolle einnimmt. Dem Modell hingegen kommt eine Schlüsselstellung zu, die nicht hoch genug angesetzt werden kann.

> ***Ohne ein tiefergehendes Verständnis des Modellcharakters chemischer Theorien bleibt das Verständnis für Chemie oberflächlich phänomenologisch oder anwendungsorientiert formal.***

Der Modellcharakter wird jedoch unterrichtlich vernachlässigt, vielleicht bedingt durch die spiralcurricuale Entwicklung verschiedener Modellvorstellungen: Lernende fassen Modelle durch ihr sequentielles Auftreten mehr als jeweils verbesserte Wahrheit denn als mögliche Denkalternativen auf; Lehrende haben durch jahrelange intensive Beschäftigung mit chemischen Theorien deren Modellcharakter internalisiert, woraus eine in bezug auf ihre methodologische Bedeutung für ein Gesamtkonzept „Chemie“ zu unreflektierte unterrichtliche Behandlung der curricular wechselnden Inhalte folgt.

Der erste „Sprung“ im Sinne der TIMS-Studie ist die Einführung eines zunächst undifferenzierten Teilchenmodells. Es sind verschiedenste Konzepte vorgestellt worden, um dem Schüler diesen Übergang vom Phänomenologisch-Konkreten zum „Wissenschaftlich-“Abstrakten zu erleichtern. Angefangen mit dem vieldiskutierten Modellexperiment zur Mischung von Alkohol und Wasser, über die BROWNsche Molekularbewegung, experimentell orientierte Hinführungen zum Teilchenbegriff bis hin zur modellorientierten Mitteilung und Erarbeitung wie im strukturorientierten Anfangsunterricht werden diese Konzepte bis heute kontrovers diskutiert. Dennoch scheinen sie alle daran zu scheitern, das Stoffliche mit dem Abstrakten verbinden zu können.

Wenn dieses aber dennoch gelungen ist, wird das Teilchenmodell vom Schüler in die Realität transformiert: Aus Mangel an Abstraktionsvermögen werden den Teilchen makroskopische Eigenschaften zugeschrieben, um sie so vorstellbar zu machen. Dieses mag im Verlauf des Unterrichts nicht weiter tragisch sein, solange mit dem Modell als Mittel zur Vermittlung die gewünschten Lernerfolge erreicht werden. Spätestens aber bei der Einführung eines neuen, differenzierteren Modells (der zweite „Sprung“) wird vom Schüler das Aufgeben seiner bisherigen Vorstellung vom Wesen der Materie verlangt. An diesem Punkt tritt die Frage auf, wie „es“ denn „wirklich“ ist, und es entsteht teilweise Frustration über die bisherige Beschäftigung mit „Falschem“. Falls der Wechsel zum neuen Konzept trotz des Problems des Beharrungsvermögens erster Vorstellungen vollzogen wird, so doch dermaßen radikal, daß mit dem älteren Modell, auch lehrplanbedingt, nicht mehr gearbeitet wird und ein Nebeneinander von Modellen, welches für ein Verständnis des Modellcharakters unabdingbar ist, nicht stattfindet.

Dieser Prozeß wiederholt sich immer wieder bei der Einführung neuer Modelle, nicht nur bei den Atommodellen, sondern auch, für den Chemieunterricht von essentieller Bedeutung, bei den Bindungsmodellen. Hier werden anfängliche Nicht-Modelle („Kleber") von COULOMBschen Wechselwirkungen abgelöst, die spätestens beim Kugelwolken-, beim Orbitalmodell oder bei formalen Konzepten wie der Oktettregel ihre Grundlage verlieren, ganz zu schweigen vom diffusen „Elektronengas"-Modell, das ähnlich wie die „Planetenbahnen" beim BOHRschen Atommodell anschauliche, aber eben dadurch zu feste und damit hinderliche alltagsbezogene Vorstellungen weckt und verfestigt. Bei den Bindungsmodellen kommt noch erschwerend dazu, daß hier häufig zeitlich parallel unterschiedliche Modelle verwendet werden, die auch nicht an Atommodelle gebunden sind, und somit auch die Flucht in eine zum jeweiligen Zeitpunkt vom Lehrenden bevorzugte „Wahrheit" möglich ist. Es herrscht Konfusion und Resignation.

Zusammenfassend ergibt sich eine Situation, die in der Chemie jenseits des Phänomenologischen nur noch stark abstrakt für einige Schüler begreifbar ist („Alles nur Formelkram."). Es sind hierfür folgende Gründe ausschlaggebend:

1. Die Einführung des Teilchenmodells ist ein „Sprung" ins Abstrakte.
2. Ein falsch verstandener kategorialer, spiralcurricular bedingter Wechsel der Atom- und Bindungsmodelle verhindert die Chance eines Nebeneinander von unterschiedlichen Modellvorstellungen.

Ohne submikroskopische Teilchenvorstellungen ist Chemie und Chemieunterricht allerdings undenkbar. Der angesprochene „Sprung" muß gemacht werden, er kann nur abgemildert, nicht vermieden werden. Der Wechsel von unterschiedlichen Modellen in der unterrichtlichen Laufbahn des Schülers ist ebenfalls nicht zu vermeiden. Ein einheitliches Modell für alle Jahrgänge oder zumindest für die Mittelstufe, beispielsweise in Form des KIMBALL-Modells, scheint nicht praktikabel für die Einführung des Teilchenbegriffs oder zur Erklärung von ionischen Wechselwirkungen. Zudem würde sich dieses Vorgehen kontraproduktiv auf das allgemeine Verständnis von Modellen auswirken; hier träte die Gefahr des Gleichsetzens von Modell und Realität zutage. Es kann nur mildernd eingegriffen werden, und zwar durch einen weniger abrupten Wechsel der Vorstellungen. Es muß ermöglicht werden, neue Modelle als nötig zu akzeptieren und dennoch die Vorteile, die ältere Modelle bieten, weiterhin zu nutzen. Es muß Flexibilität beim Umgang mit Modellvorstellungen erreicht werden.

Die Abmilderung der beiden Probleme läßt sich nun eventuell mittels eines neuen Mediums verwirklichen, des Computers. Aufgrund der raschen Entwicklung im Bereich graphischer Simulation ist man heute in der Lage, mit durchschnittlich leistungsstarken Rechnern submikroskopische Strukturen und Vorgänge anschaulich zu modellieren. Hier zeigen sich Vorteile beim Sprung ins Abstrakte: Durch das Hantieren mit Modellen am Computer wird Realität simuliert und durch diese Imitation der direkt erfahrbaren Umgebung tritt kein Bruch mit der alltäglichen Wirklichkeit auf. Der Umgang mit Modellen findet weiterhin auf einer konkreten Ebene statt; formales Agieren mit Symbolen und Abstraktionen ist nicht nötig. Dies ist natürlich auch bei herkömmlichen, anfaßbaren 3-D-Modellen der Fall. Bei ihnen besteht allerdings die bereits angesprochene Gefahr, daß diese Modelle von prinzipiell nicht anschaulich vorstellbaren Objekten mit Idealisierungen von direkt Anschaulichem oder mit simplen Vergrößerungen verwechselt werden.

Die Gefahr der Verwechslung von Modell und Realität besteht bei herkömmlichen 3-D-Modellen mehr als bei Computermodellen.

Der modellhaft abgebildete Wirklichkeitsbereich liegt bei herkömmlichen Modellen im direkten Wahrnehmungsraum, die Modelle sind greifbar und physisch existent, bei Computervisualisierungen hingegen in einem mehr indirekten oder virtuellen Wahrnehmungsraum, da Inhalte zwangsläufig (als unvermeidliche Eigenschaft des Mediums) simuliert werden.

Durch diese Kluft zwischen Subjekt und Modell wird der Umgang mit Modellen mehr vom Wahrnehmbaren ins Vorstellbare und somit in Richtung Denk*möglichkeit* gerückt. Dieses geöffnete Fenster ins Unanschaubare bildet mehr eine Möglichkeit denn eine Wirklichkeit ab, liegt mehr in der Vorstellung.

Der Vorteil von Computermodellen beim Wechsel zwischen Modellvorstellungen liegt auf der Hand: Das Medium bietet im Gegensatz zu starren gegenständlichen Modellen eine fast unbegrenzte Flexibilität in den Darstellungs- und Interaktivitätsmöglichkeiten. Atome und Moleküle können mit unterschiedlichen Modellen dargestellt werden, Hilfskonstruktionen wie Verbindungsstäbe können entfallen, Elektronenwolken können „weich“ und dynamisch dargestellt werden etc. So könnte dem Schüler ein Mittel an die Hand gegeben werden, welches ihm ermöglicht, spielerisch „seine“ Modelle auszuwählen und zu erstellen, Vor- und Nachteile zu erkunden und die Darstellung zu wählen, die seinen Vorstellungen am nächsten kommt, ohne dabei den Boden des fachlich Korrekten zu verlassen.

Die genannten Vorteile des Mediums Computer münden in eine These:

Bei Computervisualisierungen tritt der einmalige, ansonsten sich ausschließende Effekt auf, daß der Modellcharakter verstärkt wird und der Abstraktionsgrad abnimmt.

Diese These ist ein Teil der allgemeinen Fragestellung dieser Arbeit, die die Auswirkungen neuer computerbasierter Visualisierungsmöglichkeiten auf die Modellvorstellungen des Chemielernenden untersucht.

Zur Aufarbeitung dieses Problemfeldes sollen im ersten Teil der Arbeit theoretische Grundlegungen erfolgen. Hierbei ist zunächst der Status quo von Modellen im Chemieunterricht zu betrachten: Welche Rolle nehmen die Modelle ein? Weiterhin ist es notwendig, einige erkenntnistheoretische Betrachtungen anzustellen. Hierbei wird unter anderem der für die Auseinandersetzung mit Modellen zentrale Begriff der Anschaulichkeit geklärt werden. Anschließend führt eine Konkretisierung des Modellbegriffs zu einem besseren Verständnis bei der Unterscheidung von theoretischen Modellvorstellungen und Anschauungsmodellen. Als vierter grundlegender Bereich wird das Konzept der Computervisualisierung vorgestellt. Eine Zusammenführung der bis dahin untersuchten Bereiche wird zu der Differenzierung zweier Dimensionen der Nutzung von Computervisualisierungen zur Verbesserung des Denkens in Modellen leiten.

Hierbei wird deutlich werden, daß es an erster Stelle eines Nachweises bedarf, inwieweit sich computerunterstützte Visualisierung von Dreidimensionalem überhaupt auf das räumliche Vorstellungsvermögen des Schülers auswirkt. Dieser Nachweis soll im zweiten Teil der Arbeit durch eine empirische Untersuchung erbracht werden.

Zur Klärung der oben genannten These werden im dritten Teil konkrete Ansätze vorgestellt, die Hinweise auf die Vorteile des Computereinsatzes zur Ausbildung eines intensivierten Modelldenkens beim Schüler geben.

Es bleibt anzumerken, daß sich diese Arbeit im wesentlichen mit den in der Sekundarstufe I gebräuchlichen Modellen befaßt. Dies liegt darin begründet, daß es notwendig erscheint, von Anfang an im Chemieunterricht auf eine Flexibilisierung und Verbesserung des Modelldenkens hinzuwirken. Dennoch sind die Ergebnisse insbesondere der allgemeinen Betrachtungen für alle Alters- und Lernstufen gültig und auf diese transferierbar.

Education is what survives when what has been learnt has been forgotten.

B. F. SKINNER

2 GRUNDLEGUNGEN

2.1 Standortbestimmung: Der Status quo von Modellen im Chemieunterricht

Für einen ersten Zugang zur Funktion und Bedeutung von Modellen im Chemieunterricht bietet es sich an, die von der Fachdidaktik im mehr oder weniger großem Konsens geforderten Positionen darzulegen und diese den aktuellen Lehrplänen gegenüberzustellen. Hierbei wird zugleich der inhaltliche, methodische und methodologische Umfang deutlich, den Modelle einnehmen.

2.1.1 Forderungen der Fachdidaktik

Im folgenden werden die „Malenter Empfehlungen", die Denkschriften der GDCh zur Lehrerbildung und die Empfehlungen der MNU zur Gestaltung von Lehrplänen betrachtet.

2.1.1.1 Malenter Empfehlungen

Als Ergebnis einer Arbeitstagung „Atommodelle im naturwissenschaftlichen Unterricht" im April 1975 in Malente wurden die „‚Malenter Empfehlungen' für die Behandlung der Atommodelle im naturwissenschaftlichen Unterricht'[2] veröffentlicht (WENINGER & BRÜNGER 1976). Diese haben insbesondere durch die Formulierung eines Verlaufsplans zur genetischen Entwicklung von Atommodellen im Unterricht starke Auswirkungen auf die Gestaltung von Curricula und Lehrplänen gehabt.

Die Autoren geben fünf Empfehlungen:

1. Der Unterricht sollte auf künftige Nichtwissenschaftler ausgerichtet sein.

2. Modelle sollten zur Deutung experimenteller Befunde genetisch entwickelt,

[2] Teilnehmer der Tagung waren: K. BLÄNSDORF, J. R. BLOCH, H. BRÜNGER, W. BÜNDER, H. R. CHRISTEN, W. DIERKS, H. ECKHARDT, P. HÄUSSLER, U. HOYER, E. KIRCHER, O. MÜLLER, H. NAUMER, F. REICHSPFARR, H.-W. SCHÜTT, H. TOM DIEK, A. WAGNER, J. WENINGER und J. WULFTANGE. (WENINGER & BRÜNGER 1976)

nicht mitgeteilt werden und es sollte einige Zeit mit ihnen gearbeitet werden. Genetische Entwicklung meint hierbei einen fünfstufigen Prozeß: 1. Erzeugung eines kognitiven Konflikts mittels einer experimentellen Beobachtung, die mit vorhandenen Erfahrungen nicht gedeutet werden kann. 2. Entwicklung einer Vorstellung, die dies leistet. 3. Beantwortung der Frage, die sich aus dem Experiment ergeben hat. 4. Deutung weiterer Phänomene mit der entwickelten Vorstellung. 5. Konfrontation mit einem Phänomen, das nicht erklärt werden kann und somit wieder Einstieg in die erste Phase. Durch eine solche Behandlung dienen Modelle einerseits als Zweck (Antworten auf Grundfragen des Chemieunterrichts), andererseits als Mittel (Deutung weiterer Phänomene).

3. Es sollten folgende Hypothesen und Modelle in der angegebenen Reihenfolge in der Sekundarstufe I behandelt werden: 1. Atomhypothese. 2. Kugelmodell (DALTON-Modell). 3. Kern-Elektron-Hypothese. 4. Erdbeermodell. 5. Valenzschema. 6. Strukturiertes Kern-Elektron-Modell (J. J. THOMSON-Modell) 7. Für Schüler, die die Schule nach der Sekundarstufe I verlassen: Elektronenpaar-Abstoßungsmodell (GILLESPIE-Modell) oder Kugelwolkenmodell (KIMBALL-Modell).[3] Diese Modellvorstellungen sollten allen Schülern entweder im Chemie- oder im Physikunterricht nahegebracht werden.

4. Auf die sprachlich genaue Formulierung sollte besonders geachtet werden, um dem Schüler das Diskontinuumsdenken zu erleichtern. Ebenso hat der Abbau unzutreffender Vorstellungen Vorrang vor der Einführung neuer, zutreffenderer Vorstellungen.

5. Die Behandlung von Modellen sollte den Schüler motivieren, erkenntnis- und wissenschaftstheoretische Überlegungen zum Thema des Unterrichts zu machen.

Insgesamt wird mit diesen Empfehlungen der Modellbegriff und die Bedeutung von Modellen für den Erkenntnis- und Lernprozeß hervorgehoben und damit Modelle als unverzichtbar und als gleichwertig den Experimenten, mit welchen sie untrennbar verknüpft sind, für den Chemieunterricht angesehen. Die mit der genetischen Entwicklung verbundenen Nachteile der bereits in der Einführung geschilderten „Sprünge" von einem Modell zum nächsten und des Zeitaufwandes der Methode werden erkannt, jedoch als unvermeidlich angesehen.

---

[3] Auf eine ausführliche Schilderung der einzelnen Modelle wird verzichtet, da deren Inhalte in fachdidaktischen Kreisen allgemein bekannt sein dürften. Eingehendere Beschreibungen zu den in der Sekundarstufe I relevanten Modellen und didaktischen Aspekten sind u.a. den Aufsätzen von SCHÜTT (1976), NAUMER (1976), ECKHARDT (1976), TOM DIEK (1976) und CHRISTEN (1976) des Tagungsbandes zu entnehmen.

2.1.1.2 Denkschriften der GDCh

Die Denkschriften zur Lehrerbildung lassen trotz der primären Ausrichtung auf die universitäre Ausbildung Rückschlüsse auf die unterrichtliche Rolle von Modellen zu, da das Studium besonders des Lehramtes Sekundarstufe I an den Anforderungen des späteren Berufes ausgerichtet sein soll. So wird unter fachdidaktischer Perspektive ausführlich auf Vermittlungsprozesse und den Lernenden eingegangen und somit der Unterricht reflektiert. Zudem müssen die universitären Lernziele den schulischen insofern entsprechen, als Lehrer nur das vermitteln können, was sie selbst zuvor erlernt haben.

In der „Denkschrift zur Lehrerbildung für den Chemieunterricht in den Altersstufen der Zehn- bis Fünfzehnjährigen"[4] der Fachgruppe „Chemieunterricht" der GDCh (GDCH 1983) wird die Kenntnis geeigneter Modelle und Modellvorstellungen[5] als Grundlage für das „Verständnis des Aufbaus und der Eigenschaften von Teilchenverbänden sowie der daraus resultierenden Gesetzmäßigkeiten" (ebd., S. 36) angesehen. Es sollten in der Lehrerausbildung folgende Materiemodelle behandelt werden:

> „Mechanisches Modell (Masse-Modell, Kugel-Modell), Masse-Ladung-Modelle, Zentren-Hülle-Modelle, Wolkenmodelle (Kugelwolkenmodell, Orbitalmodelle)." (ebd., S. 39)

Zur chemischen Bindung sind die Lerninhalte

> „Bindungstypen: gerichtete und nicht gerichtete Bindungen; kovalente, ionische und metallische Bindung; VAN-DER-WAALS-Bindung und Wasserstoffbrückenbindung; [...] Elektronentheorie der Valenz (KOSSEL, LEWIS); Elektronenwolkenmodelle (KIMBALL-Modell, NYHOLM-GILLESPIE-Modell); VB-Theorie, MO-Theorie" (ebd., S. 35)

zu vermitteln.

Die Kommission äußert sich ebenfalls zur Rolle von Modellen im Erkenntnis- und Lernprozeß:

---

[4] Die Mitglieder der Kommission zur Erarbeitung der Denkschrift waren: H.-D. BARKE, D. BITTERLING, A. GRAMM, H. O. HAMMER, R. HERMANNS, R. LEIBOLD, H. LINDEMANN, H. WAMBACH. (GDCh 1983, S. 11)

[5] Die begriffliche Unterscheidung von Modellen und Modellvorstellungen, die die Kommission vornimmt, ist eine andere, als in dieser Arbeit zugrundegelegt wird (vgl. Kap. 2.3). Die Fachgruppe unterscheidet zwischen „klassischen Modellen" und Modellvorstellungen, die unterrichtliche Hilfsvorstellungen sind, einen geringeren Abstraktionsgrad besitzen und einen „eingeschränkten Realitätsbereich" abbilden (GDCH 1983, S. 114). Die getroffene Unterscheidung bleibt unklar, nicht zuletzt mangels Beispielen. Zudem wird im folgenden nur noch von Modellen gesprochen, nicht mehr von Modellvorstellungen. So wirkt die Trennung künstlich und willkürlich und bleibt ohne Auswirkungen.

> „Eine eindeutige Trennung hinsichtlich der Funktion von Modellen im Erkenntnisprozeß der Wissenschaft und im Unterricht ist nicht möglich." (ebd., S. 114)

Ein Unterschied wird lediglich darin gesehen, daß „in der Wissenschaft Modelle vorrangig heuristische Funktion haben", während sie unterrichtlich „vorzugsweise der Kommunikation über chemische Sachverhalte, der Erklärung und der Veranschaulichung" dienen (ebd.). Dem Aspekt der Veranschaulichung kommt besonders zu Beginn des Chemieunterrichts eine wesentliche Bedeutung zu:

> „Im Anfangsunterricht der Zehn- bis Fünfzehnjährigen steht die Funktion von Modellen und Modellvorstellungen als Arbeits- und Anschauungsmittel in der Regel im Vordergrund." (ebd., S. 116)

Für die fachdidaktische Ausbildung der Lehrer wird gefordert, methodologische Aspekte einzubeziehen:

> „Im Rahmen der Fachdidaktik sollte auch über die Funktion von Modellen in der Wissenschaft reflektiert werden, um Analogien und Unterschiede zur Funktion im Vermittlungsprozeß zu erkennen." (ebd., S. 115)

Nur so kann erreicht werden, daß im Unterricht den Modellen eine sinnvolle Funktion zukommt. Unterrichtliche Funktionen von Modellen sind beispielsweise der „Abbau anthropomorpher Vorstellungen", die „Interpretation von Phänomenen", die „Reduktion komplexer Zusammenhänge", die „Veranschaulichung von Strukturen, Reaktionen und Verfahren" und das „Aufstellen von Prognosen und Hypothesen" (ebd.). Als Konsequenz aus diesen Funktionen wird für das Arbeiten mit Modellen im Unterricht gefordert:

- „Anpassung der Modelle und Modellvorstellungen an den Entwicklungs- und Kenntnisstand der Lernenden,
- Erweiterbarkeit der Modelle als Voraussetzung für diesen Anpassungsprozeß,
- Erarbeitung von Modellen im Unterricht,
- Anwendung mehrerer Modelle zum gleichen Thema zur Vermeidung der Prägung auf eine Vorstellung." (ebd., S. 116)

Die „Denkschrift zur Lehrerbildung für den Chemieunterricht auf der Sekundarstufe II"[6] (GDCH 1977) weist eine starke Fachorientierung auf und geht auf die wissenschaftliche und fachdidaktische Bedeutung von Modellen nur am Rande ein. So wird als allgemeines Lernziel für Chemielehrer das Kennen und Interpretieren von Modellvorstellungen formuliert (ebd., S. 26) und zu den wissenschafts-

---

[6] Mitglieder der Kommission „Fachdidaktische Inhalte": U. CLAUS, A. GOERTZ, A. GRAMM, H. O. HAMMER, G. KELLER, L. KOTTER, H. KRUG, R. PASTILLE, K. SCHLÖSSER, H.-J. SCHMIDT, H. WAMBACH. Mitglieder der Kommission „Fachwissenschaftliche Inhalte": H. ELIAS, H. HEYDTMANN, U. HOFACKER, M. JAECKEL, S. KABUSS, TH. KRUCK, H. KÜHNL, H. MEIER, W. TOCHTERMANN. (GDCH 1977, S. 9)

theoretischen Grundlagen der Chemie als Lernziel das „Denken in Modellen" angegeben (ebd., S. 65). Nähere Erläuterungen zur Rolle und Funktion von Modellen werden nicht gemacht. Die im Studium zu vermittelnden Modellvorstellungen entsprechen denen der Denkschrift für die Sekundarstufe I, lediglich ergänzt durch die koordinative Bindung.

2.1.1.3 Empfehlungen der MNU

Die „Empfehlungen zur Gestaltung von Chemielehrplänen"[7] des Vereins zur Förderung des mathematischen und naturwissenschaftlichen Unterrichts (MNU 1984) geben ebenfalls Aufschluß über die Rolle von Modellen im Chemieunterricht. Ein vorrangiges Ziel wird darin gesehen, die Betrachtungskategorien „Kontinuum" und „Diskontinuum" zu unterscheiden. Für den Unterricht der Sekundarstufe I werden für eine mittlere Diskussions- und Interpretationsebene, die zwischen der Ebene allgemeiner und fachlicher Ziele sowie einer Ebene konkreter Fachinhalte liegt, sechs unterrichtliche Lernbereiche oder Problemfelder bestimmt.

Das erste Problemfeld „Stoffe und Reaktionen aus Kontinuumssicht" umfaßt eine phänomenologische und alltagsbezogene Annäherung an den Bestimmungsbereich der Chemie. Im zweiten Problemfeld wird eine „erste Deutung der chemischen Reaktionen aus der Sicht des Diskontinuums" angestrebt. Hierbei werden Phänomene mit dem Teilchen- oder dem DALTON-Modell gedeutet. Mit dem darüber erreichten Verständnis von Kontinuums- und Diskontinuumssicht und somit des Modellcharakters der submikroskopischen Vorstellungen lassen sich „Chemische Symbole zur Beschreibung von Stoffen und Reaktionen aus Diskontinuumssicht" einführen. Das vierte Problemfeld „Systematisieren von Stoffen und Reaktionen" erlaubt die Anwendung der Modelle zur Deutung von Stoffeigenschaften und Reaktionsverhalten. Die Modelle müssen erweitert werden durch Masse-Ladung-Modelle bei der Behandlung des Lernbereichs „Elektrische Erscheinungen bei chemischen Reaktionen". Hierbei erfolgt eine erste Deutung des Zusammenhalts in Teilchenaggregaten durch die Ionenbindung. Die Elektronenpaarbindung findet im Zusammenhang mit der Einführung von Kern-Hülle-Modellen zur Deutung von Reaktionen ohne Elektronenübergang im sechsten Problemfeld „Differenzierte Deutung von Reaktionsabläufen und Teilchenstrukturen" ihre Verankerung. (ebd.)

---

[7] An der Erarbeitung der Empfehlungen waren beteiligt: H.-D. BARKE, W. DIERKS, M. ECKHARDT, F. HEIDORN, R. FRANIK, K. FREYTAG, H. O. HAMMER, A. HELF, R. HERMANNS, W. HERRMANN, K. HUF, G. KELLER, H. KIECHLE, J. KRUSE, H. LOCHHAAS, W. MELCHERS, R. MELOEFSKI, J. NEUBERT, H. OEHR, DR. OLBERT, M. RAACH-LENZ, K. REHM, A. SALINGER, B. SCHUMACHER, C. G. SCHMIDT, E. SCHMIDT, K. SCHNITZLER, G. SCHWIEGER, D. SEEFELD, FR. SICHELSCHMIDT, H. WAMBACH, H. WOLF. (MNU 1984)

Explizite Angaben über die unterrichtliche Funktion und die methodologische Bedeutung von Modellen werden allerdings nicht gemacht. Ebenfalls finden sich wenig Hinweise auf die Rolle von Modellen im Unterricht der Sekundarstufe II. Dies gilt auch für die überarbeitete Fassung der Empfehlungen (MNU 1990).

2.1.2 Lehrpläne Nordrhein-Westfalen

Im Anschluß an die Darlegung der Vorschläge der Fachdidaktik soll der Ist-Zustand erfaßt werden. Hierzu bietet sich eine kurze Analyse der Lehrpläne für die Sekundarstufe I an. Es sollen die aktuellen Lehrpläne des Landes Nordrhein-Westfalen untersucht werden.

2.1.2.1 Gymnasium (Sekundarstufe I)

In den Aufgaben und Zielen des Lehrplans (KM NRW 1993a) wird bereits im dritten Satz auf die Rolle von Modellen hingewiesen:

> „Typische fachspezifische Denk- und Arbeitsweisen zeichnen sich dadurch aus, daß Stoffeigenschaften und chemische Reaktionen im submikroskopischen Bereich (im Diskontinuum) mit Hilfe von Modellen gedeutet werden.“ (ebd., S. 32)

Im Zusammenspiel mit anderen Fächern soll ein übergeordnetes Lernziel erreicht werden:

> „Sie [die Schüler; Anm. d. Verf.] sollen Methoden der naturwissenschaftlichen Erkenntnisgewinnung kennenlernen und anwenden können. Das bedeutet, die Schülerinnen und Schüler vom Beobachten von Phänomenen über geeignete Fragestellungen, experimentelle Untersuchungsmethoden und Entwickeln von Modellvorstellungen zum Auffinden und Darstellen von Gesetzmäßigkeiten zu führen.“ (ebd., S. 34)

Vollends hervorgehoben wird die Bedeutung der Modelle durch die Bestimmung eines von drei Bereichen, die typische Problemkreise der Chemie kennzeichnen:

> „Grundvorstellungen zum Beschreiben und Deuten chemischer Vorgänge mit Modellen und Theorien (Regeln, Prinzipien, Gesetze)“. (ebd., S. 36)

Bei der Beschreibung dieses Bereichs wird deutlich, daß ausgehend von einer Erklärung beobachteter „Phänomene mit Hilfe von Modellvorstellungen auf der Teilchenebene“ (ebd.) Theorien entwickelt werden sollen, die wiederum Voraussagen bezüglich „Stoffeigenschaften, Stoffumwandlungen und Gesetzmäßigkeiten“ (ebd.) ermöglichen. Die Voraussagefunktion zeugt hierbei von der wissenschaftlichen Orientierung des gymnasialen Unterrichts (vgl. Kap. 2.3.2.2). Die Modelle sollen methodisch „im Sinne einer Progression“ (ebd.) zu zunehmend komplexeren entwickelt werden. Ziel der Beschäftigung mit Modellen „ist es, beobachtbare Stoffeigenschaften und Vorgänge zurückzuführen auf die Verteilung elektrischer Ladung, auf Bindungsverhältnisse und auf räumliche Strukturen“ (ebd.).

Konkret wird bereits früh in der 7. Klasse nach einer Klärung von „Reinstoff und Gemisch, Lösung, Stoffeigenschaften" (ebd., S. 102) die Teilchenvorstellung eingeführt. Anwendungsgebiete müssen die Deutung der Aggregatzustände und Aggregatzustandsübergänge sowie Lösevorgänge sein (ebd., S. 44). In einem Anhang, der sich speziell mit der Teilchenvorstellung in der Jahrgangsstufe 7 befaßt, werden zusätzlich weitere Anwendungsvorschläge gemacht: Diffusionsvorgänge, Erklärung von Kristallstrukturen, Wärmeleitung, BROWNsche Bewegung u.a. Die Einführung des Teilchenbegriffs kann hierbei, so der Vorschlag, über die Volumenkontraktion beim Mischen von Ethanol und Wasser erfolgen (anscheinend ungeachtet der kritischen Auseinandersetzung in der Fachdidaktik hierüber; vgl. hierzu Kap. 4.2.1.1), sowie der anschließenden modellhaften Deutung mittels Kugeln unterschiedlicher Größe (ebd., S. 102). In der 9. Klasse wird im Themenbereich „Atombau und Periodensystem" ein Kern-Hülle-Modell etabliert, anknüpfend an den Physikunterricht der Klasse 8. Ein Schalenmodell wird genutzt, um Phänomene wie „Ähnlichkeiten von Elementen" und „Auftreten bestimmter Ionenladungen" (ebd., S. 51) zu systematisieren und zum Periodensystem hinzuführen. Mit dem Bindungsmodell der Ionenbindung (Klasse 9 oder 10) werden Leitfähigkeit, Ionengitter und Salze beschrieben (ebd., S. 53). In diesem Zusammenhang kann auch die Metallbindung eingeführt werden. Weiterhin wird in Klasse 9 oder 10 die Elektronenpaarbindung eingeführt (begründet wie die Ionenbindung mit Hilfe der Edelgasregel) und das Schalenmodell auf ein Elektronenpaarabstoßungsmodell erweitert. LEWIS-Schreibweise, Wasserstoffbrückenbindung und Strukturformeln ergänzen diesen Themenbereich (ebd., S. 53 f.).

Unter den Grundsätzen zur Unterrichtsgestaltung werden auch „Modelle und ihre Funktion" angesprochen (ebd., S. 73 f.). Hier werden Merkmale der Modelle genannt, so die „etwa kugelförmige Gestalt" der Bausteine im Teilchenmodell sowie deren Anziehung untereinander und der leere Raum zwischen ihnen, ebenfalls ihre ständige Bewegung im Zusammenhang mit der Temperatur. Bei der Einführung des Schalenmodells wird nochmals explizit betont, daß es der Erklärung der Systematik des Periodensystems dient. Das Elektronenpaarabstoßungsmodell wird mit seiner Bedeutung für die Kohlenstoffchemie legitimiert, speziell wegen seiner räumlichen Deutungsansätze und:

> „Nicht unterschätzt werden sollte die Chance, die der Chemieunterricht in diesem Zusammenhang für ein Training des räumlichen Vorstellungsvermögens bietet." (ebd., S. 74)

Im Rahmen des Prinzips der Anschaulichkeit, welches besondere Bedeutung im Chemieunterricht hat (ebd., S. 67), wird wegen des schwierigen Zugangs zu den Vorgängen auf der Teilchenebene (ebd.) auf Anschauungsmodelle zurückgegriffen und die Denkmodelle somit „begreifbar" gemacht (ebd., S. 74).

2.1.2.2 Realschule

Der Lehrplan der Realschule (KM NRW 1993b) unterscheidet zwei für den Chemieunterricht bedeutende Bereiche: „Lebenswelt“ und „Fachwissenschaft“ (ebd., S. 40). Diese werden in Aspekte untergliedert, wobei dem Bereich Fachwissenschaft als einem von vier Aspekten der Aspekt „Modelle“ zugeordnet wird. Hier wird allgemein darauf hingewiesen, daß verschiedene Modelle zur Deutung submikroskopischer Vorgänge benutzt werden müssen.

> „Diese Modelle besitzen unterschiedlichen Abstraktionsgrad und unterschiedliche Erklärungsgehalte. Das jeweils verwendete Modell sollte so wenig abstrakt sein wie nötig und so viel erklären können wie möglich.“ (ebd., S. 43)

Wieder wird auf die genetische Erarbeitung der Atommodelle bestanden. Diese erfolgt über ein undifferenziertes Kugelteilchenmodell in Klasse 7. Die Teilchen haben die Eigenschaften der kugelförmigen Gestalt, Eigenbewegung und gleicher Größe und Masse von Teilchen desselben Stoffes (ebd., S. 44.). Dieses Modell wird in Klasse 8 auf das DALTON-Modell erweitert. Weitere Modelle werden in dieser Jahrgangsstufe „aus lernpsychologischen Gründen“ (ebd.) nicht verwendet. Für die Jahrgangsstufen 9 und 10 wird das Schalenmodell in Korrespondenz mit der LEWIS-Schreibweise benutzt. Dieses soll zur Deutung der Bindungsarten (Ionenbindung, Elektronenpaarbindung, metallische Bindung) und des Periodensystems genügen. Die geschilderten methodischen Schritte entsprechen den Schwerpunktsetzungen für die Jahrgangsstufen 7-10 (ebd., S. 57 ff.); einen Lehrplan im engeren Sinne gibt es für die Realschule nicht mehr, der Lehrer soll vielmehr schülerwunschorientiert exemplarische Themenfelder bearbeiten.

Als „Grundsatz der Unterrichtsgestaltung“ ist ein Punkt „Modelle“ aufgeführt, in dem eine Explikation des Modellbegriffs erfolgt (ebd., S. 49). Hier wird sich an die Modelldefinition von KIRCHER (vgl. Kap. 2.3.2.3) angelehnt und zwischen erkenntnistheoretischem Aspekt und lernökonomischem Aspekt unterschieden. Modelle können nur im Unterricht verwendet werden, wenn sie anschaulich, einfach, transparent und dem Schüler vertraut sind. Es werden Funktionsmodelle, Strukturmodelle und Modellvorstellungen vom Bau der Atome unterschieden. Wieder wird darauf hingewiesen, die genetische Entwicklung der Modellvorstellungen nur bis zum Schalenmodell zu führen, während das Kugelwolkenmodell und das Elektronenpaarabstoßungsmodell nur in Ausnahmefällen verwendet werden sollten (ebd., S. 50).

2.1.2.3 Hauptschule

Der Lehrplan Hauptschule (KM NRW 1989) richtet sich im Gegensatz zu dem der Realschule mehr an der fachwissenschaftlichen Struktur der Chemie aus:

> „Es liegt im Wesen der Naturwissenschaft Chemie begründet, daß die Erarbeitung fundamentaler Grundbegriffe in einer bestimmten Sequenz erfolgen muß." (ebd., S. 68)

In den Jahrgangsstufen 7 und 8 wird lediglich ein undifferenzierter Teilchenbegriff mittels der Begriffe Atom bzw. Ion behandelt. Erst in der Jahrgangsstufe 10 erfolgt im Themenkreis „Atombau und PSE" (ebd., S. 123 ff.) eine Einführung in einen differenzierteren Materiebegriff, der über das DALTON-Modell und Kern-Hülle-Modell zum Schalenmodell führt. Hierauf aufbauend werden Ionenbindung, Atombindung und Metallbindung erarbeitet (ebd., S. 128 f.). Das Schalenmodell wird jedoch wieder nur dazu verwendet, das PSE zu „erklären":

> „Der Lehrplan ist auf eine direkte Hinführung zum Periodensystem der Elemente angelegt. Die Struktur der Atome wird in dem Umfang thematisiert, der für das angestrebte Verständnis einer heute gebräuchlichen Darstellung des PSE und seiner exemplarischen Verwendung im Unterricht erforderlich ist." (ebd., S. 122)

Ansonsten wird in diesem Lehrplan nicht weiter auf die Behandlung und Bedeutung von Modellen in der Chemie eingegangen.

2.1.2.4 Gesamtschule

Der untersuchte Lehrplan Naturwissenschaften der Gesamtschule NRW (LSW NRW 1996) stellt einen ausgearbeiteten, wenn auch noch nicht genehmigten Entwurf dar und ist somit der neueste der untersuchten. Er baut ausschließlich auf themenzentrierten und fächerübergreifenden Unterricht auf (ebd., S. 5). Es wird davon ausgegangen, daß der bisherige naturwissenschaftliche Unterricht ineffektiv war durch eine zu enge Orientierung an der jeweiligen Fachsystematik (ebd.). Durch die Ausrichtung an „komplexen Themen der realen Welt" soll eine naturwissenschaftlich-technische Allgemeinbildung erreicht werden, die zu umweltgerechtem und sozialverträglichem Handeln führt (ebd.).

Inhaltlich werden sogenannte Rahmenthemen wie „Sinne und Wahrnehmung", „Lebensgrundlage Wasser" oder „Naturwissenschaft und Gesellschaft" vorgeschlagen, verteilt auf die Jahrgangsstufen 5/6, 7/8 und 9/10, in denen die Fachinhalte der Anteilsfächer Biologie, Chemie und Physik jeweils bei Bedarf behandelt werden. Über die hier interessierende unterrichtliche Einordnung von Atom- und Bindungsmodellen wird aufgrund der offenen Struktur des Lehrplans keine Aussage getroffen. Im gesamten Lehrplanentwurf erscheinen lediglich im Themenbereich „Stoffe im Alltag" die Begriffe Atom und Molekül (ebd., S. 33). Somit bleibt es der mit der Umsetzung des Lehrplans beauftragten Lernbereichskonferenz der jeweiligen Schule vorbehalten, sowohl die organisatorischen Grundlagen wie die Stundentafeln als auch die inhaltliche Ausarbeitung der Rahmenthemen vorzunehmen.

2.1.3 Bayerische Lehrpläne im Vergleich

Als Ergänzung zu den Lehrplänen NRW sollen aus Gründen der Vergleichbarkeit die Lehrpläne eines anderen Bundeslandes betrachtet werden. Hierzu sind die bayerischen Lehrpläne als Beispiel eines konservativ regierten Landes ausgewählt worden.

Die Rahmenpläne des Gymnasiums (KWM BAY 1990)[8] sehen die Erteilung von Chemieunterricht nur in den Klassen 9 und 10 vor. Dem Experiment wird als „grundlegende Methode für die Erkenntnisgewinnung im naturwissenschaftlichen Bereich“ (ebd., S. 170) eine exponierte Stellung zugeschrieben. Das „Denken in Modellen“ steht „in unmittelbarem Zusammenhang mit dem Experiment“ und soll durch Förderung des Abstraktionsvermögens und des formalen Denkens erreicht werden (ebd.). Die in den beiden Jahrgangsstufen zu behandelnden Inhalte sind ähnlich fachbezogen wie in den Lehrplänen NRW organisiert, wobei sehr früh in das Teilchenmodell, das DALTON-Modell und die chemische Formelsprache eingeführt wird. In der Klasse 9 wird zusätzlich das Kern-Hülle-Modell und die Ionenbindung behandelt, in der zehnten Klasse dann die Elektronenpaarbindung (KWM BAY 1991, S. 1080 ff.). Im Gegensatz zu den nordrhein-westfälischen Plänen wird die Bindung in Metallen nicht besprochen, ebenso wird auf ein Schalenmodell zur Deutung des PSE verzichtet.

In der bayerischen Realschule wird ebenfalls nur in den Klassen 9 und 10 Chemieunterricht erteilt. In den Rahmenplänen zu diesen Jahrgangsstufen (KWM BAY 1993, S. 115 und S. 141) zeigt sich eine inhaltliche Ballung in der Klasse 9, denn hier werden alle Modellvorstellungen, wie sie auch in bayerischen Gymnasien in der Mittelstufe behandelt werden, innerhalb eines Schuljahres vermittelt, um sich in der zehnten Klasse ausschließlich der organischen Chemie zuwenden zu können.

Eine solche Stoffanhäufung wird in der Hauptschule dadurch vermieden, daß durchgängig von Klasse 5 bis 10 ein Fach „Biochemphys“ oder „BCP“ (ANTON 1998) unterrichtet wird, in dem die Fächer Physik, Chemie und Biologie zu einer „Fächergruppe“ zusammenfaßt sind (KWM BAY 1997, S. 49). Es werden hierbei Themenbereiche ähnlich denen der Gesamtschullehrpläne NRW behandelt, wobei die Inhalte allerdings spezifiziert sind. In die Modellvorstellungen der Chemie wird jedoch ebenfalls erst in Klasse 9 durch das Kugelteilchenmodell und das Kern-Hülle-Modell eingeführt (ebd., S. 321). Bemerkenswerterweise wird jedoch schon in der Jahrgangsstufe 8 die Formelschreibweise vorausgesetzt (ebd., S. 258), ohne eine vorausgehende Einführung in die Diskontinuumsbegriffe Teil-

[8] Herrn Dr. M. ANTON sei an dieser Stelle gedankt, die bayerischen Lehrpläne zur Verfügung gestellt zu haben.

chen, Atom oder Molekül geleistet zu haben, womit sicherlich einer unverständlichen und abstrakten „Formelchemie" Vorschub geleistet wird. In der Klasse 10 werden abschließend die Ionenbindung und die Elektronenpaarbindung behandelt.

2.1.4 Diskussion und Folgerungen

Es wird bei der Analyse der nordrhein-westfälischen Lehrpläne deutlich, daß eine explizite unterrichtliche Behandlung des Modellbegriffs vom Gymnasium über die Realschule zur Hauptschule hin abnimmt. Dies korreliert mit dem gewünschten Abstraktionsniveau des Unterrichts der jeweiligen Schulform. Festzuhalten bleibt, daß in allen drei Schulformen identische Atommodelle mit einer festen Reihenfolge behandelt werden: Kugelteilchenmodell, DALTON-Modell, Kern-Hülle-Modell, Schalenmodell. Im Gymnasium wird zusätzlich ein Elektronenpaarabstoßungsmodell behandelt. Dieses kann in Ausnahmefällen auch in der Realschule geschehen, in der Hauptschule hingegen wird es nicht berücksichtigt. Die Bindungsarten oder -modelle entsprechen sich ebenfalls in allen drei Schulformen: Ionenbindung, Metallbindung, Atom- bzw. Elektronenpaarbindung. Lediglich im Gymnasium kann noch die Wasserstoffbrückenbindung ergänzend behandelt werden. Methodisch erscheint interessant, daß das Schalenmodell im wesentlichen der Erklärung der Systematik des Periodensystems dient. In den bayerischen Lehrplänen ist dieses Modell nicht vorgesehen. Ansonsten decken sich die Lehrpläne in bezug auf die zu behandelnden Modelle im wesentlichen mit denen des Landes NRW.

Das Denken in Modellen und die Bedeutung von Modellen als Methode der Wissenschaft wird in den nordrhein-westfälischen Lehrplänen allerdings stärker betont. Ebenfalls wird die Funktion zur Veranschaulichung theoretischer Sachverhalte deutlicher hervorgehoben, als dies in den bayerischen Rahmenplänen der Fall ist. Es liegt also den Lehrplänen NRW eine stärkere Modellorientierung zugrunde. Hier wird die Schaffung eines Modellbewußtseins beim Schüler angestrebt, da dies als Voraussetzung zum Verständnis des wissenschaftlichen Erkenntnisprozesses gesehen wird.

Die geschilderten Forderungen der Fachdidaktik zur Bedeutung und unterrichtlichen Behandlung von Modellen sind in den vorgestellten Lehrplänen weitgehend berücksichtigt. So wird eine genetische Entwicklung der Materiemodelle, wie sie in den „Malenter Empfehlungen" ausgesprochen ist, implizit oder explizit berücksichtigt. Die dort vorgeschlagene Abfolge der Modelle wird übernommen, wenn auch verkürzt mit Beschränkung auf wesentliche Modellvorstellungen. Der Unterrichtsgang der Modellentwicklung in der Sekundarstufe I folgt in den Lehrplänen im wesentlichen den Empfehlungen der MNU, wobei die in der Denkschrift der GDCh behandelte Klärung der Funktion und Stellung von Modellen berücksichtigt wird.

Faßt man die in diesem Kapitel geschilderten Vorgaben und Forderungen zusammen, so ergibt sich ein breites Spektrum von Implikationen für die Behandlung von Modellen im Chemieunterricht. Auf einer inhaltlichen Ebene zeigt sich eine feste Abfolge von **Teilchen- bzw. Atommodellen**:

- Undifferenziertes Teilchenmodell,
- DALTON-Modell,
- Kern-Hülle-Modell,
- (Schalenmodell),
- (KIMBALL- oder GILLESPIE-Modell).

Gleiches ist für die **Bindungsmodelle** festzuhalten:

- Ionenbindung,
- (Metallbindung),
- Elektronenpaarbindung,
- (Wasserstoffbrückenbindung).

Die **unterrichtlichen Funktionen**, die Modelle in bezug auf den individuellen Lernprozeß einnehmen, lassen sich charakterisieren durch

- Veranschaulichung von Strukturen, Reaktionen und Verfahren, besonders im Anfangsunterricht, und dadurch
- „Begreifbarmachen" von Unanschaulichem,
- Abbau anthropomorpher Vorstellungen,
- Reduktion komplexer Zusammenhänge,
- Lernen des Aufstellens von Prognosen und Hypothesen und die
- Förderung des Abstraktionsvermögens und des formalen Denkens.

Die in der Wissenschaft verankerte **Bedeutung von Modellen** soll auch im Unterricht berücksichtigt werden. Modelle sollen als

- Methode der naturwissenschaftlichen Erkenntnisgewinnung,
- typisch chemische Vorgehensweise,
- Denkzeuge mit Voraussagefunktion,
- Grundlage für das Verständnis des Aufbaus und der Eigenschaften von Teilchenverbänden aufgefaßt werden, die eine
- submikroskopische Deutung von Stoffeigenschaften und chemischen Reaktionen ermöglichen und in
- unmittelbarem Zusammenhang mit dem Experiment stehen.

Als Richtlinien und Hinweise zur **unterrichtlichen Modellbehandlung** können folgende Punkte dienen:

- Genetische Entwicklung in einer festen Reihenfolge wie oben angegeben, also:
- Erarbeitung von Modellen im Unterricht,

- Anpassung der Modelle und Modellvorstellungen an den Entwicklungs- und Kenntnisstand der Lernenden,
- Erweiterbarkeit der Modelle als Voraussetzung für diesen Anpassungsprozeß,
- Anwendung mehrerer Modelle zum gleichen Thema zur Vermeidung der Prägung auf eine Vorstellung, insgesamt eine
- progressive Entwicklung von einfacheren zu komplexeren Modellen.

Modelle sollten

- so wenig abstrakt wie nötig sein, aber so viel erklären können wie möglich,
- anschaulich, einfach, transparent und dem Schüler vertraut sein.

Zu beachten ist die strikte

- Trennung von Kontinuums- und Diskontinuumsebene bei der Betrachtung chemischer Eigenschaften und Vorgänge.

Oberstes Ziel ist die

- Förderung des Denkens in Modellen.

2.2 Voraussetzung: Der Erkenntniskontext

Im folgenden Kapitel soll ein erkenntnistheoretischer Standpunkt geschildert und diskutiert werden, dem besonders in bezug auf den Umgang mit Modellen im Unterricht hohe Relevanz zukommt. Aus einer Einleitung zum Verhältnis von Empirismus und Rationalismus heraus wird eingeführt in die „Evolutionäre Erkenntnistheorie", ihre Voraussetzungen, Kernaussagen und zentralen Konzepte, die, wie beispielsweise die „Anschaulichkeit", große Bedeutung für die unterrichtliche Modellbehandlung besitzen. Aus der Kritik an der Evolutionären Erkenntnistheorie heraus wird ein erweiterter Ansatz beschrieben, der in Verbindung mit zentralen Konzepten der Evolutionären Erkenntnistheorie einige Folgerungen für die methodologische und unterrichtliche Rolle von Modellen ermöglicht. Diese Folgerungen sind für die weitere Arbeit grundlegend.

2.2.1 Erkenntnistheoretische Standpunkte: Empirismus und Rationalismus

Im Laufe der Geschichte haben sich zu erkenntnistheoretischen und metaphysischen Fragen „nach dem Begriff, den Prinzipien, den Bedingungen, dem Umfang und den Grenzen des Wissens", nach dem „Seienden" und den „letzten Ursachen und Gründen der erfahrbaren Wirklichkeit" (RICKEN 1984, S. VII) verschiedenste und differenzierte Positionen herausgebildet. Vereinfachend zurückführen lassen sich diese auf zwei Weltsichten: Den von LOCKE, BACON , HUME u.a. vertretenen Empirismus und den Rationalismus nach KANT, DESCARTES, LEIBNIZ u.a. (vgl. VOLLMER 1987, S. 5 ff.). Der Empirismus vertritt die Auffassung, daß alle Erkenntnis aus der Erfahrung entsteht und ohne sie kein Wissen möglich ist, im Gegensatz zum Rationalismus, der den Verstand als das Grundlegende für ein Erkennen ansieht und von angeborenen Prinzipien vor jeder Erfahrung (a priori) ausgeht.

Doch vor einer Diskussion der Standpunkte ist zu klären, was Erkenntnis denn eigentlich ist. Hier kann keine Definition gegeben, sondern nur darauf hingewiesen werden, daß Erkenntnis als Grundbegriff der Erkenntnistheorie (ebd., S.40) eingeführt werden soll, denn

> „Worin Erkenntnis ihrem Begriff nach besteht, ist nicht selbst eine Erkenntnis; es kann nicht auf dem Weg des Erkennens ermittelt werden [...] Es ist die Festsetzung einer Norm für Erkenntnis." (KRAFT 1960, S. 34)

Somit können nur einige Charakterisierungen von Erkenntnis erfolgen (vgl. VOLLMER 1987, S. 41 f.):

1. Erkenntnis ist immer Prozeß (das Erkennen) und Ergebnis (das Wissen). Der Prozeß ist zwischen einem erkennenden Subjekt und einem zu erkennenden Objekt zu lokalisieren, daher muß Erkenntnis durch das Subjekt geprägt sein

(Rationalismus) oder durch das Objekt (Empirismus) oder durch Subjekt und Objekt.

2. Erkenntnis tritt in drei Arten auf: Wahrnehmung, Erfahrung und wissenschaftliche Erkenntnis. (Vgl. hierzu auch Kap. 2.2.2.3.3.)

3. Erkenntnis ist keine Relation zwischen nur Subjekt und Objekt, sondern auch noch zwischen dem, was das Subjekt *als* Objekt erkennt. Dieses weist hin auf das dem Erkenntnisprozeß eigene Element der Konstruktion, insbesondere durch Sprache.

Geht man nun unvoreingenommen der Frage nach, welche Art von Erkenntnisgewinnung der Naturwissenschaft eigen ist, so ist die erste Antwort: Naturwissenschaften sind empirische Wissenschaften. Hier kommt zum Ausdruck, daß die Naturwissenschaften, besonders die Physik, die erste Wissenschaft war, die Experimente in ihren Wissensfindungsprozeß integrierte. Diese grundlegende Funktion des Experiments ist konstituierend für eine empirische Wissenschaft. Jedoch bezieht sich diese Funktion im Erkenntnisprozeß nicht auf eine Wissenschaft, die aus ihren Experimenten Gesetze direkt erkennt oder entdeckt, im Sinne einer induktiven Methode, eines „novum organon", eines neuen Werkzeuges, wie es BACON als Alternative zur klassischen aristotelischen Denkweise einführte (vgl. SPIERLING 1992, S. 164). Diese falsch verstandene Funktion zeichnet sich allerdings durch Beharrungsvermögen aus, selbst im naturwissenschaftlichen Unterricht:

> „Zu den Experimenten ist zu sagen, daß sie für den naturwissenschaftlichen Unterricht zweifellos zum Mythos geworden sind. So wesentlich die Bedeutung des Experiments in der Naturwissenschaft auch ist, so sehr muß man sich davor hüten zu glauben, nur durch sie würde die Erkenntnis vermehrt und sie stellten die einzige Möglichkeit dar, naturwissenschaftliche Sachverhalte adäquat zu unterrichten." (KLEMMER 1976)

Vielmehr bezieht sich die methodologische Funktion des Experiments auf eine komplexe Rolle im Spannungsfeld von Empirie und Theorie, denn erst durch die Wechselwirkung mit einer Theorie lassen sich Experimente als Prüfinstanz für vorläufige Theorien sinnvoll einsetzen. STORK (1979) verweist in diesem Zusammenhang auf die Alchimie, die trotz immensem experimentellen Aufwand nicht zu einer empirischen Wissenschaft geführt hat. Daß die experimentelle Praxis theoriegeleitet ist, hat schon KANT durch ein Gleichnis in der Vorrede zur „Kritik der reinen Vernunft" gezeigt:

> „Die Vernunft muß, mit ihren Principien, nach denen allein übereinkommende Erscheinungen für Gesetze gelten können, in einer Hand und mit dem Experiment, das sie nach jenen ausdachte, in der anderen, an die Natur gehen, zwar um von ihr belehrt zu werden, aber nicht in der Qualität eines Schülers, der sich alles

> vorsagen läßt, was der Lehrer will, sondern eines bestallten Richters, der die Zeugen nötigt, auf die Fragen zu antworten, die er ihnen vorlegt." (KANT 1968, S. 10)

Experimente dienen also im naturwissenschaftlichen Erkenntnisprozeß als Prüfinstanzen für Theorien. Oder anders: Experimente sind theoriegeleitet. Doch: „Woher kommt die Theorie?" (STORK 1979). Ist sie empiristisch entstanden aus Verallgemeinerung von Erfahrungsdaten oder existiert vor jeder Erfahrung (das heißt hier: vor dem Experiment) ein apriorisches „Ding an sich" bzw. apriorisch-synthetische Aussagen, die eine dem reinen Denken entsprungene, rationalistisch entwickelte Theorie ermöglicht?

Der klassische Streit zwischen Empirismus und Rationalismus kann nicht gelöst werden. Gegen den Empirismus spricht natürlich die Problematik des induktiven Schlusses sowie die von STORK hervorgehobene Tatsache, daß „eine bloße Abstraktion von Erfahrungsdaten nur zu empirischen Allsätzen, aber nicht zu einer Theorie führe" (ebd.). Dennoch läßt sich ohne Empirie keine (Natur-) Wissenschaft betreiben: Die Ratio nimmt zwar eine grundlegende Rolle im Erkenntnisprozeß ein, denn „Theoriebildung durch den Wissenschaftler umfaßt auch konstruktiv setzende Elemente" (ebd.) und VOLLMER betont die rationalistischen Komponenten der a) nichtempirischen Elemente unserer Erkenntnis wie die angeborenen Erkenntnisstrukturen unseres Wahrnehmungsapparates, b) Logik und Mathematik, die zwar keine Aussagen über die Welt ermöglichen, aber zu ihrer Beschreibung unabdingbar sind und c) hypothetisch-deduktiven Methode, die es uns ermöglicht, weit über unsere Erfahrungserkenntnis herauszugehen (VOLLMER 1987, S. 131 f.), doch die Logik läßt nur „einen Fächer theoretisch möglicher Welten offen, aus dem wir unsere eine Welt heraussuchen müssen. Welche Hypothese, welche Theorie, welches Axiomensystem unsere Welt richtig beschreibt, kann dabei nur durch die Erfahrung entschieden werden." (ebd., S. 133).

VOLLMER unternimmt nun den Versuch einer Vermittlung zwischen den Positionen des Empirismus und des Rationalismus aus einem evolutionstheoretisch orientierten Ansatz heraus über die angeborenen Strukturen der Erkenntnis: So sind die Erkenntnisstrukturen des Individuums zwar ontogenetisch a priori, unter dem Aspekt der Evolution aber phylogenetisch a posteriori, also im Lauf der Entwicklung des Menschen herausgebildet und damit nicht unabhängig von jeder Erfahrung (ebd.). Die von ihm vertretenen Konzepte des hypothetischen Realismus, der evolutionären und der projektiven Erkenntnistheorie erfüllen die Forderung nach Wissenschaftskonsistenz durch pluralistische Positionen (ebd., S. 134):

> „*Realistisch* ist die Annahme einer bewußtseinsunabhängigen, gesetzlich strukturierten und teilweise erkennbaren Welt.
> *Rationalistisch* sind die Behauptungen, daß Mathematik und Logik erfahrungsunabhängig sind; daß das Individuum angeborene Erkenntnisstrukturen besitzt, die

> von seiner privaten Erfahrung unabhängig sind, aber seine Erfahrung mitbestimmen; und daß Hypothesen und Theorien ‚freie Schöpfungen menschlichen Geistes' sind.
> *Empiristisch* sind schließlich die Thesen, daß alle Erkenntnis nur hypothetisch ist, daß die Erfahrung meistens Anregung, immer aber Prüfstein synthetischer Erkenntnis ist und daß der Hypothesecharakter sowie das empirische Geltungskriterium sowohl für individuelle als auch für biologische (stammesgeschichtliche) Erfahrung gelten." (ebd.)

Im folgenden soll nun diese Evolutionäre Erkenntnistheorie etwas ausführlicher betrachtet werden.

2.2.2 Das Forschungsprogramm „Evolutionäre Erkenntnistheorie"

Die Evolutionäre Erkenntnistheorie (EE) versteht sich als interdisziplinäres Forschungsprogramm. Sie soll keine rein philosophische Erkenntnistheorie sein, sondern die Ergebnisse „der Physiologie, Evolutionstheorie und Verhaltensforschung, der Psychologie, Anthropologie und Sprachwissenschaft und vieler weiterer Forschungszweige" (VOLLMER 1987, S. 3) mit einbeziehen, um somit eine wissenschaftskonsistente erkenntnistheoretische Position zu begründen. Ihr Name geht auf die Übersetzung des Begriffs „evolutionary epistemology" des Psychologen DONALD T. CAMPELL zurück, der diesen erstmals in einem 1974 veröffentlichten Beitrag in einem Werk zur Philosophie von KARL POPPER verwendete (ENGELS 1989, S. 34). Hier wird auch die Nähe der EE zum von POPPER begründeten kritischen Rationalismus deutlich:

> „Wie im kritischen Rationalismus wird bei ihm [VOLLMER, Anm. d. Verf.] das Ideal der Letztbegründung ersetzt durch die Idee der kritischen Prüfung." (ENGELS 1989, S. 39)

Somit kann Popper als einer der Vorväter der EE angesehen werden; in dieser Stellung sind ebenfalls der Verhaltensforscher KONRAD LORENZ, insbesondere mit seinem erstmals 1973 erschienenen Werk „Die Rückseite des Spiegels" (LORENZ 1987), zu nennen, sowie natürlich der Begründer der biologischen Evolutionstheorie, CHARLES DARWIN. Vorangetrieben wurde das Programm jedoch im wesentlichen von RUPERT RIEDL mit „Biologie der Erkenntnis" (RIEDL 1981) und GERHARD VOLLMER mit seinem Werk „Evolutionäre Erkenntnistheorie" (VOLLMER 1987) von 1975, auf dessen Ansatz im folgenden zurückgegriffen wird.

Es soll nun keine umfassende Beschreibung der EE und keine ausführliche Diskussion der durchaus vielfältigen und zahlreichen Einwände gegen sie erfolgen; dies kann im Rahmen dieser Arbeit nicht geleistet werden.[9] Es wird vielmehr

[9] EVE-MARIE ENGELS erwähnte bei einem Vortrag in der Karl-Rahner-Akademie im Frühjahr 1998

nach einer allgemeinen Beschreibung der Ansätze der EE eine exemplarische Darlegung einiger Aspekte erfolgen, die besondere Bedeutung für das hier wesentliche Problemfeld „Modellvorstellungen und Computer" besitzen.

2.2.2.1 Postulate wissenschaftlicher Erkenntnis und der „Hypothetische Realismus"

VOLLMER formuliert als Grundlage seiner Betrachtungen zehn Postulate, die hier wiedergegeben werden. Diese Postulate werden als Ausgangspunkt gesetzt, sie haben für VOLLMER den Charakter von Bekenntnissen (1987, S. 28). Beweisbarkeit oder letzte Begründbarkeit unserer Erkenntnis ist, wie ALBERT mit seinem Münchhausen-Trilemma gezeigt hat, prinzipiell nicht möglich. Jeder Versuch einer logischen Letztbegründung führt in eine Sackgasse: in den infiniten Regreß, den logischen Zirkel oder in den Abbruch. APEL (1993) schreibt hierzu:

> „[...] entweder (1) führt sie [die Letztbegründung; Anm. d. Verf.] auf einen unendlichen Regreß – so wie schon die Mythen der Weltentstehung, wenn man beharrlich weiterfragt –; oder (2) sie führt auf einen logischen Zirkel, in dem das zu Begründende selbst bei der Begründung in Anspruch genommen wird; oder (3) sie muß den Begründungsregreß dogmatisch abbrechen, indem sie einen sogenannten letzten Grund aller Dinge als evident einsehbar erklärt [...]."(ebd.)

So lassen sich also nur Voraussetzungen machen, die sich als Hypothesen im weiteren Wissensfindungsprozeß bewähren müssen. Diese Funktion nehmen die folgenden Postulate ein.

> „1. Realitätspostulat: Es gibt eine reale Welt, unabhängig von Wahrnehmung und Bewußtsein.
> 2. Strukturpostulat: Die reale Welt ist strukturiert.
> 3. Kontinuitätspostulat: Zwischen allen Bereichen der Wirklichkeit besteht ein kontinuierlicher Zusammenhang.
> 4. Fremdbewußtseinspostulat: Auch andere (menschliche und tierische) Individuen haben Sinneseindrücke und Bewußtsein.
> 5. Wechselwirkungspostulat: Unsere Sinnesorgane werden von der realen Welt affiziert.
> 6. Gehirnfunktionspostulat: Denken und Bewußtsein sind Funktionen des Gehirns, also eines natürlichen Organs.
> 7. Objektivitätspostulat: Wissenschaftliche Aussagen sollen objektiv sein.
> 8. Heuristikpostulat: Arbeitshypothesen sollen die Forschung anregen, nicht behindern.
> 9. Erklärbarkeitspostulat: Die Tatsachen der Erfahrungswirklichkeit können analy-

---

die anfänglich sehr heftige Kritik an der EE, insbesondere von Philosophen. Erst mit den Erfolgen der Neurophysiologie konnte sie sich in den letzten Jahren etablieren. Eine ausführliche konstruktive Kritik am Konzept der EE leistet ENGELS (1989) selbst. VOLLMER geht in „Was können wir wissen? Bd. 1" im letzten Kapitel auf Einwände ein (VOLLMER 1988a).

> siert, durch „Naturgesetze“ beschrieben und erklärt werden.
> 10. Postulat der Denkökonomie: Unnötige Hypothesen sollen vermieden werden.“ (VOLLMER 1987, S. 28 ff.)

Die Postulate eins bis sieben werden in einem erkenntnistheoretische Standpunkt zusammengefaßt, der „hypothetischer Realismus“ genannt wird und die Hauptthesen

> „Hypothetischer Charakter aller Wirklichkeitserkenntnis; Existenz einer bewußtseinsunabhängigen (1), gesetzlich strukturierten (2) und zusammenhängenden Welt (3); teilweise Erkennbarkeit und Verstehbarkeit dieser Welt durch Wahrnehmung (5), Denken (6) und eine intersubjektive Wissenschaft (7)“ (VOLLMER 1987, S. 34)

beinhaltet. Der hypothetische Realismus ist in seinem Geltungsanspruch zu Aussagen über die Welt somit schwächer als der naive oder der kritische Realismus, da alle Aussagen, selbst die über die Existenz einer realen Welt, hypothetisch sind (ebd.). Er steht also ganz im Erbe des kritischen Rationalismus. VOLLMER entzieht sich so eines Beweiszwanges der realen Welt, wenn er auch dafür plädiert, an sie zu glauben, da dieser Glauben unser Wirklichkeitsverständnis vereinfacht (ebd., S. 35). Argumente für die Annahme einer Welt „da draußen“ werden weiter unten bei einer intensiveren Beschäftigung mit dem Realismuspostulat besprochen.

Das Strukturpostulat wendet sich gegen eine chaotische Welt. Eine solche könnte prinzipiell nicht erkannt werden. Somit besitzt sie Strukturen und wir ebenfalls, da wir zur Welt gehören.

Die postulierte Kontinuität zwischen allen Bereichen der Wirklichkeit ist kritisch zu sehen. VOLLMER selbst relativiert sie zu „quasi-kontinuierlich“ im Hinblick auf diskontinuierliche Aspekte der Natur wie Quanten und den Aufbau der Materie (ebd., S. 29 f.). Das Postulat soll mehr die Gegenüberstellung von belebter und unbelebter Natur, Geist und Materie u.a. aufweichen. Dies ist ein prinzipiell wünschenswerter Gedanke, doch scheint er mit seiner Problematik unserer Erkenntnisse über die Natur nicht unbedingt notwendig für das Konzept des hypothetischen Realismus.

Die Postulate des Fremdbewußtseins, der Wechselwirkung und der Gehirnfunktion zielen alle in die gleiche Richtung: Den Menschen als Teil der Natur aufzufassen. Wir sind nur eine Spezies unter vielen, nehmen als Organismus (also als Teil der Welt) Informationen auf und verarbeiten sie in einem Organ namens Gehirn. Diese Postulate führen auf die Evolutionäre Erkenntnistheorie hin, die im folgenden expliziert wird.

Die restlichen Postulate sind mehr methodologischer Art. So expliziert das Objektivitätspostulat beispielsweise die intersubjektive Überprüfbarkeit von Aussagen und die Unabhängigkeit von der Methode. Das Heuristik-, das Erklärbarkeits- und das Denkökonomiepostulat stellen Forderungen an den wissenschaftlichen Forschungsprozeß. Es sollen nur Hypothesen aufgestellt werden, die die Forschung weiterbringen, die nicht unnötig oder überflüssig sind und die sich durch Prägnanz auszeichnen.

2.2.2.2 Kernaussagen der Evolutionären Erkenntnistheorie

> „Unser Erkenntnisapparat ist ein Ergebnis der Evolution. Die subjektiven Erkenntnisstrukturen passen auf die Welt, weil sie sich im Laufe der Evolution in Anpassung an diese reale Welt herausgebildet haben. Und sie stimmen mit den realen Strukturen (teilweise) überein, weil nur eine solche Übereinstimmung das Überleben ermöglichte." (VOLLMER 1987, S. 102)

Diese Kernaussage der biologischen oder Evolutionären Erkenntnistheorie beinhaltet die wesentlichen Züge des Forschungsprogramms. Der Mensch wird konsequent im Sinne der DARWINschen Evolutionstheorie als ein durch Selektion und Anpassung entwickeltes Wesen gesehen. Dies gilt insbesondere für unser Denkvermögen, welches einen „ungeheuren Selektionsvorteil" (ebd., S. 103) bietet. Unsere Erkenntnisfähigkeit wird bestimmt durch unseren Erkenntnisapparat (Gehirn und Wahrnehmungsorgane), der sich im Laufe der Evolution an die äußere Welt angepaßt hat. Sein Passungscharakter „erstreckt sich nicht nur auf die physischen, sondern auch die logischen Strukturen der Welt (wenn solche existieren)" (ebd.), und diese haben sich als sehr brauchbar erwiesen, weil es uns sonst nicht geben würde. Wir wären ohne einen angepaßten Erkenntnisapparat nicht überlebensfähig.

Diese stammesgeschichtliche Entwicklung unseres Erkenntnisapparates bedingt auch die schon angesprochene vermittelnde Position zwischen Rationalismus und Empirismus:

> „Der Rationalismus hat recht (es gibt ein synthetisches Apriori) für den Menschen als Einzelwesen; der Empirismus hat recht (es gibt kein synthetisches Apriori) für die Menschen als biologische Art". (ebd., S. 133)

Unsere angeborenen Strukturen der Erkenntnis sind ontogenetisch a priori, also vor jeder Erfahrung, phylogenetisch jedoch a posteriori, nämlich im Laufe der Evolution durch Erfahrung entwickelt.

Die Hauptfrage der EE,

> „Wie kommt es, daß die (subjektiven) Strukturen menschlicher Erkenntnis auf die (objektiven) Strukturen der Realität passen?" (VOLLMER 1988a, S. 45),

wird also über die biologische Evolution beantwortet, die diese Passung ermöglichte. Der Passungscharakter hat drei Aspekte: Erkenntnis der Welt ist überhaupt erst *möglich*, wenn subjektive und objektive Strukturen aufeinander passen wie ein Werkzeug auf ein Werkstück. Diese Passung ist im Sinne der „Fitness" nach DARWIN *nützlich*, da Erkenntnis nützlich ist, und teilweise passen sogar subjektive und objektive Strukturen im Sinne einer partiellen Isomorphie so zueinander, daß sie *übereinstimmen* (ebd., S. 46 f.).

Unter der Voraussetzung des Passungscharakters und einer hypothetischen Realität kann Erkenntnis beschrieben werden:

> „Erkenntnis ist eine adäquate interne Rekonstruktion und Identifikation äußerer Objekte (im Subjekt)." (ebd., S. 45)

Die EE ist also konsistent mit dem hypothetischen Realismus, denn sie setzt eine reale Welt voraus, in der Anpassung stattfand und begreift sich selbst als Hypothese, aufbauend auf der Evolutionstheorie und diese weiterführend auf die Evolution der Erkenntnisstrukturen. Einige zentrale Konzepte der EE sollen nun genauer betrachtet werden.

2.2.2.3 Konzepte der Evolutionären Erkenntnistheorie

Für die Bestimmung der unterrichtlichen Bedeutung von Modellen lassen sich aus der EE verschiedene Erkenntnisse ziehen. Hier ist besonders eine Klärung des Begriffs der Anschaulichkeit bedeutsam. In engem Zusammenhang dazu steht das Konzept des Mesokosmos, das einleitend geschildert wird und zu einer Definition von Anschaulichkeit hinführt. Ebenfalls wird der Erkenntnisprozeß, wie er in der EE verwendet wird, beschrieben.

2.2.2.3.1 Mesokosmos

Analog zum Begriff der „ökologischen Nische" beschreibt der Mesokosmos die „kognitive Nische" des Menschen. Dieser Mesokosmos ist eine „Welt der mittleren Dimensionen und reicht von Millimetern zu Kilometern, vom subjektiven Zeitquant (eine sechzehntel Sekunde) bis zu Jahren, von Gramm bis Tonnen, von Stillstand bis etwa Sprintergeschwindigkeit, von gleichförmiger Bewegung bis zur Erd- oder Sprinterbeschleunigung, vom Gefrierpunkt bis zum Siedepunkt des Wassers usw." (VOLLMER 1993, S. 38). Diese Welt unserer direkten Erfahrung steht in unmittelbarem Zusammenhang mit den physiologischen Strukturen unserer Wahrnehmungsorgane. So sind wir beispielsweise auf Informationen aus einem begrenzten Bereich des elektromagnetischen Spektrums (Wellenlängen des „sichtbaren" Lichts von ca. 380-760 nm) oder des akustischen Frequenzspektrums von 16-16000 Hertz angewiesen. Mesokosmische Größen sind allerdings auch subjektive Empfindungen wie Farbtöne und somit nicht streng eingrenzbar auf bestimmte Ober- und Untergrenzen. Vor allem entspricht der Mesokosmos nicht dem sogenannten Makrokosmos. Er beinhaltet weitaus mehr Strukturen als der Mesokosmos, so beispielsweise die makroskopische Struktur des Magnetfeldes, für dessen Rezeption wir jedoch im Gegensatz zu Tauben oder einigen Insekten keine Wahrnehmungsorgane haben, und das daher nicht Teil unseres Mesokosmos ist (vgl. VOLLMER 1988a, S. 78).

Wesentlich am Mesokosmos ist die Tatsache, daß alle Erkenntnis in ihm beginnt (VOLLMER 1993, S. 40). Es ist unser „Fenster zur Welt", in den Jahrmillionen der Evolution den Ansprüchen unserer Umwelt entsprechend ausgebildet. Jedoch ist der Mensch auch in der Lage, im Gegensatz zu anderen Lebewesen, diesen Mesokosmos zu verlassen und theoretische Erkenntnisse zu erlangen.

Zudem kann der Mesokosmos „durch Erfahrung, Training und Aufmerksamkeit" (Vollmer 1988a, S. 78) verändert und erweitert werden, durch Lernen also.[10] Dieser Aspekt besitzt besondere Bedeutung für die Arbeit mit Computermodellen, die ja Unanschauliches in einen mesokosmisch erfahrbaren Bereich transformieren. Der Computer öffnet ein „Fenster ins Unanschaubare". Die Grenzen unseres Mesokosmos werden mittels des Computers erweitert, nicht durch das abstrakte Hantieren mit Theorien überschritten. Hier wird das Thema der Anschaulichkeit, die in engem Zusammenhang mit dem Mesokosmos steht, angesprochen.

2.2.2.3.2 Anschaulichkeit

VOLLMER (1988a, S. 79) diskutiert drei mögliche Erklärungsansätze für den Begriff der Anschaulichkeit:

> „Eine Struktur ist anschaulich genau dann, wenn sie mesokosmisch ist (1); sie in eine mesokosmische Struktur transformiert werden kann (2); wir uns die Erfahrungen vorstellen können, die wir mit (oder in) einer solchen Struktur hätten (3)."

Hierbei wird die erste Definition als zu eng abgelehnt, da durchaus nichtmesokosmische Dinge wie das Planetensystem, eine drei Meter große Frau oder ein Einhorn mesokosmisch vorstellbar und damit anschaulich, wenn auch „unglaublich" sind (ebd., S.79 f.). Die dritte Definition hingegen sei zu weit gefaßt, da danach jede Theorie anschaulich wäre. Hier seien beispielsweise nicht-euklidische Räume genannt, von denen HELMHOLTZ, POINCARÉ, REICHENBACH u.a. zu zeigen versuchten, daß sie vorstellbar sind, wobei sie allerdings zu unterschiedlichen Ergebnissen gelangten (ebd., S. 80).[11] Damit nimmt Vollmer die zweite Explikation an:

---

[10] Ebenso kann natürlich durch körperliche Behinderungen eine physiologische Verengung des Mesokosmos erfolgen.

[11] Einen Überblick über die Untersuchungen zur Raumvorstellung in der vierten Dimension gibt KELLERT (1994). Er zeigt auf, daß Vierdimensionalität vorgestellt werden kann, insbesondere mit Hilfe von Computervisualisierungen und Virtual-Reality-Umgebungen, die eine physische Interaktion erlauben. Diese scheint besonders wichtig, denn: „ [...] spatial visualisation cannot be separated from embodied interaction with the world" (ebd.). KELLERT kommt zum Schluß: „Argu-

> „Eine Struktur ist anschaulich genau dann, wenn sie (durch eine reguläre Transformation) in eine mesokosmische Struktur transformiert werden kann." (ebd.)

Eine reguläre Transformation stellt eine Multiplikation von charakteristischen Parametern der Struktur mit positiven, endlichen, reellen Zahlen dar (ebd., S. 81). Somit umschließt diese Definition auch mesokosmische Strukturen durch den Transformationsfaktor Eins. Anschauliche Strukturen wären demnach nach VOLLMER beispielsweise das Planetensystem, welches verkleinert werden kann, oder Moleküle, die vergrößert werden, ebenso wie das BOHR- oder RUTHERFORD-Atommodell, im Gegensatz zu den Atomen der Quantenmechanik, die nichtmesokosmische und somit nichttransformierbare Eigenschaften besitzen (ebd., S. 80).

Hier muß allerdings Kritik geübt werden. Der vorschnelle Schluß der Anschaulichkeit von Molekülen und Atomen durch bloße Vergrößerung ist nicht hinzunehmen: Sie sind nicht anschaulich, sie können nicht direkt vorgestellt werden, da es sich hierbei nur um Denkmodelle handelt, die höchstens *ver*anschaulicht werden können. Hierbei kommt die Problematik zum tragen, daß sich der Begriff des Mesokosmos ausschließlich an raum-zeitlichen Maßgrößen orientiert, nicht aber an der Substanz[12] des Wahrgenommenen. Der Physiker VOLLMER vermißt nur, trifft aber keine Aussagen über das Gemessene. Unter diesem Gesichtspunkt ist natürlich eine reguläre Transformation beispielsweise der Abmessungen eines Atoms in den Mesokosmos möglich, jedoch keine Transformation des nichtstofflichen Atomaren in das notwendig Stoffliche des Mesokosmos. Denn mathematisch nicht beschreibbare Eigenschaften eines Objekts können auch nicht mathematischen Operationen unterzogen werden. Zu dieser Problematik ist eines Analyse des Begriffs „Struktur", der von VOLLMER selbst nicht spezifiziert wird, hilfreich.

> „Struktur: 1. (unsichtbare) Anordnung der Teile eines Ganzen zueinander, gegliederter Aufbau, innere Gliederung. 2. Gefüge, das aus Teilen besteht, die wechselseitig voneinander abhängen [...]." (DUDEN 1990, S. 747)

ments for apriori limits to human perception frequently refer to the human body as a natural source for these limits. But the body is not only a source of limits. Skilled perception is a form of embodied experience that can be trained and retrained; while there are limits [...]" (ebd.). Trotz dieser prinzipiellen Erlernbarkeit von Vorstellungen weit außerhalb des Mesokosmos bleibt dieser dennoch der eigentliche und erste Bezugspunkt unserer Anschauung, wenn er auch aufgeweitet werden kann. Diese Möglichkeit der Aufweitung ist jedoch nur für einige wenige Strukturen gegeben, sicherlich nicht für die meisten Theorien.

[12] Hiermit ist nicht der typisch chemische Substanzbegriff, sondern der substantielle Charakter der Materie gemeint.

Der Aspekt der wechselseitigen Bedingtheit wird auch von HRUSOVSKÝ (1978) betont:

> „Den Begriff ‚Struktur' können wir global als Widerspiegelung der Einheit wechselseitiger Beziehungen, Funktionen, kausaler und dialektischer Zusammenhänge eines Gegenstandes, der Einheit seiner inneren Unterschiede definieren."

Vereinfacht besteht also eine Struktur aus Teilen und ihren Wechselbeziehungen. Unter einer naturwissenschaftlichen Fragestellung können die konstituierenden Teile allgemein als „Substanz" bezeichnet werden.

Der Strukturbegriff steht selbst wiederum in engem Zusammenhang zum Substanzbegriff, da Substanz „nur als strukturelle Einheit aller Formen der Bewegung der Materie" (ebd.) zu verstehen ist. Diese Verbindung der Kategorien „Bewegung" und „Materie" wird ebenfalls von VON WEIZSÄCKER (1977) als „Substanz" bezeichnet. Er unterscheidet in seinen Betrachtungen streng zwischen „Wesenheiten" (Materie, Bewegung, Form) und ihren „Maßgrößen" (Masse, Energie, Information). Der Substanz ist allerdings auch neben den Wesenheiten Materie und Bewegung die der Form zuzuordnen, denn „Substanz fällt unter den Oberbegriff Form" (ebd.).

Somit läßt sich der Begriff „Struktur" differenzieren: Struktur besteht aus Teilen und ihren Wechselwirkungen. Die Teile werden als Substanz durch die Wesenheiten Materie, Bewegung und Form bestimmt. Mit Rückgriff auf die Kritik an VOLLMERs rein quantitativer Beschreibung des Mesokosmos kann nun festgehalten werden, daß sowohl die Wechselwirkungen zwischen den Teilen eines Ganzen als auch die Wesenheiten Materie und Bewegung durch die Maßgrößen Masse und Energie beschrieben werden können, jedoch nicht die Form. Die hierzu notwendige Maßgröße Information ist physikalisch nur rudimentär handhabbar und beschreibbar, insbesondere ist keine reguläre Transformation von Information möglich, wie dies in der Definition von Anschaulichkeit bei VOLLMER gefordert ist. Um auf das Beispiel der Transformation von Molekülen zu mesokosmischen Holzmodellen (VOLLMER 1988a, S. 80) zurückzukommen: Es sind metrische Transformationen möglich, selbst von metrischen Teilaspekten der Form, jedoch nicht die Transformation von Form als Substanz, da mesokosmische Substanzen (wie hier das Holz) nicht aus regulären Transformationen gewonnen werden können, andererseits aber unverzichtbarer Bestandteil des Mesokosmos sind.

Es wird damit deutlich, daß der Geltungsbereich des Mesokosmos um das Element der Form als Konstituent eines umfassenden Substanzbegriffes erweitert werden muß. Daraus ergibt sich ebenfalls eine Erweiterung des Begriffes „Anschaulichkeit":

Eine Struktur ist anschaulich, wenn sie in ihrer Wesenheit und in ihren Maßgrößen in eine mesokosmische Struktur überführt werden kann.

Der Verzicht auf die Transformation als mathematische Operation liegt in der geschilderten Nichtmeßbarkeit von Form begründet. Dies bedeutet nicht, daß Transformationen nicht durchgeführt werden sollten, wenn dies möglich ist. Gerade im unterrichtlichen Umgang mit Modellen sollte auf eine Beschreibung meßbarer Größen Wert gelegt werden, also fachwissenschaftlicher Befunde, soweit dies didaktisch sinnvoll ist. Allerdings muß deutlich werden, daß nicht alle Eigenschaften der Modelle durch Transformation erhalten werden, sondern auch aus dem Bemühen nach Veranschaulichung entstehen. Auf die Verflechtung von Modell und Anschaulichkeit weist auch JUNG (1977) hin, wobei er ebenfalls die damit verbundene Problematik der Verwechslung von Modell und Realität anspricht:

> „Modelle sind immer ‚Veranschaulichungen' und haben als solche heuristischen Wert. [...] Natürlich besteht wegen der Anschaulichkeit stets ein Druck, das Modell als Darstellung von Realität zu deuten, d.h. als ein Modell mit Wahrheitsanspruch."

Der in der Definition benutzte Begriff der Überführung umfaßt also Transformation *und* Veranschaulichung und erweitert somit den erkenntnistheoretischen Zugang zur Anschaulichkeit von VOLLMER um einen didaktischen Aspekt.

Mit dieser Definition wird allerdings auch nahegelegt, daß weit mehr Strukturen veranschaulicht werden können, als dies mit einer über reine Transformation gewonnenen Anschaulichkeit möglich ist. Daß dies tatsächlich der Fall ist, wird deutlich werden, wenn insbesondere in Kap. 4 neue Möglichkeiten der Veranschaulichung dargelegt werden, wie sie nur mittels des Computers möglich sind, der Unanschaubares durch Virtualiät in den Mesokosmos überführen und damit veranschaulichen kann.

2.2.2.3.3 Der Erkenntnisprozeß

VOLLMER (1987, S. 41) unterscheidet drei Arten der Erkenntnis, die hierarchisch gestuft sind (Abbildung 1).

Die erste Stufe umfaßt die Wahrnehmungen. Diese zeichnen sich durch eine geistige Bearbeitung von Erlebnisinhalten aus (z.B. „ich sehe einen roten Würfel"). Reine Empfindungen, die ihrer Natur nach weder hinreichend strukturiert noch intersubjektiv überprüfbar sind, stellen hingegen noch keine Erkenntnis dar (z.B.„ich habe jetzt eine Rotempfindung").

Die nächsthöhere Stufe beschreibt die vorwissenschaftliche Erfahrung, das Alltagswissen. Die Aussagen werden hierbei über den meist unkritischen Gebrauch

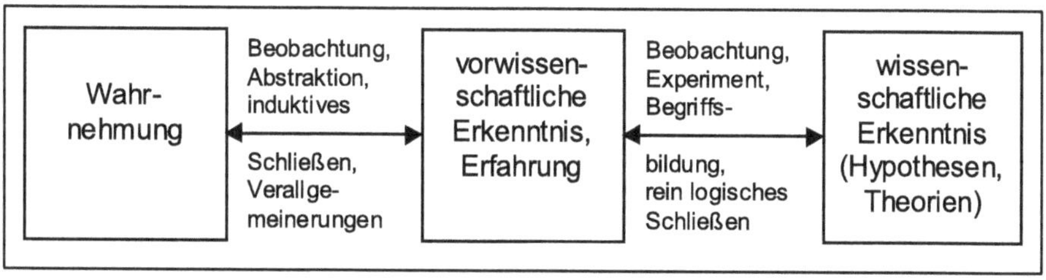

Abbildung 1: Stufen der Erkenntnis (nach VOLLMER 1987, S. 41)

von Verallgemeinerungen, induktiven Schlüssen, Analogien etc. getroffen (z.B. „dieser Mann ist verheiratet, denn er trägt einen Ring").

Die wissenschaftliche Erkenntnis geht hingegen über die Erfahrung weit hinaus. Sie benutzt die Logik, Experimente, Begriffsbildung und andere wissenschaftliche Methoden, um zu Hypothesen und Theorien zu gelangen.

> „Die Rekonstruktion der realen Welt erfolgt in der Wahrnehmung unbewußt, in der vorwissenschaftlichen Erfahrung bewußt, aber noch unkritisch, und erst in der Wissenschaft *bewußt und kritisch.*" (VOLLMER 1987, S. 124.)

Somit stellt die wissenschaftliche Erkenntnis die höchste Stufe der Erkenntnis dar, sie beschreibt die Realität am zutreffendsten. Zudem wird der Beitrag des Subjekts zur Erkenntnis von der Wahrnehmung zur Wissenschaft im Hinblick auf bewußt eingesetzte Methoden der Erkenntnisgewinnung bedeutender. Dieser Beitrag kann perspektiv, selektiv und konstruktiv sein:

> „*Perspektiv*, wenn Standort, Bewegungs- oder Bewußtseinszustand des Subjekts in die Erkenntnis eingehen [...], *selektiv*, wenn er nur eine Auswahl aus objektiv vorhandenen Möglichkeiten zur Erkenntnis zuläßt [...], *konstruktiv*, wenn er die Erkenntnis positiv mitbestimmt oder überhaupt erst ermöglicht [...]". (VOLLMER 1987, S. 43)

Die Problematik dieses konstruktiven Beitrags des Subjekts zur Erkenntnis einer unabhängigen Außenwelt sowie die Hierarchisierung der Erkenntnisstufen werden im nächsten Abschnitt diskutiert, wo ebenfalls grundsätzliche Kritikpunkte zur Sprache kommen, aber auch Anhaltspunkte aus der EE gewonnen werden, die zu einem verbesserten unterrichtlichen Lernprozeß beitragen können.

2.2.3 Kritik und Einführung einer konstruktionistischen Prämisse

Die EE umfaßt mehrere Grundannahmen. Die am stärksten kritisierte ist die Postulierung einer real existierenden äußeren Welt, deren Existenz sowie Aussagen über sie allerdings hypothetisch bleiben müssen (hypothetischer Realismus).

Ein Beweis der Existenz einer Außenwelt kann nicht geliefert werden. Dennoch sprechen eine Reihe von Indizien für die Zweckmäßigkeit einer solchen Annahme: die psychologische Evidenz, die Einfachheit dieser Hypothese, der heuristische Wert, der Erfolg, die Konstanzleistungen der Wahrnehmung etc. (VOLLMER 1987, S. 35 ff.). Das Realitätspostulat ist allerdings umstritten. So weist ENGELS (1989, S. 224) darauf hin, daß VOLLMER zirkulär argumentiert:

> „Denn die Argumentation zugunsten der Existenz einer bewußtseinsunabhängigen Realität setzt die Existenz einer derartigen Welt bereits voraus, sie bewegt sich [...] schon in einem realistischen Begriffsrahmen."

VOLLMER (1988a, S. 311) hält dem entgegen, daß der vorliegende Zirkel ein virtuoser, kein vitiöser sei, und zwar in Form einer fruchtbaren selbstkorrigierenden Rückkopplungsstruktur, die empirische wie auch normative Elemente enthält. Dennoch muß er sich den Vorwurf gefallen lassen, einen „Außenraumstandpunkt" (ENGELS 1989, S. 227) einzunehmen, also nicht aus dem Kognitionsprozeß heraus zu argumentieren. Allein schon die Rede von einer von der EE geforderten Korrespondenz subjektiver und objektiver Strukturen, so PUTNAM und STEGMÜLLER, setze eine Außenperspektive, einen Gottesgesichtspunkt voraus (ebd., S. 229). Bei einer systemimmanenten Begründung von Realität hingegen gelangt man erneut zu einem Zirkelschluß. ENGELS versucht diesen zu relativieren, indem sie die Trennung von wissenschaftlicher Erkenntnis und Wahrnehmung dazu nutzt, mit der Ersteren den Außenstandpunkt einzunehmen und dadurch mit dem Instrument der Wissenschaft die Realitätstreue unserer Wahrnehmung zu untersuchen (ebd., S. 231). Damit wird zumindest der Zirkelvorwurf für die Wahrnehmungsebene entkräftet, jedoch nicht für die Ebene der wissenschaftlichen Erkenntnis.

Selbst die Trennung von Erkenntnisstufen ist nach ENGELS problematisch, insbesondere die Höherbewertung wissenschaftlicher Erkenntnis (ebd., S. 236):

> „Die innere Logik der Evolutionären Erkenntnistheorie müßte eher das Gegenteil nahelegen." (ebd., S. 237)

Denn durch die biologische Evolution bedingt sollte die Passung unserer mesokosmischen Erkenntnisstrukturen auf die angenommene außersubjektive Realität zuverlässiger und realitätstreuer sein (da sie bis heute ein Überleben ermöglicht hat) als die wissenschaftliche Erkenntnis, die ein Ergebnis einer zeitlich viel kürzeren kulturellen Entwicklung ist (ebd.). Aus der Evolution heraus argumentiert läßt sich somit keine Priorität belegen.

> „Die theoretischer Erkenntnis zugeschriebene normative Überlegenheit hängt also buchstäblich in der Luft." (ebd.)

ENGELS kommt zu dem Schluß, daß die Position des hypothetischen Realismus weder durch Argumente gestützt werden kann, noch sinnvoll erscheint. So legt sie nahe, die Position aufzugeben, zumal sie nicht notwendig für die EE zugrundegelegt werden muß. Sie stellt dem eine Konzeption des „Konstruktionismus" im Sinne PIAGETs entgegen. Diese Benennung dient der Unterscheidung dieser

Position vom „Radikalen Konstruktivismus“ der Erlanger Schule (ebd., S. 247). Radikal sei der Konstruktionismus ebenfalls nicht zu nennen, da er mit einem „Minimalrealismus“ (ebd.) verbunden ist:

> „Danach wird die Existenz einer Realität trivialerweise vorausgesetzt – wie sollte PIAGET sonst seine wissenschaftliche Aktivität verstehen – nicht aber die Erkennbarkeit ihrer Strukturen, wie sie unabhängig von handelnden und erkennenden Organismen bzw. Subjekten besteht.“ (ebd., S. 277)

Im Konstruktionismus wird die phylogenetische Perspektive der Evolution um eine ontogenetische Betrachtungsweise erweitert, die das Individuum in das Zentrum der Betrachtung rückt (ebd., S. 242). Die Ontogenese ist nach PIAGET nicht bloß als Reifung und somit Anpassung des Individuums an die Welt, sondern als Konstruktion subjektiver Erkenntnisstrukturen und objektiver Strukturen der Realität zu sehen (ebd., S. 243). Hierin tritt die Einheit von Erkenntnis und Handeln auf, die untrennbar verbunden sind durch die aktive Gestaltung von Erkenntnis und Welt, der Konstruktion. Der Prozeß der Konstruktion ist nach PIAGET in verschiedene altersabhängige Phasen zu unterteilen, die sich durch spezifische Kennzeichen der Verknüpfung von Subjekt und Umgebung, „der Organisation von Ich und Welt“ (ebd., S. 249) unterscheiden. Diese vier Phasen oder Stufen der intellektuellen Entwicklung sind die senso-motorische (Geburt bis 2 Jahre), die präoperative (2-7 Jahre), die der konkreten Operationen (7-11 Jahre) und die der formalen Operationen (11 Jahre und älter) (GINSBURG & OPPER 1998, S. 43). Auf allen Stufen wird jedoch Erkenntnis durch Konstruktion gewonnen. Selbst im Säuglingsalter werden Wahrnehmungen nicht als bloßes Abbild der Wirklichkeit zur Kenntnis genommen, sondern interpretiert und ihnen eine Bedeutung verliehen:

> „Danach wirkt Erfahrung sich nicht *auf* ein Kind aus, sondern bringt *zusammen mit* diesem Wirkungen hervor. Das Kind modifiziert die ursprüngliche Erfahrung in dem Maße, wie es selbst von dieser verändert wird.“ (ebd., S. 92)

Der evolutionäre Aspekt der PIAGETschen Theorie kommt darin zum Ausdruck, daß zwei angeborene allgemeine Funktionsprinzipien oder „invariante Funktionen“ festgestellt werden. So ist allen Spezies die Tendenz gemeinsam, ihre Prozesse zu organisieren, physisch wie psychologisch, sowie die Tendenz, sich ihrer Umwelt anzupassen (ebd., S. 33). Anpassung kann durch die komplementären Prozesse der Akkomodation und Assimilation beschrieben werden.

> „Mit Akkomodation ist die Tendenz des Organismus gemeint, seine Strukturen gemäß den Einwirkungen der Umwelt abzuändern, während Assimilation die Verwendung verfügbarer Strukturen bedeutet, um mit der Umwelt umzugehen.“ (ebd., S. 41)

Alle diese Prozesse dienen dem obersten Ziel, ein kognitives Gleichgewicht zu erzeugen.

> „Die kognitive Entwicklung ist ein Äquilibrationsprozeß (von ‚équilibre' = Gleichgewicht)." (KESSELRING 1988, S. 85)

Legt man nun diese konstruktionistischen Prämissen der EE zugrunde, so läßt sich mit Verzicht auf die Annahme einer außersubjektiv existierenden Außenwelt Realität als interaktionistisch geformter Zusammenhang von Organismus und Umwelt verstehen. Unter evolutionstheoretischer Perspektive erfolgt eine Ersetzung der von VOLLMER beschriebenen angeborenen Erkenntnisstrukturen durch das angeborene Potential, unsere Denkstrukturen den äußeren Strukturen anzupassen:

> „Nicht die Kategorien können also angeboren sein, sondern die Fähigkeit, in Auseinandersetzung mit äußeren Gegebenheiten Organisationsmuster, Kategorien, für die Bewältigung der uns affizierenden Mannigfaltigkeit zu entwickeln." (ENGELS 1989, S. 270)

Damit wandelt sich auch der Begriff der Erkenntnis als adäquate Rekonstruktion äußerer Objekte (s.o.):

> „Anders als im erkenntnistheoretischen Realismus bedeutet adäquate Rekonstruktion in einem konstruktionistischen Rahmen nicht mehr die Übereinstimmung von Erkennen und bewußtseinsunabhängiger Realität an sich, sondern Korrespondenz von Denken und konstituierten Welt-Handlungssystemen, d.h. *Kohärenz* von Altem und Neuem. [...] Somit besteht das ‚Passungsmoment' von Erkenntnis in deren Einfügbarkeit in die zuvor konstruierten Systeme." (ebd., S. 282)

Rekonstruktion bedeutet also mehr Konstruktion denn Identifikation äußerer Objekte. PIAGET selbst benutzt die Begriffe der Rekonstruktion und Konstruktion nebeneinander, wobei Rekonstruktionen allerdings immer das Ergebnis weiter zurückliegender Kombinationen und Rekonstruktionen bedeutet (KESSELRING 1988, S. 78) und nicht die Rekonstruktion einer Außenwelt.

Unaufgelöst bleibt bei diesem Ansatz der hermeneutische Zirkel, der dadurch bedingt ist, daß wir einerseits nichts über Realität aussagen können, ohne auf früher gebildete Erkenntnisse zurückzugreifen, andererseits aber die Erkenntnisse in der Auseinandersetzung mit eben jener Realität gewonnen haben, die wir erkennen wollen (ebd., S. 84). PIAGET unternimmt jedoch auch keinen Versuch, diesen Zirkel zu durchbrechen, da es prinzipiell nicht möglich sei (ENGELS 1989, S. 274) und wir mit dieser Paradoxie leben müssen.

Aus dem konstruktionistischen Ansatz heraus kritisiert ENGELS auch das Konzept des Mesokosmos. Die Kritik beruht dabei einerseits auf dem oben erwähnten perspektiven, selektiven und konstruktiven Beitrag des Subjekts zur Erkenntnisgewinnung, wie VOLLMER (1987, S. 43) ihn konstatiert. Er trägt hiermit also einem konstruktionistischen Aspekt Rechnung (ENGELS 1989, S. 308). Andererseits wird Mesokosmos als „Ausschnitt der realen Welt" aufgefaßt und somit unter einem realistischen Aspekt gesehen.

> „Nach der konstruktionistischen Auffassung wird der Mesokosmos als die von uns erfahrbare Wirklichkeit durch uns erst konstituiert. Aus realistischer Sicht müßten sich unsere Erkenntnisstrukturen demgegenüber an eine unabhängig von erkennenden Subjekten existierende und strukturierte Wirklichkeit angepaßt haben und deren Strukturen abbilden." (ebd., S. 310)

Der Widerspruch kann aufgelöst werden, indem man die Perspektive berücksichtigt, unter der der Mesokosmos betrachtet wird. Dies ist im Falle der realistischen Auffassung die eines Naturwissenschaftlers, im anderen Falle die eines wahrnehmenden Subjekts (ebd.). Der Wissenschaftler beschreibt die physikalisch meßbare Welt einerseits und unsere Sinnesorgane andererseits und kann daraus schließen, welche Elemente der physikalisch beschreibbaren Welt durch die Sinnesorgane wahrgenommen werden können und bestimmt dadurch den Mesokosmos in seinen Grenzen. Das von der Wahrnehmung und Alltagserfahrung ausgehende Subjekt definiert jedoch den Mesokosmos nicht durch meßbare Größen, sondern durch die *Qualität* der Wahrnehmung.

> „Wir sehen keine unterschiedlichen Wellenlängen, sondern Farben, hören keine Schallfrequenzen, sondern Geräusche usw." (ebd., S. 313)

Eine solche Kritik an der quantitativ orientierten Beschreibung des Mesokosmos wurde bereits bei der Besprechung des Begriffs der Anschaulichkeit in Kap. 2.2.2.3.2 vorgenommen, wobei die Wesenheit der Dinge und der Substanzbegriff als qualitative Merkmale des Mesokosmos hervorgehoben wurden.

Die Wahrnehmung oder Alltagserfahrung ist jedoch gerade unter dem Aspekt biologischer Evolution die entscheidende Kategorie:

> „Gehen wir davon aus, daß das Gelingen bestimmter Handlungen eine notwendige Voraussetzung für die Evolution und das Überleben des Menschen war und ist, so ist der für die Evolutionäre Erkenntnistheorie entscheidende Gegenstand die Struktur subjektiver Erfahrungen, die zuverlässigem Handeln als Grundlage dienen. [...] Diese sind überhaupt erst der Anlaß dafür, daß wir Theorien entwerfen, die uns über ihre Entstehung Aufschluß geben sollen. Die Evolutionäre Erkenntnistheorie muß daher bei der vorwissenschaftlichen Erfahrungsweise des Menschen ihren Ausgang nehmen, da diese Grundlage für das überlebenskompetente Handeln unserer Vorfahren bildete." (ENGELS 1989, S. 313)

Da eine so preferierte konstruktionistische subjektive Erkenntnisperspektive allerdings nicht mehr in der Lage ist, scharfe Grenzen des Mesokosmos anzugeben, hält ENGELS den Mesokosmos für eine Fiktion (ebd., S. 333). Allein aufgrund des subjektiven Anteils an der Konstruktion des Mesokosmos das gesamte Konzept zu verwerfen, scheint jedoch unangebracht. Denn werden aufbauend auf der subjektiven Erkenntnis des Einzelnen durch wissenschaftliche

Methoden intersubjektive Maßstäbe gefunden, so können Elemente des Mesokosmos durchaus beschrieben werden. Diese allein sind allerdings nicht hinreichend für eine Beschreibung des Mesokosmos, sondern müssen zwangsläufig durch aus Alltagsdeutung gewonnenen Elementen ergänzt werden.

Der Mesokosmos stellt den primären Erfahrungsbereich der Spezies Mensch dar, er besitzt also einen interindividuellen Geltungsanspruch. In die Alltagserfahrung fließen schon Interaktionsaspekte der nicht zuletzt sozialen Umwelt des Individuums ein, erst recht in der Wissenschaft durch den intersubjektiv überprüfbaren Geltungsanspruch, ja selbst die Wahrnehmung ist aus konstruktionistischer Sicht durch zuvor intersubjektiv erworbene Schemata nicht individuell. Es kann also keine Erkenntnis ohne Einbeziehung anderer Subjekte geben. Dieser intersubjektive Aspekt tritt bei ENGELS in den Hintergrund, eventuell bedingt durch die starke Fixierung auf die Ontogenese, auf die individuelle Entwicklung. Zwar wendet sie sich zu Recht gegen einen Begriff des Mesokosmos, der in Anlehnung an VON UEXKÜLL eine Unüberschreitbarkeit der aus Merk- und Wirkwelt bestehenden Funktionskreise der Lebewesen aufweist (ENGELS 1989, S. 306 f.), vernachlässigt dabei jedoch, daß es tatsächlich intersubjektiv bestimmbare Grenzen gibt. Durch diese allein kann der Mesokosmos in Einklang mit ENGELS nicht bestimmt werden. Das Konzept braucht jedoch auch nicht verworfen zu werden, solange man neben der wissenschaftlichen Perspektive auch die subjektive Perspektive berücksichtigt, wie dies in Kap. 2.2.2.3.2 ansatzweise gezeigt wurde durch den Einbezug qualitativer, aber dennoch intersubjektiv überprüfbarer Elemente.

Es können, aufbauend auf dem Konstruktionismus und der Kritik am Mesokosmos drei Perspektiven festgehalten werden, die die EE zu berücksichtigen hat:

Subjektive Perspektive: Das primäre Objekt der EE und die erste Perspektive des erkennenden Subjekts ist die Alltagserfahrung. Dieser Blickwinkel ist realistisch geprägt, der Mensch setzt Strukturen in der Welt voraus, wenn er auch um deren hypothetischen Charakter weiß, da eine ständige Hinterfragung der realen Existenz der Dinge die Lebensfähigkeit beeinträchtigen würde. (ebd., S. 334 f.)

Objektive Perspektive: Die Naturwissenschaft bedient sich dieser Außenperspektive zur Beschreibung des Subjekt-Welt-Verhältnisses. Sie ist ebenfalls in der Regel realistisch geprägt, da ein durch die Naturwissenschaft beschreibbares Objekt existieren muß. Wesentlich ist die Notwendigkeit, die subjektive Perspektive des erkennenden Wissenschaftlers in den Erkenntnisprozeß (und den Lernprozeß) einzubeziehen. (ebd., S. 335 f.)

Metaperspektive: Einerseits werden hier die Ergebnisse der beiden anderen Perspektiven berücksichtigt, andererseits darauf aufbauend erkenntnistheoretische Schlüsse über die dort gemachten impliziten Voraussetzungen gezogen. So kann eine minimalrealistische Voraussetzung einer wie auch immer gearteten Wirklichkeit gemacht werden, womit der realistische Standpunkt der anderen Perspektiven aufgegeben wird. Es wird deutlich, daß Innen- und Außenperspektive nur Betrachtungsweisen im Licht von Theorien sind, entweder phylogenetisch gewachsener „Theorien“ oder wissenschaftshistorisch entstandener Theorien. Die Außenperspektive des Wissenschaftlers kann nicht mehr als theorieunabhängiger Standpunkt aufgefaßt werden, sondern baut auf der subjektiven lebensweltlichen Erfahrung auf und betrachtet die Gegenstände im Lichte wissenschaftlicher Theorien. Diese Metaperspektive und das Bewußtsein der eigenen Konstruktion von Realität, wie wir sie in einem Prozeß im Sinne PIAGETs ontogenetisch selbst aufgebaut haben, ist für den Vollzug unseres alltäglichen Handelns und Erkennens nicht notwendig. (ebd., S. 336 ff.)

2.2.4 Diskussion und Folgerungen

Aus einer einleitenden Gegenüberstellung der zunächst diametral erscheinenden erkenntnistheoretischen Standpunkte des Empirismus und des Rationalismus heraus wurde der Ansatz der Evolutionären Erkenntnistheorie (EE) nach VOLLMER beschrieben, der eine Vermittlung dieser Positionen versucht.

Die EE baut auf einer Weltsicht auf, die „hypothetischer Realismus“ genannt wird und eine außersubjektiv existierende Welt annimmt, die allerdings nicht direkt erkannt werden kann und wir uns damit begnügen müssen, Hypothesen über sie anzustellen. Die prinzipielle Erkennbarkeit der Welt wird durch die EE damit erklärt, daß die subjektiven Erkenntnisstrukturen im Laufe der biologischen Evolution Passungen zu den objektiven Strukturen der Welt entwickelt haben, ohne die ein Überleben nicht möglich gewesen wäre.

Diese Passungen beziehen sich auf den Mesokosmos, einer Welt der mittleren Dimensionen, die den Bereich beschreibt, der durch den menschlichen Erkenntnisapparat unmittelbar erkannt werden kann. Der Mesokosmos ist der Bereich, in dem anschauliches Erkennen möglich ist, wobei der in der EE zugrundelegte Begriff der Anschaulichkeit um eine qualitative Komponente erweitert werden mußte. Diese Komponente beschreibt neben den meßbaren auch wesenhafte, substantielle Aspekte der Erkenntnisgegenstände und ermöglicht eine Erweiterung der erkenntnistheoretisch definierten Anschauung um eine didaktische Perspektive der Veranschaulichung.

Ausgehend von der Kritik an der realistischen Weltsicht der EE wurde ein konstruktionistischer Ansatz nach ENGELS beschrieben. Hierbei wird, aufbauend auf der wechselseitigen Abhängigkeit der Entwicklung von individuellen Erkenntnisstrukturen und der Konstruktion von Welt im Sinne PIAGETs, ein ontogenetischer Blickwinkel eingenommen, der das Erkenntnissubjekt in den Mittelpunkt der Betrachtungen stellt. Somit wird die EE dahingehend erweitert, daß nicht die angeborenen Erkenntnisstrukturen des Subjekts die Passung zur Welt bedingen, sondern die angeborene Fähigkeit, diese Strukturen und die Sicht von Welt überlebensfähig auszugestalten. Eine solche Sicht ermöglicht drei Perspektiven, unter denen der Erkenntnisprozeß betrachtet werden kann: die subjektive, die objektive und die Metaperspektive.

Welche Ansatzpunkte bieten nun die EE und die Erweiterung um konstruktionistische Prämissen für den Unterricht im allgemeinen und speziell die Modellbehandlung im Chemieunterricht?

Unter den von ENGELS beschriebenen Perspektiven ist auch der unterrichtliche Erkenntnisprozeß zu betrachten. So stellt die subjektive Perspektive die des unvoreingenommenen Lerners dar, der durch Alltagserfahrungen geprägt ist und unterrichtliche Inhalte zuerst durch die „Brille“ seiner bereits gewonnenen Erfahrungen und vorwissenschaftlichen Methoden betrachtet. Die objektive Perspektive der Wissenschaft soll dem Schüler hingegen vermittelt werden, er soll befähigt werden, über die Alltagserfahrungen und -kompetenzen hinaus eine Außenperspektive einzunehmen, die es ermöglicht, die Inhalte und Methoden der Wissenschaft unter einem universellen und intersubjektiven Geltungsanspruch zu betrachten. Die hierbei geforderte Einbeziehung der subjektiven Perspektive wird jedoch häufig vernachlässigt, vielmehr wird im alltäglichen Unterrichtsgeschehen eine naiv-realistisch geprägte Unabhängigkeit der gewonnenen Erkenntnisse vom Subjekt als Beobachter, Experimentator oder Problemlöser suggeriert. Konstruktivistisch orientierte Lernkonzepte versuchen gerade dieses Vorgehen zu durchbrechen. Eine noch geringere Beachtung erfährt die Metaperspektive. Die Reflexion über die Differenzen einer Alltagssichtweise und wissenschaftlicher Erkenntnis sowie die jeweils dort implizit gemachten Voraussetzungen findet im allgemeinen nicht statt. Dabei ist ohne metaperspektivische Betrachtungen kein tiefergehendes Verständnis des Verhältnisses von erkennendem Subjekt und Welt möglich, ja eine adäquate, wissenschaftstheoretisch fundierte Sicht von Welt als Gegenstand der Naturwissenschaften kann ohne solche Betrachtungen nicht erreicht werden.

Hier ist einzuwenden, daß solche Betrachtungen schwer im Unterricht durchzuführen sind, insbesondere in der Mittelstufe. Dennoch sollte zumindest der Versuch unternommen werden, immer wieder wenigstens ansatzweise den Erkenntnisprozeß zu reflektieren. Dies kann ohne weitreichende erkenntnistheoretische Diskussionen bereits dadurch geschehen, daß die in der Alltags- und Wissenschaftssichtweise vorherrschende realistische Auffassung durch das geschilderte Konzept eines hypothetischen Realismus relativiert wird. Dabei wird weiterhin eine real existierende Welt vorausgesetzt. Die Aussagen, die über sie getroffen werden können, sind jedoch vorläufig und falsifizierbar. Wenn auch, wie oben diskutiert, diese Auffassung kritisch zu sehen ist, so bietet sie doch ein besseres

Potential für eine spätere Erweiterbarkeit in Richtung einer vom Subjekt konstruierten Wirklichkeit, als dies von einem rein realistischen Standpunkt aus möglich wäre. Zudem fließt im hypothetischen Realismus bereits die subjektive Komponente dadurch ein, daß die Hypothesen vom Erkennenden gebildet werden. Bereits in der Mittelstufe konstruktivistische oder konstruktionistische Sichtweisen zu behandeln ist nahezu unmöglich, jedoch kann hier der Grundstock gelegt werden, indem eine bloße Abbildfunktion der Naturwissenschaft negiert wird.

Die Subjektperspektive erfährt eine besondere Bedeutung für den Lernprozeß. Diese erste Perspektive des erkennenden Subjekts muß bei der Einführung in neue, unbekannte Lerninhalte stets berücksichtigt werden, da hier im Sinne der EE der Erkenntnis- und Lernprozeß beginnt. Die subjektive Perspektive wir dadurch unterstützt, daß Unterrichtsgegenstände anschaulich behandelt werden. Anschaulichkeit bedeutet hierbei nach der oben gegebenen Definition eine Überführung in mesokosmische Dimensionen. Auf einer so vorgenommenen Einführung kann im weiteren Unterrichtsgang aufgebaut werden und der Mesokosmos durch theoretische Betrachtungen verlassen werden.

Die für den Chemieunterricht relevanten Materie- und Bindungsmodelle, wie sie in Kap. 2.1 geschildert wurden, erhalten durch die verschiedenen Erkenntnisperspektiven und das Prinzip der mesokosmischen Anschaulichkeit eine wesentliche Bedeutung im naturwissenschaftlichen Erkenntnisprozeß. Bei ihrer Behandlung muß einerseits darauf geachtet werden, daß unter der Voraussetzung eines hypothetischen Realismus deutlich wird, daß sie nur Möglichkeiten der Beschreibung der Realität sind und nicht die Realität abbilden. Andererseits sollten sie anschaulich eingeführt werden, also über gegenständliche Modelle, wobei die Gefahr auftritt, daß die so aus der subjektiven mesokosmischen Perspektive heraus gewonnenen Erkenntnisse beim Schüler eben die Vorstellung einer Abbildung der Realität erwecken. Dadurch wird ebenfalls ein falsches Bild von der theoretischen Modellvorstellung nahegelegt, die beim Verlassen des Mesokosmos und der Anschaulichkeit bzw. Veranschaulichung gewonnen werden soll. Dieses durch die Anschaulichkeit der Sachmodelle bedingte Dilemma kann durch den Einsatz von computervisualisierten Modellen vermieden werden. Wie dies geschehen kann, wird im weiteren Verlauf der Arbeit dargelegt. Hier sollen zunächst die aus den erkenntnistheoretischen Erörterungen dieses Kapitels gewonnenen Erkenntnisse festgehalten und in Beziehung zu Modellen gesetzt werden:

- Die Annahme einer real existierenden Welt erspart dem Schüler unverständliche philosophische Diskussionen über den Konstruktivismus oder Konstruktionismus. Diese Annahme deckt sich zudem mit dem in der Geschichte der Naturwissenschaften vorherrschenden Bild der Natur sowie mit der subjektiven Perspektive des Schülers von einer unabhängigen Außenwelt, die sich in den vielen Jahren seiner Ontogenese erfolgreich bewiesen hat.

- Unser trotzdem prinzipiell hypothetisch bleibendes Wissen über diese äußere Welt im Sinne eines hypothetischen Realismus verdeutlicht den Modellcharakter von Theorien und Gesetzen. Modelle sind Hypothesen.

- Der Erkenntnisprozeß beginnt im Mesokosmos. Dort, im primären Handlungs- und Wahrnehmungsraum, muß der Unterricht ansetzen. Dort muß der Schüler abgeholt werden, insbesondere beim Kennenlernen von Modellvorstellungen.

- Anschaulichkeit muß in jeder Phase der Beschäftigung mit Modellen gegeben sein. Anschaulichkeit wird erreicht durch Überführung der Wesenheit und Maßgrößen von Modellen in den Mesokosmos.

- Die Grenzen des Mesokosmos werden im Laufe des Lernprozesses erweitert und überschritten, um zu wissenschaftlichem und modellbewußtem abstraktem Denken zu gelangen.

- Damit wird dem Schüler eine objektive Perspektive eröffnet. Diese sollte jedoch aus dem Bewußtsein der Entstehung aus und des Aufbaus auf der subjektiven Perspektive gesehen werden. Hier hilft der Hypothesecharakter von Aussagen über die Realität, denn Hypothesen werden von Subjekten formuliert.

- Auf der Reflexion über die subjektive und objektive Perspektive aufbauend kann in höheren Klassenstufen der konstruktive Beitrag des Subjekts zur Konstitution von Realität problematisiert werden. Hier kann ein wissenschaftstheoretisch fundiertes Verständnis von Erkenntnis erlangt werden. Der Zugang zu diesem läßt sich allerdings erleichtern durch einen bewußten Umgang mit Hypothesen, Theorien und Modellen bereits von Anfang an, in der Mittelstufe und im Anfangsunterricht.

2.3 Konkretisierung: Der Modellbegriff in der Fachdidaktik

Im folgenden Abschnitt soll zu einem Verständnis des Modellbegriffs hingeleitet werden, wie er der Fachdidaktik von Nutzen sein kann. Dazu werden zuerst die umgangssprachlichen Bedeutungen kurz angesprochen, um dann zu einer wissenschaftlichen Betrachtung zu gelangen. Diese wird ausgehen von einem allgemeinen Modellbegriff nach STACHOWIAK und über die Bedeutung von Modellen in den Naturwissenschaften, wie sie HERTZ und KELLER sehen, in einer eingehenderen Untersuchung der Arbeiten von KIRCHER münden. Als Folgerung der dazu angestellten Überlegungen wird es sich als nötig erweisen, ein erweitertes Relationsgefüge zum Zusammenhang von Modell, Erkenntnisobjekt und -subjekt zu entwickeln, welches für die weitere Untersuchung als Grundlage dienen kann.

Es wird in diesem Kapitel keine Diskussion der vielfältigen differenzierten Klassifikationsmöglichkeiten von Modellen erfolgen. Für die weitere Untersuchung ist lediglich eine grundlegende Unterteilung in theoretische und anschauliche Modelle wesentlich, da diese sämtliche differenziertere umschließt. Sie werden in Anlehnung an HAMMER (1990) als Modellvorstellungen und Modellkonkretisierungen bezeichnet. Worin sich beide unterscheiden und wie sie sich bedingen, wird in den weiteren Erörterungen deutlich werden.

2.3.1 Der umgangssprachliche Modellbegriff

Etymologisch leitet sich der Begriff „Modell“ ab von lat. „modus“ bzw. „modulus“ mit verschiedenen Bedeutungen: Maß, Maßstab, Größe, Grenze, Messung, Vorschrift, Weise, Art, Form, Melodie (HAMMER 1990). Auf eine genauere Untersuchung des Ursprungs und der Entwicklung des Begriffs in den verschiedenen Sprachen wird wegen der geringen Relevanz für die aktuelle Bedeutung verzichtet. Weitergehendes wird von KULLMANN (1992, S. 10 u. S. 474 ff.) dargestellt.

Der DUDEN (1990, S. 507) sieht neun Bedeutungen (ähnliches findet sich auch bei HAMMER 1990):

> „1. Muster, Vorbild. 2. Entwurf oder Nachbildung in kleinerem Maßstab (z. B. eines Bauwerks). 3. (Holz)form zur Herstellung einer Gußform. 4. Kleidungsstück, das eine Einzelanfertigung ist. 5. Mensch oder Gegenstand als Vorbild für ein Werk der bildenden Kunst. 6. Typ, Ausführungsart eines Fabrikats. 7. vereinfachte Darstellung der Funktion eines Gegenstands oder eines Ablaufs eines Sachverhalts, die eine Untersuchung oder Erforschung erleichtert oder erst möglich macht. 8. Mannequin, vgl. Model. 9. Callgirl.“

Hier bezieht sich zumindest eine Bedeutung (Nr. 7) auf so etwas wie den „wissenschaftlichen Modellbegriff“. Wesentlich scheint bei der angegebenen Definition der Aspekt der Vereinfachung eines Gegenstandes, also die Implikation, daß es sich um Abbildungen von real Existierendem handelt. Die Problematik eines solchen simplifizierenden Verständnisses wird im weiteren Verlauf der Arbeit deutlich werden.

Daß der Modellbegriff nach wie vor in erster Linie umgangssprachlich besetzt ist, zeigt auch eine Untersuchung von Berliner und Kölner Lehramtsstudenten des Faches Chemie im Grund- und Hauptstudium. REINERS (1998b) stellte fest, daß bei einem Assoziationstest, in dem neben anderen für die Chemie grundlegenden Begriffen wie Stoff, Struktur oder Bindung nach der Bedeutung des Begriffs Modell gefragt wurde, Antworten aus den Bereichen Kultur (wie Mannequin, Model, Spielzeug) und Technik (wie Hausmodell, Eisenbahn) gegenüber Antworten überwogen, die im weitesten Sinne dem Bereich Wissenschaft unterzuordnen sind (wie Atom, BOHR-Modell, Styroporkugeln). Alle diese Befunde weisen darauf hin, daß ein wie auch immer gearteter wissenschaftlich orientierter Modellbegriff bei Lernenden selten vorliegt. Dieser wissenschaftlichen Bedeutung soll sich im folgenden genähert werden.

2.3.2 Erschließung der wissenschaftlichen Bedeutung

2.3.2.1 Der allgemeine Modellbegriff nach STACHOWIAK

Als grundlegende und heute immer noch bedeutsame Abhandlung über den Modellbegriff ist STACHOWIAKs (1973) „Allgemeine Modelltheorie" anzusehen. Dort wird eine Grundlegung der Erkenntnislehre des „Modellismus", der als „neopragmatische Version der Aufklärungsideologie des Kritischen Rationalismus" (ebd., S. 41) anzusehen ist, vorgenommen:

> „Hiernach ist alle Erkenntnis *Erkenntnis in Modellen* oder *durch Modelle*, und jegliche menschliche Weltbegegnung überhaupt bedarf des Mediums ‚Modell' [...]. Modell [...] ist ebenso die ‚elementarste' Wahrnehmungs‚gegebenheit' wie die komplizierteste, umfassendste Theorie. Modell ist das vermeintlich objektive Erkenntnisgebilde ebenso wie die Gedankenkonstruktion, die ihre Subjektivität und Perspektive betont." (ebd., S. 56)

Ohne weiter auf das Für und Wider einer solch beherrschenden Rolle des Modellbegriffs für den Erkenntnisprozeß einzugehen, sei betont, daß gerade diese umfassende Bedeutung ihre Rolle selbst relativiert, da Modell als Gesamtprinzip keine spezifische Funktion mehr besitzt. Für den hier betrachteten unterrichtlichen naturwissenschaftlichen Erkenntnisprozeß wird sich weiterhin an einem spezifischen Modellbegriff orientiert, nicht zuletzt um ihn der Systematik wegen von anderen Erkenntnismethoden wie dem Experiment zu trennen.

Bedeutung hat hingegen STACHOWIAKs Analyse der Eigenschaften von Modellen erfahren. Hier werden die drei charakteristischen Bestimmungsmerkmale eines Modells festgelegt, die immer wieder auch in der fachdidaktischen Diskussion angeführt werden:

- **Abbildungsmerkmal:**

  „Modelle sind stets Modelle *von etwas*, nämlich Abbildungen, Repräsentationen natürlicher oder künstlicher Originale, die selbst wieder Modelle sein können.“ (ebd., S. 131)

- **Verkürzungsmerkmal:**

  „Modelle erfassen im allgemeinen *nicht alle* Attribute des durch sie repräsentierten Originals, sondern nur solche, die den jeweiligen Modellerschaffern und/oder Modellbenutzern relevant erscheint.“ (ebd., S. 132)

- **Pragmatisches Merkmal:**

  „Modelle sind ihren Originalen nicht per se eindeutig zugeordnet. Sie erfüllen ihre Ersetzungsfunktion a) für *bestimmte* - erkennende und/oder handelnde , modellbenutzende - *Subjekte* b) innerhalb *bestimmter Zeitintervalle* und c) unter Einschränkung auf *bestimmte gedankliche oder tatsächliche Operationen.*“ (ebd., S. 132 f.)

Weniger wird die definitorische Explikation des Modellbegriffs erwähnt, die Stachowiak (ebd., S. 322) gibt.[13] Diese formale Definition ist allerdings kaum von praktischem Nutzen. Daher können die oben aufgeführten Merkmale als deskriptive Definition angenommen werden. Stachowiak selbst sieht von einer konkreten Definition des Begriffsinhalts von Modell ab, denn:

> „Dabei kann es zumal für die [...] entwickelte Erkenntnisauffassung [des Modellismus, Anm. d. Verf.] kein ‚an sich‘ bestehendes Wesensmerkmal geben.“ (ebd., S. 130)

---

13 „O_1 und O_2 seien irgendwelche (semiotische oder nicht-semiotische) Objekte. Dann ist für einen *K*-Organismus *k* das Objekt O_2 ein **Modell** des Objekts O_1 im Zeitintervall *t* bezüglich des Operationsziels (des Zweckes, der Intention der Modellierung) Z, wenn *k* im Zeitintervall *t*

(1) *L*-rational ist,
(2) eine Beschreibung P_1 von O_1 ausführt,
(3) eine Beschreibung P_2 von O_2 ausführt,
(4) eine ikostrukurelle Abbildung F von P1 auf P2 ausführt,
(5) eine Transkodierung *T* von P_1 in P_2 aus der Transkodierungsklasse TK ausführt,
(6) die Ersetzung von O_1 durch O_2 ausführt,
(7) gewisse Operationen Op_i^Z mit $i = 1, 2,..., n$ zur (teilweisen oder vollständigen) Erreichung von *Z* an O_2 ausführt, die O_2 in ein Objekt O_2* überführt,
(8) eine Beschreibung P2* von O2* ausführt,
(9) eine Reverse der ikostrukturellen Abbildung F von P1 auf P2 mit dem Ergebnis P1* ausführt,
(10) die Prädikatklasse P_1* als Beschreibung von O_1* akzeptiert,
(11) die Ersetzung von O1* durch O2* akzeptiert und
(12) die Rekodierung der Transkodierung T von P1 in P2 bezüglich P1* und P2* ausführt.“ (STACHOWIAK 1973, S. 322)

Somit beschränkt er sich auf die oben angeführte Beschreibung des Begriffsumfangs, auch wenn er zugibt:

> „Bekanntlich ist die Bezeichnungs- und Extensionalfunktion eines Begriffs definitorisch schwächer als seine Bedeutungs- und Intensionalfunktion: aus der ‚Bedeutung' des Begriffs ergibt sich sein Umfang, während das Umgekehrte nicht gilt." (ebd.)

So ist bei STACHOWIAK im engeren Sinne nicht von einer Definition des Modellbegriffs zu sprechen. Seine Bestimmungsmerkmale hingegen finden sich häufig in Definitionsversuchen anderer Autoren wieder.

Der Versuch, diese Modellmerkmale in eine Definition umzuwandeln, wird von KULLMANN (1992, S. 43) unternommen:

> „Ein Modell ist eine vereinfachte Abbildung einer realen, gedanklichen oder formalen Gegebenheit (für einen bestimmten Benutzer) zu einem genau angegebenen Zweck."

Hierbei ist allerdings die Transformation des von STACHOWIAK verwendeten Begriffs „Original" in „reale, gedankliche oder formale Gegebenheit" erkenntnistheoretisch von KULLMANN nicht begründet und wohl auch nicht mit der STACHOWIAKschen Erkenntnissicht des Modellismus vereinbar, da die Existenz einer „realen" Außenwelt nicht belegbar ist. Weiterhin kommt der Ergänzung „für einen bestimmten Benutzer", laut KULLMANN (1992, S. 43) als Anlehnung an den kybernetischen Modellbegriff mit Betonung des Subjekts zu verstehen, eine zu schwache Akzentuierung zu, da der Modellbegriff als ein rein pragmatischer zu sehen ist und somit notwendig subjektgebunden ist:

> „Modelle sind nicht nur Modelle *von etwas*. [...] Sie sind auch Modelle *für jemanden* [...]. Sie erfüllen dabei ihre Funktion *in der Zeit* [...]. Und sie sind schließlich Modelle *zu einem bestimmten Zweck*." (STACHOWIAK 1973, S. 133)

Es sollte dabei bleiben, die deskriptiven Merkmale von Stachowiak als solche zu verstehen und stehen zu lassen. In diesem Sinne sind sie sicherlich sehr hilfreich bei der weiteren Erörterung des Modellbegriffs.

2.3.2.2 Der Modellbegriff in den Naturwissenschaften nach HERTZ und KELLER

Definitionen zur Rolle von Modellen in den Naturwissenschaften existieren viele (vgl. hierzu u.a. LEATHERDALE 1974, S. 39 ff.). An dieser Stelle sollen beispielhaft zwei Beschreibungen erörtert werden.

Zur Stellung des Modellbegriffs im naturwissenschaftlichen Erkenntnisprozeß kann die Beschreibung von HERTZ dienen:

> „Es ist die nächste und in gewissem Sinne wichtigste Aufgabe unserer bewußten Naturerkenntnis, daß sie uns befähige, zukünftige Erfahrungen vorauszusehen, um nach dieser Voraussicht unser gegenwärtiges Handeln einrichten zu können." (HERTZ 1963, S. 1)

> „Das Verfahren aber, dessen wir uns zur Ableitung des Zukünftigen aus dem Vergangenen und damit der Erlangung der erstrebten Voraussicht stets bedienen, ist dieses: wir machen uns innere Scheinbilder oder Symbole der äußeren Gegenstände, und zwar machen wir sie von solcher Art, daß die denknotwendigen Folgen der Bilder stets wieder Bilder seien von den naturnotwendigen Folgen der abgebildeten Gegenstände." (ebd., S. 18)

Hier wird also die Rolle des Modells als Voraussageinstrument in den Mittelpunkt gestellt. Der Prozeß der Erkenntnisgewinnung mittels Modellen nach HERTZ beinhaltet einige für die weitere Diskussion interessante Aspekte. Zum einen werden Bilder als Konstituenten eines Modells gesehen, nicht Abbilder. Bilder sind vom Erkennenden erschaffene Konstrukte mit weit subjektiverem Anteil als dies bei Abbildern zuträfe. Weiterhin gibt es zwei Komponenten eines Modells: Repräsentationen äußerer Gegenstände, die Bilder, und denknotwendige Folgen dieser Bilder, also eine Repräsentation von funktionalen Verknüpfungen zwischen diesen Gegenständen. Diese zwei Komponenten nehmen auch eine zentrale Stellung bei KELLER (1977, S. 4) ein:

> „Modell im technisch-naturwissenschaftlichen Bereich ist eine nach Einengung und Simulation der Realität zum Zwecke der Erkenntnisgewinnung erstellte Abbildung der Realität."

Einengung und Simulation beziehen sich auf Objekte und Prozesse der Realität, die über eben jene Operationen in ein Modell überführt werden. Objekte und Prozesse bilden das Äquivalent zu den HERTZschen Bildern und Folgen der Bilder. Interessant ist bei KELLER die Entwicklung des Modellbegriffs: Er versucht, den Begriff des naturwissenschaftlichen Modells aus dem mathematischen Modellbegriff abzuleiten. Zunächst eine der Definitionen, die KELLER (1977, S. 47) nach MESCHOWSKI für ein mathematisches Modell angibt:

> „Die Axiome und Schlußregeln einer formalisierten Theorie werden als formales System bezeichnet. Das System heißt abstrakt, wenn die Objekte des Systems nur durch die Aussagen des Systems festgelegt sind. Sind die Objekte noch auf irgend eine andere Weise spezifiziert, so spricht man von einem Modell des formalen Systems. Bsp.: Die Punkte mit den Koordinaten x = 1, 2, 3,...; y = 0 sind Modell für das formale System der natürlichen Zahlen."

Ein Modell ist also vereinfachend ausgedrückt eine Interpretation eines Axiomensystems (vgl. u.a. STEGMÜLLER 1969, S. 378), die zu wahren Behauptungen führt. Ein Axiomensystem zeichnet sich durch die Eigenschaften Unabhängigkeit, Widerspruchsfreiheit und Vollständigkeit aus (KELLER 1977, S. 3). KELLER versucht nun, diesen formalen Begriff „Modell“ in Richtung auf den Modellbegriff im naturwissenschaftlichen Bereich zu erweitern. Er hält fest, daß der Gegenstand naturwissenschaftlicher Modelle die Realität ist. Realität sei die Menge an den bereits oben erwähnten Objekten materieller und immaterieller Art, die sie umfaßt, und die Menge der Prozesse zwischen ihnen. Für naturwissenschaftliche Modellaussagen wird aus den beiden Mengen je eine Teilmenge bewußt ausgewählt, und zwar so, daß sich die Aussagen über Objekte und Prozesse nicht widersprechen und voneinander unabhängig sind. Hier kommt der Bezug zu den axiomatischen Eigenschaften der Unabhängigkeit und Widerspruchsfreiheit zum Tragen. Die Eigenschaft Vollständigkeit hingegen kann nicht erfüllt werden, da dies Aussagen über die Gesamtheit der Realität wären (ebd., S. 3 f.).

Modellbildung besteht nach KELLER nun darin, daß mit Hilfe der ausgewählten Objekte und Prozesse eine Abbildung der (Teil-)Realität konstruiert wird, die ihr entspricht. Zusätzlich können weitere Objekte und Prozesse aufgenommen werden (abundante Eigenschaften), die für den Zweck des Modells sinnvoll erscheinen (ebd., S. 4). So konstituiert KELLER also die Basiselemente Objekte und Prozesse und integriert die Merkmale nach STACHOWIAK: Abbildung von etwas (Realität, also Objekte und Prozesse) und Verkürzung (Bildung einer Teilrealität mit ausgesuchten Objekten und Prozessen) durch Einengung. Der pragmatische Aspekt von Modellen wird bei KELLER allerdings nur am Rande in Form abundanter Eigenschaften behandelt. Er sieht als Fachwissenschaftler und Realist diese Eigenschaften wohl eher als störend an. Hierbei handelt es sich aber um ein wesentliches Merkmal von Modellen im Lernprozeß, denn Reduktionismus allein hilft beim Lernen nicht weiter. Dieses pragmatische Merkmal wird bei der Diskussion des fachdidaktischen Modellbegriffs besondere Bedeutung erfahren. Wesentlich bleibt bei den Definitionsversuchen von HERTZ und KELLER jedoch festzuhalten, daß der naturwissenschaftliche Modellbegriff explizit (im Gegensatz zu STACHOWIAK) neben abzubildenden Objekten auch Prozesse oder Funktionen zwischen und innerhalb der Objekte in den Modellbegriff integriert und daß Modelle der Erkenntnisgewinnung und Voraussage dienen.

2.3.2.3 Der fachdidaktische Modellbegriff nach KIRCHER

2.3.2.3.1 Festlegung des Modellbegriffs

Als fachdidaktisch orientiert durch die explizite Einbeziehung des Erkenntnis- oder Lernsubjekts zeigt sich die von KIRCHER (1995, S. 97) entwickelte Definition:

> „Ein Modell M ist ein von einem Subjekt S für bestimmte Zwecke und für eine bestimmte Zeit benutzter bzw. geschaffener Gegenstand oder theoretisches Konstrukt M derart, daß zu bestimmten Elementen von M Analogien zu Elementen des Objekts O bestehen.“

Hier wird neben der erkenntnistheoretisch relevanten Relation zwischen Modell und Objekt[14] auch der lernökonomische Aspekt, die M-S-Relation, angesprochen. Die Bedeutung des Subjektes leitet KIRCHER (1976) aus dem kybernetischen Modellbegriff ab. Dieser stellt sich folgendermaßen dar:

> „Formallogisch gesehen ist der Modellbegriff eine *dreistellige Relation* R_M(M, S, O). M ist das Modell, S ein kybernetisches System, für das M das Modell darstellt, und O ist das Objekt, von dem M ein Modell ist. Die Dreistelligkeit bedeutet, daß man nicht von einem ‚Modell' schlechthin sprechen kann, sondern ein Modell stets durch seine Beziehungen zu dem bestimmt wird, *wovon* es Modell ist, und zu dem, *wofür* es Modell ist. O wird auch *Modelloriginal* und S auch *Modellsubjekt* genannt." (KLAUS & LIEBSCHER 1979, S. 483 f.)

Das Subjekt ist also neben dem Original und dem Modell konstituierend für den Modellbegriff.

KIRCHER entwickelt das in Abbildung 2 wiedergegebene formale Relationsgefüge, das M-O-S-Schema. Dieses sagt aus, daß das Subjekt S eine Frage an das Ob-

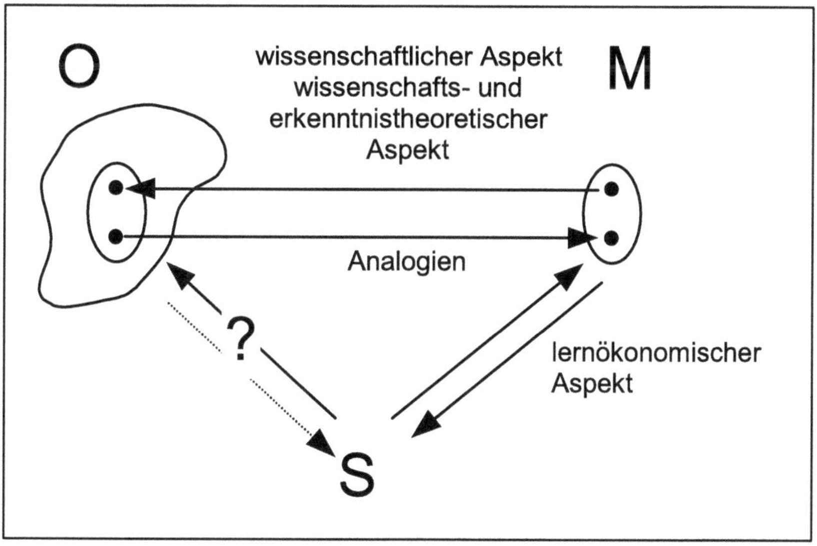

Abbildung 2: Formale Darstellung der Relationen des Modells M zum Modellobjekt O und zum Modellsubjekt S (nach KIRCHER 1995, S. 96)

[14] KIRCHER wählt den Begriff „Objekt" in Abgrenzung zu „Original", wie er von STACHOWIAK verwendet wird, um anzudeuten, daß im naturwissenschaftlichen Unterricht im allgemeinen reale Objekte betrachtet werden (KIRCHER 1995, S. 94). Somit ist der Begriff „Objekt" als fachdidaktischer Hinweis zu sehen (ebd.).

jekt O hat, durch die Unmöglichkeit einer direkten Erkenntnis jedoch den „Umweg“ über das Modell M beschreiten muß.

Das Relationsgefüge impliziert folgendes:

> „1. Es legt den Modellbegriff fest,
> 2. es kann als eine sicherlich vereinfachte Darstellung des naturwissenschaftlichen Erkenntnisprozesses interpretiert werden,
> 3. es kann als eine vereinfachte Darstellung für Lernprozesse mit naturwissenschaftlichen Inhalten interpretiert werden.“ (KIRCHER 1995, S. 96)

Neben der Festlegung des Modellbegriffs werden die Prozesse der Erkenntnis und des Lernens hier angesprochen, die im folgenden gesondert untersucht werden.

2.3.2.3.2 Das Verhältnis von Modell und Objekt

Der Erkenntnisprozeß bezieht sich auf die Relation M-O: Zwischen Modell und Objekt bestehen „Analogien im Sinne von Ähnlichkeiten“ (KIRCHER 1995, S. 97). Etymologisch betrachtet entstammt der Begriff der Analogie dem Griechischen und bedeutet u.a. eben dieses, nämlich Ähnlichkeit (KUHN 1994). Eine allgemeine Definition, die hierauf basiert, geben DUIT und GLYNN (1995):

> „Wir verstehen [...] unter Analogien Ähnlichkeiten zweier Bereiche hinsichtlich gewisser Eigenschaften.“

Die Unterscheidung von Modell und Analogie ist nicht immer scharf zu treffen, wie PREUß in seinem Artikel „Analogon oder Modell?“ (1987) ausführlich aufzeigt. Hier soll die Feststellung genügen, daß Modelle Analogierelationen bereitstellen (DUIT & GLYNN 1995).

KIRCHER orientiert sich an BUNGEs Analogiedefinition, die auf der mathematischen Abbildungstheorie aufbaut:

> „Analogien zwischen O und M sind homomorph; sie sind symmetrisch und reflexiv, aber weder transitiv noch intransitiv.“ (BUNGE 1973, S. 114 f.)

Hiermit wird die Analogiebildung auf ein Abbildungsproblem zurückgeführt und somit wieder STACHOWIAKs Abbildungsmerkmal herangezogen und durch die Funktion „Analogiebildung“ zur Erstellung von Abbildungen spezifiziert. Im naturwissenschaftlichen Erkenntnisprozeß ist diese Abbildungsfunktion jedoch in bestimmender Weise an das Experiment geknüpft. Daher erweitert KIRCHER die M-O-Relation, wie in Abbildung 4 wiedergegeben ist.

Diese Einbindung orientiert sich an VOLLMERs projektiver Erkenntnistheorie, denn durch die Projektion der Realität mittels (unvollständigen) Daten auf unsere Sinnesorgane, denen hier Geräte zwischengeschaltet sind (O→E), wird das Objekt rekonstruiert (M→O) (KIRCHER, S. 101 f.). Die Abbildungsfunktion wird

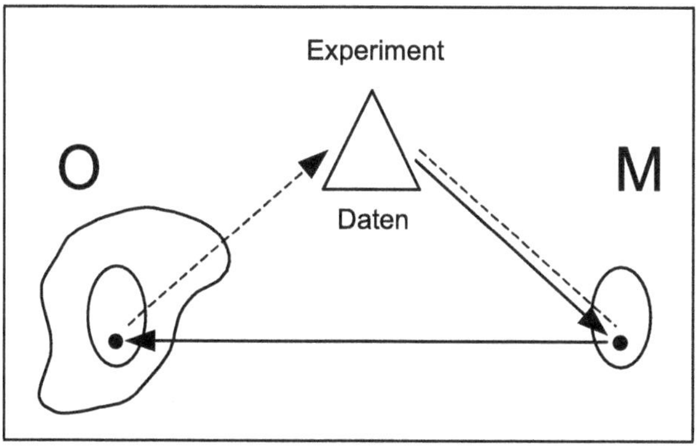

Abbildung 4: „Abbildung" der Realität mit Hilfe von Experimenten (nach KIRCHER 1995, S. 100)

also wesentlich durch das Subjekt bestimmt, indem es das Erkenntnisobjekt erst bildet.

Neben die Funktion der Abbildung tritt auch das Merkmal der Verkürzung nach STACHOWIAK. So gibt es Elemente in O, die keinen Partner in M haben. Kircher stellt dies ebenfalls schematisch dar (Abbildung 3).

Dieses Schema beinhaltet jedoch keine zusätzlichen, nach KELLER (1977, S. 4) abundanten Modellelemente, also Elemente von M, die keine Entsprechung in O besitzen. Dies soll in einem erweiterten Schema zur M-O-Relation berücksichtigt werden, in das auch das Experiment eingebunden ist (Abbildung 5).

Vom Objekt O werden Daten aufgenommen, mit deren Hilfe ein Modell M gebildet wird, mit dessen Hilfe wiederum auf einen Objektbereich O geschlossen werden kann. Dieser Prozeß ist iterativ, denn Modifikationen an M und O werden immer wieder vorgenommen. So werden Daten zur Bildung des Modells ausgeschlossen (z') und zusätzliche Elemente (a) im Modell verwendet.

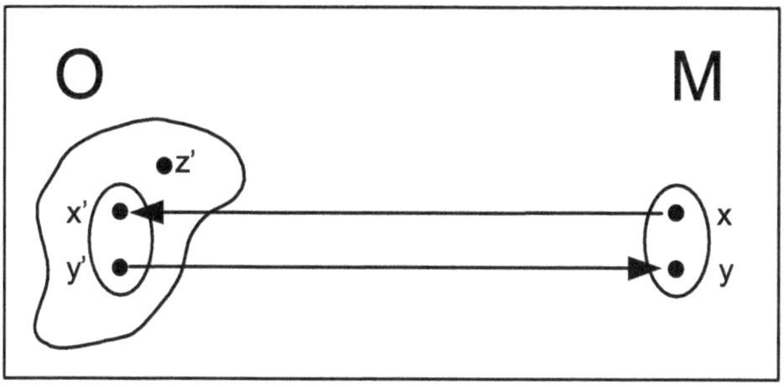

Abbildung 3: Verkürzungsmerkmal von Modellen (nach KIRCHER 1995, S. 103)

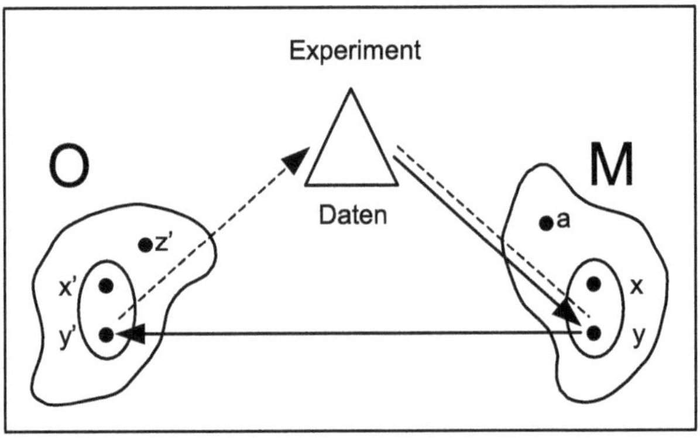

Abbildung 5: Erweitertes M-O-Schema

2.3.2.3.3 Die Einbeziehung des Subjekts

Der lernökonomische Aspekt in Form der M-S-Relation findet bei KIRCHER besondere Beachtung.

> „Insbesondere für die im Unterricht benutzten Modelle ist es nötig, die Relation zwischen dem Modell und dem Benutzer des Modells S (M-S) genau zu untersuchen, da für ein Modell nicht allein die Beziehung zum Objekt zu berücksichtigen ist, wenn es für den Schüler noch verständlich, also lernbar sein soll." (KIRCHER 1976)

Und an anderer Stelle:

> „Die Beschreibung der Relation M-S betrifft den Lernaspekt. Hier ist die Lernpsychologie direkt angesprochen [...]." (KIRCHER 1995, S. 106)

Wobei diese Einengung sicherlich zu eng gefaßt ist. Vielmehr betrifft dies besonders die Fachdidaktik, denn die von KIRCHER (1976) geforderten Eigenschaften „Anschaulichkeit, Einfachheit, Transparenz und Vertrautheit" von Modellen im Lernprozeß obliegen in ihrer Verwirklichung dem Lehrenden, wenngleich unter Miteinbeziehung psychologischer wie auch pädagogischer Befunde.

Die M-S-Relation betrifft das pragmatische Merkmal nach STACHOWIAK[15]. Zu dieser Relation äußert sich KIRCHER (1995, S. 106 ff.) ausführlich, indem er verschiedene Lerntheorien auf den Modellbegriff bezieht. Diese erscheinen jedoch abgekoppelt von den vorherigen erkenntnistheoretischen Betrachtungen, was ungerechtfertigt erscheint, da Erkenntnis im Lernkontext als „vermittelte Erkenntnis" oder „gesteuerte Erkenntnis" sicherlich eine andere Qualität als „wis-

[15] Hierbei gibt KIRCHER (1995, S. 106) fälschlicherweise in einer Fußnote an, Stachowiak hätte es als „Subjektivierungsmerkmal" bezeichnet. Dieser Begriff unterstreicht zwar die Funktion, daß ein Modell für ein Subjekt geschaffen ist, legt jedoch eine gewisse Willkürlichkeit nahe.

senschaftliche Erkenntnis" besitzt, jedoch eine veränderte Qualität keinen Kategorienwechsel impliziert. Somit soll im folgenden versucht werden, das Relationsschema des Erkenntnisprozesses um eine Subjektfunktion zu erweitern. Die analytische Vorgehensweise KIRCHERs, der M-O- und M-S-Relation bei seinen Betrachtungen getrennt nach erkenntnis- und lerntheorischen Aspekten behandelt, ist sicherlich angebracht, erscheint aber nicht ausreichend. Im Lernprozeß wird nicht nur das Modell betrachtet, sondern immer in erster Linie die Realität, und somit zwangsläufig die Relation M-O als Ganzes. Damit werden im Sinne einer Erlangung von Methodenkompetenz also auch und ganz wesentlich wissenschaftliche Erkenntnisprozesse in den Lernprozeß einbezogen.

2.3.3 Erweiterung des M-O-S-Relationsgefüges

Wesentliche Bedeutung kommt im unterrichtlichen Vermittlungsprozeß den Sachmodellen und den bildlichen Veranschaulichungen zu. KIRCHER (1995, S. 92) unterscheidet sie von theoretischen Modellen dadurch, daß er sie als „Realisierungen von Modellvorstellungen" bezeichnet. Diese können gegenständlich, ikonisch und symbolisch sein (ebd.). Um sie unter einen Begriff zu fassen, werden im weiteren die Begriffe „Modellkonkretisierung" oder „Anschauungsmodell" hierfür verwendet, im Gegensatz zu den theoretischen „Modellvorstellungen".

Die bisherigen Betrachtungen haben nicht weiter zwischen diesen unterschieden. So bezieht sich die Definition von KIRCHER sowohl auf Gegenstände als auch auf theoretische Konstrukte (s.o.). Dies vereinfacht die Darstellung des Erkenntnisprozesses, solange man diesen als einen wissenschaftlichen, also theoretischen betrachtet. Wissenschaftliche Erkenntnis ist zwar die höchste, jedoch nur eine der drei Stufen im Erkenntnisprozeß, wie in Kap. 2.2.2.3.3 dargestellt wurde. Daneben steht die vorwissenschaftliche Erkenntnis, die Erfahrung. Unterricht hat zwar das Ziel, Alltagserfahrung durch neue wissenschaftliche Konzepte, Theorien und Modelle zu erweitern oder zu ersetzen, doch alle Erkenntnis beginnt im Mesokosmos und somit im Bereich der Wahrnehmung und Erfahrung. Daher kommt anschaulichen Modellen im naturwissenschaftliche Unterricht als „Brücke" zu theoretischen Modellvorstellungen eine besondere Rolle zu.

STEINBUCH (1977) entwickelt ein Schema, daß diese Zweiteilung von Modellen berücksichtigt (Abbildung 6). Es wird dabei aus einem Sachverhalt ein abstraktes Modell gebildet, welches nur die wesentlichen, die für die Modellbildung interessanten Aspekte beinhaltet. Zusätzlich fließt bereits vorhandenes Wissen in dieses Modell ein. In einem zweiten Schritt wird nun das abstrakte Modell wieder in die Realität projiziert und unter Zuhilfenahme irrelevanten Beiwerks ein konkretes Modell entwickelt, ein Anschauungsmodell.

Wesentlich ist hierbei der Gang der Modellentwicklung von der Realität des Originals über das Bewußtsein zurück in die Realität des Anschauungsmodells, womit also auch zwei verschiedene erfahrbare Realitäten bestimmt werden. Der permanente Wechsel der Kategorien wird im M-O-S-Schema nach KIRCHER nicht berücksichtigt, obwohl er sowohl bei der Schaffung eines Anschauungsmodells als auch bei der Erkenntnisgewinnung über das Experiment auftritt, wie SCHMIDT (1977) für den Weg der naturwissenschaftlichen Erkenntnis zeigt.

Unter diesen Voraussetzungen der Stellung des Experiments und des Anschauungsmodells einerseits und der Trennung von Modellkonkretisierung und Modellvorstellung andererseits bei der Betrachtung des Zusammenhangs von Modell, Objekt und Subjekt ist in Abbildung 7 der Versuch unternommen worden, die Beziehungen schematisch zu erfassen.

Dieses Relationsgefüge trennt drei Bereiche, wobei der Subjektbereich und der Modellbereich lediglich das Subjekt S und die theoretische Modellvorstellung M enthalten, der Objektbereich jedoch zum Realitätsbereich erweitert wird und somit die Zuordnung von Experiment E und Anschauungsmodell M_A in den Bereich des Materiellen ermöglicht. Der gewählte Begriff „Realität“ soll hierbei im Sinne der Evolutionären Erkenntnistheorie verstanden werden als Annahme

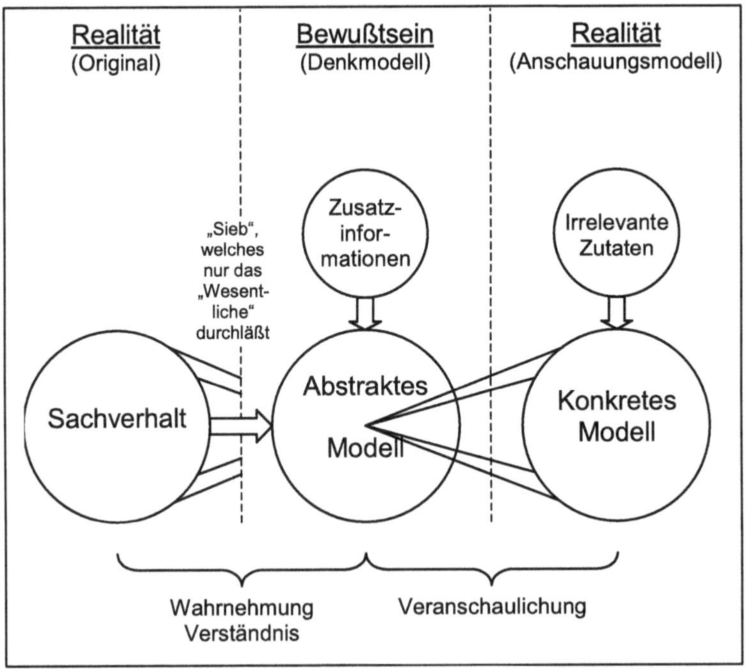

Abbildung 6: Schema zum Denken in Modellen (nach STEINBUCH 1977)

einer real existierenden äußeren Welt der Dinge, über die allerdings nur Hypothesen formuliert werden können.

Das Relationsgefüge ist bewußt einfach gehalten, beispielsweise durch Verzicht auf die Darstellung von Modellelementen und von differenzierten und gerichteten Aktionspfeilen, um die Vielfalt möglicher Interaktionen berücksichtigen zu können. Im wesentlichen bilden sie die bereits erwähnten Relationen ab. So ist der Zugang des Subjekts zum Objekt (1) begrenzt. Zum Zwecke der Erkenntnis bildet es sich daher ein Modell (2), welches Analogien zum Objekt aufweist (3). Wird ein Experiment in den Erkenntnisprozeß eingebunden, so wird dessen gedankliche Konstruktion durch die Modellvorstellung bestimmt (4), dessen konkrete Realisierung durch das Subjekt (6). Experiment und Objekt treten in einen Datenaustausch (5), dessen Ergebnis zwar direkt physisch eingesehen werden kann (6), aber erst über Modellvorstellungen interpretierbar wird (4) (2). Auf der rechten Seite des Schemas befindet sich das Anschauungsmodell M_A, welches direkt vom Subjekt erfaßt werden kann (7) und Analogien zur Modellvorstellung besitzt (8). Hierbei ist festzuhalten, daß zwischen Anschauungsmodell und Objekt keine direkte Relation besteht.

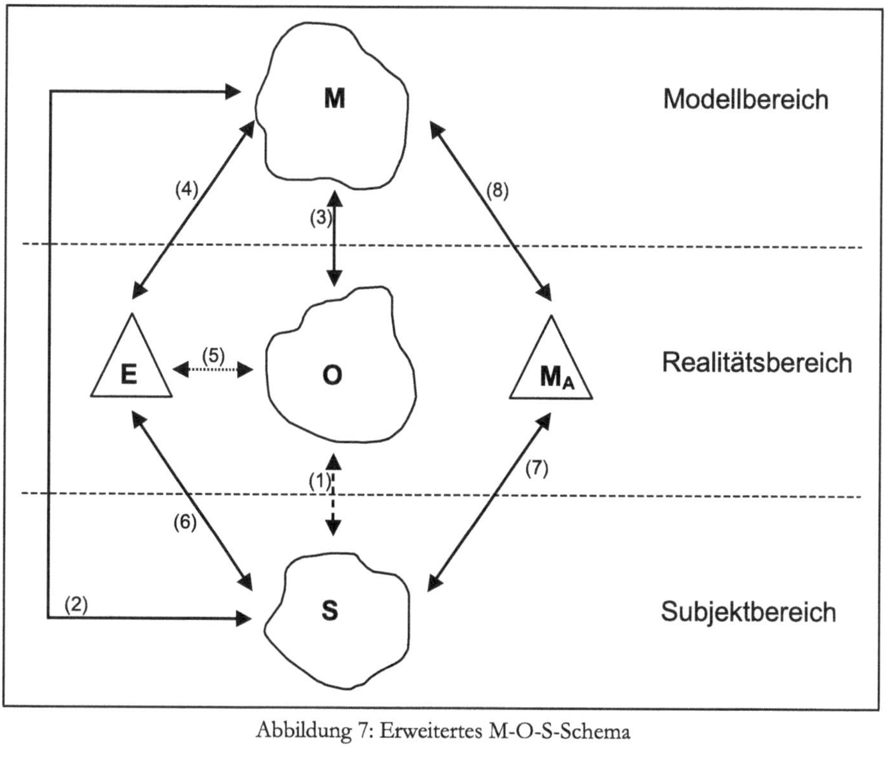

Abbildung 7: Erweitertes M-O-S-Schema

Diese beschriebenen Relationen sind nur idealtypisch, im realen Erkenntnis- und Lernprozeß sind auch andere Abläufe denkbar. So können Experimente auch ohne zugrundeliegende Modellvorstellung entwickelt werden. Sie sind dann allerdings ohne theoretischen Hintergrund und rein phänomenologisch. Man denke dabei an die Alchemie oder die Anfänge der wissenschaftlichen Chemie, die lediglich in der Lage war, empirische Allsätze aufzustellen (vgl. STORK 1979). Ebenso ist die Bildung von Anschauungsmodellen idealerweise nur über eine Modellvorstellung möglich. Es kann aber auch im Erkenntnisprozeß möglich sein, sie an den Anfang der Entwicklung einer Modellvorstellung zu setzen. Die Legende von KEKULÉ und der Schlange als Anschauungsmodell vor der Modellvorstellung der Ringstruktur des Benzols mag Hinweise darauf geben.

Es soll angemerkt werden, daß das Anschauungsmodell, wie es hier bestimmt ist, nicht mit einem Analogmodell zu verwechseln ist. Dieses ist nach NAUMER und MARTIN (1985) „ein Modell M^+, das einerseits Modell eines Modells M ist und andererseits Modell eines anderen Wirklichkeitsbereiches“. KIRCHER (1995, S. 176) hingegen sieht ein Analogmodell als gegenständliches Modell O*, welches Konstituent eines analogen Lernbereichs (O*, M*, E*) ist. Ungeachtet der verschiedenen Auffassungen stellt ein Analogmodell eine Ersetzung des ursprünglichen Modells dar, wohingegen ein Anschauungsmodell auf der zugrundeliegenden Modellvorstellung aufbaut und an sie gebunden ist.

Ebenfalls nicht zu verwechseln ist die Trennung von Modellvorstellung und gegenständlichem, ikonischem oder symbolischem Anschauungsmodell mit den Ansätzen von STÖCKLER (1995) oder BUNGE (1970), wenngleich hierzu Parallelen existieren. STÖCKLER unterteilt ein theoretisches Modell in die Komponenten „allgemeine Theorie“ und „Modellobjekt“, wobei die Bezeichnung „Modellobjekt“ nicht mit dem hier verwendeten Begriff „Objekt“ im Sinne von „Original“ übereinstimmt:

> „Ein *Modellobjekt* ist eine begriffliche Skizze eines Gegenstandes, die vereinfacht ist, aber sich dennoch auf den Gegenstand bezieht [...]. Wird das Modellobjekt in eine allgemeine Theorie eingebettet, entsteht ein Theoretisches Modell als eine spezielle Theorie, die mehr oder weniger auf Brauchbarkeit ausgerichtet ist.“ (STÖCKLER 1995)

Ein Modellobjekt ist also das idealisierte Objekt des Anwendungsbereiches eines Modells (beispielsweise die Auffassung von Gasteilchen als Kügelchen), das zusammen mit einer allgemeinen Theorie (wie der klassischen Mechanik) ein theoretisches Modell bildet (die Theorie idealer Gase) (ebd.). Die Zweiteilung eines theoretischen Modells begründet sich dadurch, daß in den Naturwissenschaften mittels Allgemeinsätzen reale Systeme beschrieben werden. BUNGE drückt dieses durch einen direkten und einen indirekten Bezug von physikalischen Vorstellungen aus:

> „Jedes physikalische Gedankengebilde bezieht sich *direkt* auf das eine oder andere theoretische Modell, d.h. auf eine idealisierte Schematisierung, die in eine Theorie eingebettet ist, von welcher man voraussetzt, daß sie wenigstens in bescheidener Weise eine bestimmte Art physikalischer Systeme darstellt. Dasselbe Gedankengebilde bezieht sich daher *indirekt* auf einige Aspekte solch eines physikalischen Gegenstandes." (BUNGE 1970)

Diese Bedingtheit von allgemeiner Theorie und Realobjekten faßt HARTMANN (1995) zusammen:

> „Ein Modell [...] besteht nach BUNGE aus zwei Teilen, einer fundamentalen Theorie und speziellen Modellannahmen."

Hierbei unterscheiden sich die speziellen Modellannahmen von den Anschauungsmodellen insofern, als sie zum theoretischen Modell gehören, also, um mit dem entwickelten Schema zu argumentieren, dem Modellbereich angehören, da es sich um idealisierte Gegenstände handelt. Dennoch, und das sind die oben erwähnten Parallelen zu den Ansätzen von STÖCKLER und BUNGE, gibt es auch Modellannahmen, die dem Realitätsbereich zuzuordnen sind. Um in dem Beispiel des Modells der idealen Gase zu bleiben, ist beispielsweise die Annahme einer Kugelgestalt der Teilchen eine nicht denknotwendige Komponente der Gastheorie, sondern lediglich eine Transformation von Anschauungen in den Modellbereich. In Kap. 4.2 werden diese Aspekte am Beispiel des Teilchenmodells ausführlich behandelt. Hier bleibt festzuhalten, daß solche Modellannahmen, die auf Anschauungen gründen, aufgrund nichtreflektierter Tradierung der Modellvorstellung zugeschrieben werden, originär aber dem Realitätsbereich entstammen.

2.3.4 Diskussion und Folgerungen

Eine einführende kurze Analyse der umgangssprachlichen Bedeutungen des Begriffs „Modell" erbrachte, daß die vorherrschenden Belegungen des Begriffs trotz der immensen Bedeutung für den naturwissenschaftlichen Erkenntnis- und Verstehensprozeß nicht diesem Bereich angehören. Es sind also Mängel in der Realisierung eines wissenschaftlichen Modellbegriffes festzustellen. Wie dieser geartet ist, wurde im folgenden untersucht. Es wurden die drei deskriptiven Merkmale „Abbildung", „Verkürzung" und „Pragmatik" eines Modells nach STACHOWIAK beschrieben, sowie die Rolle des Modells in den Naturwissenschaften angesprochen, die nach KELLER und HERTZ im wesentlichen der Erkenntnisgewinnung und Vorhersage künftiger Ereignisse dient. Im Anschluß wurde eingehender der Modellbegriff im Sinne KIRCHERs vorgestellt und diskutiert, da dieser besondere Bedeutung für die Fachdidaktik durch Einbeziehung des Subjekts besitzt. Hierbei traten verschiedene Aspekte von Modellen wie ihre Rolle im Erkenntnis- und Lernprozeß hervor. Aus einer Kritik an der mangelnden Berücksichtigung der Unterscheidung von Modellvorstellung und Modellkonkretisierung heraus wurde dann ein erweitertes Relationsgefüge zum Zusammenspiel von Modellvorstellung, Objekt, Subjekt, Experiment und Anschauungsmodell in Form eines M-O-S-Schemas entwickelt.

Aus diesem Schema lassen sich Rückschlüsse auf die unterrichtliche Behandlung von Modellen ziehen:

- Es wird deutlich, daß zwischen Anschauungsmodell, also der Modellkonkretisierung, und Erkenntnisobjekt keinerlei direkte Beziehung besteht. Ein Zugang zum Objekt ist nur über die zugrundeliegende Modellvorstellung möglich.
- Es ergeben sich zwei Zugangsmodi: Zum einen kann die Modellvorstellung direkt vermittelt werden unter Einbeziehung von Experimenten und anschließend durch Anschauungsmodelle verdeutlicht werden. Zum anderen können Modellvorstellungen in Wechselwirkung mit Anschauungsmodellen entwickelt werden, ebenfalls optional mit Hilfe von Experimenten. Diese Zugänge entsprechen einem formal-abstrakten und einem auf Veranschaulichung aufbauenden Unterrichtsgang.
- Problematisch ist in beiden Fällen die Stellung der Anschauungsmodelle im Realitätsbereich, der dem Lernenden direkt zugänglich ist und ihm näher als der Modellbereich steht. Hier tritt die eingangs erwähnte Gefahr der Identifikation von Modell und Realität auf. Diese kann nur vermieden werden, wenn deutlich wird, daß eben keine Beziehung zwischen der Modellkonkretisierung und dem zu untersuchenden Objekt besteht, sondern daß eine theoretische Modellvorstellung allein diese Beziehung ermöglicht.[16]
- Auf der anderen Seite ist durch die Betrachtungen zur Evolutionären Erkenntnistheorie im letzten Kapitel deutlich geworden, daß der Mesokosmos den für den Lernenden zuerst zugänglichen Bereich darstellt. Daraus läßt sich die besondere Bedeutung der Modellkonkretisierungen ableiten, die sie für den Beginn eines auf ein Verständnis von Modellvorstellungen abzielenden Lernprozesses besitzt.

---

16 Ähnliche Überlegungen lassen sich im übrigen für die „experimentelle Seite" des Schemas anstellen. Auch hier kann das Experiment als alleiniges Verbindungsglied zwischen Subjekt und Objekt angesehen werden, obwohl methodologisch eine Modellvorstellung Voraussetzung für ein sinnvolles erkenntnisleitendes Experiment ist. Aber gerade durch die, im Gegensatz zum Anschauungsmodell, existierende Verbindung von Experiment und Objekt wird auch unterrichtlich ein direkter Zugang zum Objekt suggeriert. Diese Vorgehensweise im Sinne eines rein phänomenologischen Unterrichts ist zwar methodologisch betrachtet höchst fraglich, aber, wie bereits in der Einführung erwähnt, nicht so problematisch wie die Erkenntnisgewinnung über Anschauungsmodelle, da ein direkter Datenaustausch zwischen Experiment und Objekt gegeben ist und sich somit zumindest „Spuren der Realität" (KIRCHER 1995, S. 93) im Experiment finden.

- Zudem sollte, wie in Kap. 2.2.3 gefordert, Anschaulichkeit in jeder Phase des Umgangs mit Modellen gegeben sein. Diese ist nur durch Rückbezüge auf Modellkonkretisierungen möglich.

Es stellt sich also das Problem, daß einerseits Anschauungsmodelle das Gefahrenpotential besitzen, mit der Wirklichkeit gleichgesetzt zu werden, sie andererseits aber unumgänglich für das Verstehen von Modellvorstellungen sind. Hier eröffnen sich nun den Möglichkeiten der Computervisualisierung neue Anwendungsfelder (mit Vorgriff im Sinne einer Hinführung auf Kap. 2.4):

- Computer sind in der Lage, Modellkonkretisierungen virtuell darzustellen und damit die Realität des Erkenntnisobjekts von der Realität der Modellkonkretisierung zu trennen. Die Virtualität bedingt, daß die Anschauungsdimension wie bei gegenständlichen Modellen der Mesokosmos ist, daß die Modelle also direkt „begreifbar" sind. Dennoch wird durch die prinzipielle Eigenschaft des Computers, keine Abbildungen, sondern simulierte Bilder zu erzeugen, der Realitätsbereich überschritten, oder, um in der VOLLMERschen Terminologie zu sprechen, der Mesokosmos erweitert. Denn diese Simulation verbietet es, das Abgebildete als das So-Sein der Objekte zu verstehen, vielmehr trägt sie dazu bei, den „gemachten", den „erschaffenen" Charakter von Modellen hervorzuheben.

- Zudem, und das scheint noch entscheidender, besteht durch das interaktive Potential des Computers in einem weitaus höheren Maße, als dies bei konventionellen Sachmodellen verwirklicht werden kann, die Möglichkeit zum selbstbestimmten aktiven Umgang mit Modellen. Die Gestaltungsmöglichkeiten von Modellen sind mannigfaltig, bedingen flexiblere Modelle und somit auch eine erhöhte Flexibilität im Modelldenken.

- Weiterhin kann das Medium Computer völlig neuartige Darstellungsmöglichkeiten zur Verfügung stellen, wie sie mit herkömmlichen Medien kaum realisiert werden können. Diese Darstellungen können, da sie nicht mehr an materielle Gegenstände gebunden sind, Bilder des Submikrokosmos sein, wie sie bisher nicht vorstellbar waren, weil die Vorstellungsdimension des Mesokosmos bislang die Grenzen der Anschaulichkeit bestimmte. Der Mesokosmos kann aber mittels Computervisualisierung heutzutage erweitert werden, ohne daß seine Grenzen überschritten werden und der Bereich des Theoretisch-abstrakten erreicht wird. Um im bereits erwähnten Exempel des idealen Gases zu bleiben, können die Teilchen des Gases beispielsweise in Bewegung und in ihrer Substanz anders als kleine harte Kugeln dargestellt werden. Ausführlich werden solche Möglichkeiten in Kap. 4 vorgestellt.

Durch diese drei Eigenschaften des Computers, Modelle prinzipiell zu simulieren, flexibleren Umgang mit Modellen zu ermöglichen und neue Darstellungspotentiale zur Verfügung zu stellen, werden die Modellkonkretisierungen vom Realitätsbereich mehr in den Modellbereich verschoben und somit der Übergang zur theoretischen Modellvorstellung erleichtert, ja der Bezug zu ihr wird von vornherein impliziert: Modelle sind etwas Gemachtes, nichts Entdecktes. In dem oben entwickelten Schema (Abbildung 7) bedeutet dies nichts anderes, als daß die Analogien zwischen Modellvorstellung M und Modellkonkretisierung M_A durch den Einsatz neuer Computertechnologie verstärkt betont und einsichtiger werden und die Verbindung von Realitäts- und Modellbereich verkürzt wird. Dennoch bleibt die Modellkonkretisierung dem Realitätsbereich und Mesokosmos verhaftet, wenn auch virtuell, und erlaubt damit direkte Anschauung und Einsicht als Grundvoraussetzung weitergehenden Verständnisses in Richtung auf ein verbessertes Denken in Modellen.

Auf diese Überlegungen gründet die in der Einleitung formulierte These, daß der Modellcharakter durch den Computer verstärkt wird und der Abstraktionsgrad abnimmt: Verstärkung des Modellcharakters durch ein Bewußtwerden der Natur von Modellen als hypothetische Konstrukte und Abnahme des Abstraktionsgrades durch ein Agieren mit Modellen im direkten Erfahrungsbereich, beides gleichzeitig im Umgang mit computervisualisierten Modellen. Eine solche Verbesserung des Modellbewußtseins und Erhöhung der Flexibilität im Umgang mit Modellen kann durch den Einsatz des Computers erreicht werden. Welche konkreten Möglichkeiten die Computertechnologie hierzu bietet, soll im nächsten Kapitel dargestellt werden.

The words or the language, as they are written or spoken, do not seem to play any role in my mechanism of thought. The psychical entities which seem to serve as elements in thought are certain signs and more or less clear images which can be ‚voluntarily' reproduced and combined [...]. This combinatory play seems to be the essential feature in productive thought before there is any connection with logical construction in words or other kinds of signs which can be communicated to others.

A. EINSTEIN

2.4 Computervisualisierung: Möglichkeiten eines Mediums

Dieser Abschnitt widmet sich dem letzten für diese Arbeit grundlegenden Bereich der Computervisualisierung. Wurden bislang erkenntnis- und modelltheoretische Erörterungen in erster Linie zur Klärung der Rolle von Modellen im Erkenntnis- und Lernprozeß unternommen, so sollen hier die Möglichkeiten aufgezeigt werden, die der Computer bietet, diese Prozesse effektiver zu gestalten.

Es werden die Grundlagen der Visualisierung und die Bedeutung für den Lern- und Erkenntnisprozeß geklärt. Hierbei treten die didaktischen Aspekte von Visualisierungen, bedingt durch das Prinzip der Anschaulichkeit, hervor. Eine Betrachtung der Konzepte „Animation" und „virtuelle Realität" zeigt die Einmaligkeit der interaktiven und dynamischen Möglichkeiten des Computers auf und führt zu der Beschreibung eines Softwarestandards, der diese Möglichkeiten auf einfache aber wirkungsvolle Weise nutzt. Inwieweit dieses Potential bereits im Chemieunterricht genutzt wird, soll im letzten Abschnitt untersucht werden.

2.4.1 Grundlagen der Visualisierung

Unter Visualisierung[17] ist allgemein der Vorgang zu verstehen, eine Idee in ein Bild umzusetzen, wobei außerdem etwas optisch betont oder herausgestellt werden kann (DUDEN 1990, S. 816). Durch die in den letzten Jahren stark fortgeschrittene graphische Leistungsfähigkeit der Computer hat der Begriff der Visualisierung eine neue Bedeutung erlangt: Visualisierung wird fast ausschließlich als

---

[17] engl.: visualization (seltener: visualisation)

Computervisualisierung verstanden,[18] also als optische Aufbereitung binärer Daten in Form von Bildern oder Animationen durch sogenannte „bildgebende Verfahren".

Dieser Aufschwung der Visualisierung nimmt teilweise euphorische Züge an, wenn FRIEDHOFF und BENZON (1988) von einer „second computer revolution" sprechen oder die KÖRBER-Stiftung den Deutschen Studienpreis 1997 unter dem Thema „Visuelle Zeitenwende" ausschreibt. Die zunehmende Bedeutung der „Wissenschaft von der visuellen Wende" (VON RANDOW 1996) läßt sich daran ablesen, daß die Universität Magdeburg eigens einen Studiengang „Computervisualistik" eingerichtet hat. Dort fand auch eine interdisziplinäre Tagung zum Thema „Bild, Bildwahrnehmung, Bildverarbeitung" statt, wobei die Referenten ein breites Spektrum an Wissenschaften vertraten: Kunst und Kunstgeschichte, Sprachwissenschaft, Philosophie, Informatik und Neuroinformatik, Elektrotechnik, Medien- und Kommunikationswissenschaften, Psychologie, Neurologie etc.[19] Hieran wird deutlich, wie fachübergreifend verteilt das Interesse an den neuen Visualisierungsmöglichkeiten ist.

Wodurch ist nun dieses Interesse bedingt? Hier sind zwei wesentliche Faktoren auszumachen: Erstens die Möglichkeit, visuelle Lerntypen besser anzusprechen und zweitens die Notwendigkeit, neue ganzheitliche Analyseverfahren zu verwenden. Diese zwei Faktoren sollen im nächsten Abschnitt eingehender untersucht werden. Zuvor soll jedoch als Grundlage nachfolgender Betrachtungen das Prinzip der Visualisierung expliziert werden.

Eine Analogiebetrachtung, die FRIEDHOFF und BENZON (1988, S. 133) schildern, verdeutlicht das Prinzip der Visualisierung. Man stelle sich ein Spiel vor, bei dem zwei Personen aus einem Satz von neun durchgehend numerierten Chips abwechselnd eine Nummer ziehen müssen. Das Ziel ist es, mit drei Chips die Summe von 15 zu erreichen. Hierbei ist nun jeweils zu bedenken, welche Ziffern bereits verwendet wurden und welche noch verfügbar sind, um einerseits die Summe 15 zu erreichen, andererseits zu verhindern, daß der Gegenspieler diese Summe erreicht. Vor jedem Zug sind somit einige Berechnungen nötig. Das Spiel kann aber auch auf eine alternative, visuelle Art gespielt werden. Hierzu ordnet man die Zahlen in einem Raster so an, daß jeweils senkrecht, waagerecht und diagonal die möglichen Kombinationen von drei Ziffern mit der Summe 15 stehen:

---

[18] Im folgenden werden die Begriffe „Visualisierung" und „Computervisualisierung" synonym verwendet.

[19] Die Tagung „Bild, Bildwahrnehmung, Bildverarbeitung" fand vom 5. - 8.3.1997 in Magdeburg statt. Veranstalter waren die Otto-von-Guericke-Universität Magdeburg und die Carl-von-Ossietzky-Universität Oldenburg.

6	7	2
1	5	9
8	3	4

Es sind keine Berechnungen mehr nötig, lediglich der Vergleich, aus welcher Reihe die Ziffern gezogen worden sind. Diese können beispielsweise durch X und O markiert werden. Verzichtet man nun vollständig auf die Ziffern und spielt mit einem leeren Raster, so erhält man das bekannte Spiel „Tic-Tac-Toe". Dieses Beispiel verdeutlicht das Prinzip der Visualisierung:

> „A successful visualization removes computational barriers so that we may proceed with strictly visual comparisons." (ebd.)

Unter Verzicht auf zugrundeliegende numerische Daten und Berechnungen lassen sich Erkenntnisse aufgrund unserer Fähigkeiten zum ganzheitlichen visuellen „Gestalt"-Erkennen im Sinne WERTHEIMERs gewinnen. Die Gestaltpsychologie geht davon aus, daß die wahrgenommene Gestalt mehr als die Summe der Einzelteile ist (ZIMBARDO 1992, S. 169) und durch die Wahrnehmungsgesetze der Prägnanz, Ähnlichkeit, Kontinuität, Nähe, Bedeutung und des gemeinsamen Schicksals erhalten wird (GOLDSTEIN, S. 196 ff.).

FRIEDHOFF und BENZON (1988, S. 12) heben bei der Visualisierung die Funktion unseres visuellen Systems (Augen und Teile des Gehirns, die visuelle Informationen organisieren) hervor. Sinneseindrücke werden hier bereits unbewußt verarbeitet und ermöglichen eine Erkenntnis durch das „Vorbewußtsein" (ebd.), also bevor die Denkvorgänge im Bewußtsein, der klassischen „Erkenntnisinstanz", einsetzen. Es tritt durch die Visualisierung eine Verschiebung auf:

> „Much of the information processing required to solve a problem is moved from conscious intellection to the preconscious processes of the visual system." (ebd., S. 133)

Inwieweit vorbewußte Prozesse im Sinne von FRIEDHOFF und BENZON für die Anschauungskraft von Visualisierungen verantwortlich sind, ist noch nicht endgültig geklärt. Daß aber eine Verschiebung des Denkens vom abstrakt-logischen und an Zahlen und Ziffern gebundenen zum visuellen Denken stattfindet, wird von SACHER (1998) unterstützt:

> „[...] wir verarbeiten immer weniger Informationen mit der linken Gehirnhälfte, in welcher die logischen Prozesse lokalisiert sind, und immer mehr mit der rechten, die für Imagination und Phantasie zuständig ist. Dadurch kommt es zu einer sukzessiven Verlagerung von der traditionellen logisch-rationalen Weltsicht zu einer intuitiv-assoziativen."

Dies wirkt sich auf das visuelle Erleben aus, wie SACHER (ebd.) weiter ausführt:

> „Parallel dazu hat die Bedeutung von Bildmedien und Bildschirmmedien zugenommen. Manche sprechen schon von der Ablösung des literalen Zeitalters durch das piktorale.“

Diese Entwicklungen im Bereich der Visualisierung lassen VON RANDOW (1996) die Frage stellen, die das Interesse der Wissenschaft am Konzept der Visualisierung zusammenfaßt:

> „LEIBNIZ´ Gedanke, eines Tages könne das verbale Disputieren womöglich durch gemeinsames Rechnen abgelöst werden, kommt in den Sinn – gibt es Streitfragen, die statt dessen durch gemeinsames Hinsehen gelöst werden können?“

2.4.2 Bedeutungsfelder der Visualisierung

Die Bedeutung der Visualisierung für den visuellen Lernprozeß und heuristische Analysemethoden wurden bereits kurz erwähnt. Im folgenden sollen diese Bedeutungsfelder näher betrachtet werden.

2.4.2.1 Förderung visueller Lerntypen und Multimedia-Anwendungen

Das erste Bedeutungsfeld der Visualisierung wurde darin gesehen, daß visuelle Lerntypen besser unterstützt werden, als dies durch herkömmlichen Unterricht geschieht. Die traditionell vorherrschende Stellung von Formalismen wird von HÄRTEL (1992) beschrieben:

> „Teaching science [...] is loaded with mathematical formalism and abstractions and visualization and qualitative models are lacking. The defenders of this traditional teaching approach declare that the formal description of nature is the only truly scientific language which is free of contradictions and which should, therefore, be taught from the beginning. [...] The argument against this point of view, and the force that drives the demand for qualitative models and a more visualized and less formal approach, is based on the opinion that a large number of learners construct images and use qualitative models whenever dealing with abstract representations and mathematical derivations.“

Der von HÄRTEL beschriebene visuelle Lerntyp versucht sich also seinen Zugang zu Lerninhalten zuerst qualitativ und bildlich anschaulich zu verschaffen. Diesen Zugang kann das Medium Computer heutzutage hervorragend unterstützen, denn auch dessen Entwicklung zeigt eine Verschiebung von formalen zu visuellen Inhalten:

> „From the earliest days computers were designed mainly to deal with numbers or letters. But in recent years even the least expensive and least sophisticated machines have come to be able to deal with graphics, in one form or another, with almost equal facility. With the coming of real graphic capabilities (whether interface or application, basic or advanced) an important change has occured [...].“ (WEST 1992)

Durch die graphischen Möglichkeiten des Computers ist das multimediale Lernen erst möglich geworden. Unter Multimedia wurde ursprünglich die vernetzte Technik von Bild, Ton, Computer und Text verstanden (FACH-OVERHOFF 1989). Die an der Technik orientierte Definition hat jedoch ihre Bedeutung verloren, denn in Folge der „kognitiven Wende" rückten in Unterrichtswissenschaft und Pädagogischer Psychologie die Lernenden und ihre informationsverarbeitenden Aktivitäten in den Mittelpunkt, während das Medium als reiner Mittler zwischen Sender und Empfänger in einem ingenieurwissenschaftlichen Verständnis in den Hintergrund trat (WEIDENMANN 1997). So definiert SCHULMEISTER Multimedia als „interaktive Form des Umgangs mit symbolischem Wissen in einer computergestützten Interaktion" (1996, S. 18).

WEIDENMANN (1997) nimmt eine Differenzierung nach multimedialen (auf das technische Medium bezogenen), multicodalen (auf die Codierung in Form von Text, Bilder, Zahlen bezogenen) und multimodalen (auf die visuellen und auditiven Sinnesmodalitäten bezogenen) Dimensionen von Multimedia vor. Für die letztgenannte Dimension stellt er fest:

> „Als wenig ergiebig haben sich [...] die Versuche erwiesen, Lerner nach Präferenzen der Sinnesmodalitäten in Typen zu klassifizieren." (ebd.)

Somit kann die oben getroffene Beschreibung des visuellen Lerntyps dahingehend konkretisiert werden, daß nicht die visuelle Sinnesmodalität, sondern die visuelle Codierung der Informationen entscheidend für den Lernerfolg ist. Das Dual-Code-Modell von PAIVIO (1986) geht von zwei mentalen Systemen aus, die für die Repräsentation von verbal codierten und bildhaft codierten Informationen verantwortlich sind. Verbesserte Lernleistungen lassen sich insbesondere durch eine Verknüpfung von beiden Arten der Codierung erzielen, wodurch die Bedeutung multimedialer Lernumgebungen hervorgehoben wird.

Ungeachtet der Vor- und Nachteile von Multimedia-Anwendungen bleibt festzuhalten, daß herkömmlicher Unterricht in erster Linie verbal codierte Informationen unterstützt (wenn auch im naturwissenschaftlichen Unterricht durch den Einsatz von Sachmodellen und Experimenten abgemildert) und damit auf den visuellen Lerntyp oder allgemein visuelle Repräsentationen weniger eingeht. Hier eröffnen sich durch die graphischen Möglichkeiten des Computers zur Visualisierung neue Perspektiven zur Verbesserung von Lernprozessen, unter anderem, aber nicht ausschließlich, durch multimediale Lernumgebungen.

2.4.2.2 Datenanalyse und Molecular Modeling

Neben dem Bedeutungsfeld des verbesserten Lernens zeigt sich jedoch eine zweite wesentliche Anwendung der Computervisualisierung. Hier ist die Notwendigkeit gemeint, Visualisierungen zu benutzen, um überhaupt (nicht lediglich verbessert) Einblicke in komplexe Zusammenhänge erlangen zu können. WEST (1992) beschreibt die Entdeckung des Potentials der Visualisierung für die Analyse von statistischen Daten:

> „In one case, for example, it was noted that scientists at Stanford and at Harvard were ‚seeing patters in data that never would have been picked up with standard statistical techniques', and that the intent of data analysis techniques ‚is to discover patterns, to find non-random clusters of data points. Traditionally, this is done by using mathematical formulas'."

Durch abstrakte mathematische Verfahren kann also nur bedingt ein Zugang insbesondere zu großen Datenmengen, wie sie allerdings immer häufiger zur wissenschaftlichen Erkenntnisgewinnung nötig sind, erlangt werden. Hier können nun Verfahren zum Einsatz kommen, die die Daten visuell aufbereiten und somit eine vereinfachte unmittelbare Einsicht ermöglichen.

> „[...] with the coming of computer motion graphics, it has become possible to look at three-dimensional projections of the data and to make use of the uniquely human ability to recognize meaningful patterns in the data." (ebd.)

Die graphische Darstellung abstrakter Daten und Formeln ist für die Naturwissenschaften ein gutes Hilfsmittel. Dies zeigt KINZEL (1995) eindrucksvoll an der Visualisierung der eindimensionalen Bewegung eines Quantenteilchens in einem Kasten mit unendlich hohen Potentialwellen und deren Beschreibung mit der zeitabhängigen SCHRÖDINGER-Gleichung. Die Visualisierung in Abbildung 8 zeigt die Aufenthaltswahrscheinlichkeit $|\Psi(x,t)|^2$ eines Quantenteilchens im eindimensionalen Kasten als Funktion des Ortes x (von links nach rechts) und in der Zeit (von hinten nach vorne). Sie führt bei dem vermeintlich wohlverstan-

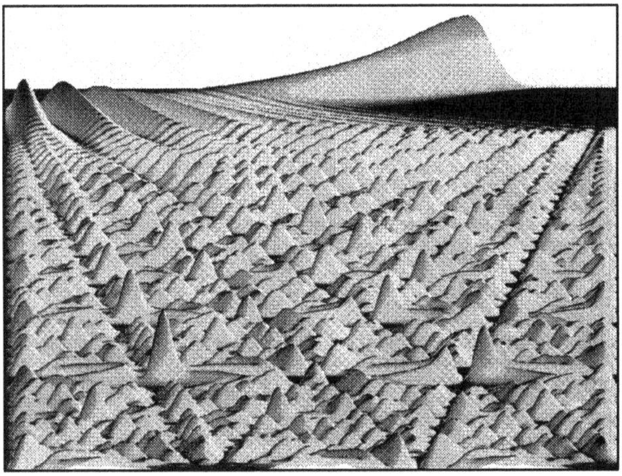

Abbildung 8: Visualisierung der Aufenthaltswahrscheinlichkeit eines Quantenteilchens (aus KINZEL 1995)

denen Vorgang zu neuen ungelösten Fragen wie dem Auftreten tiefer „Täler mit fast verschwindender Aufenthaltswahrscheinlichkeit“ (ebd.).

KINZEL resümiert:

> „Mit dem Computer wurde Physik sichtbar gemacht. Aus einem elementaren Textbuchbeispiel zur Quantenmechanik entstanden faszinierende Bilder von eigenartigem Reiz, die wiederum zu neuen noch ungelösten Fragen [...] führten.“ (ebd.)

Besondere Bedeutung erhält die Visualisierung von errechneten großen Datenmengen im Bereich der Chemie. Über Kraftfeldverfahren oder semiempirische und ab-initio-Verfahren der Quantenchemie lassen sich in der Theoretischen Chemie Berechnungen zu Moleküleigenschaften anstellen, deren Verfahren und Ergebnisse allerdings aufgrund der formalen mathematischen Grundlagen unanschaulich sind (BARNICKEL 1995). Durch die computergestützte Visualisierung von Molekülmodellen im Rahmen des Molecular Modeling können diese Daten nun graphisch in einer handhabbaren Form aufgearbeitet werden.

> „Molecular Modelling[20] läßt sich kurz als Erzeugung, Manipulation und/oder Darstellung von Molekülstrukturen und den damit verbundenen physikochemischen Eigenschaften definieren.“ (ebd.)

Molecular Modeling ist aus der chemischen Forschung nicht mehr wegzudenken und wird in immer neuen Gebieten der Chemie benutzt:

> „Weltweit setzen mittlerweile alle forschenden Chemiefirmen Molecular Modelling ein. Begonnen hatte diese Ausbreitung in der Pharmaindustrie vor ca. 15 Jahren, Bereiche wie Material- und Polymerforschung sind in den letzten Jahren dazugekommen.“ (ebd.)

Die Bedeutung der „Computational Chemistry“ wird nicht zuletzt durch die Vergabe des Nobelpreises für Chemie 1998 dokumentiert. WALTER KOHN wurde ausgezeichnet „for his development of the density-functional theory“ und JOHN POPLE „for his development of computational methods in quantum chemistry“.[21] Beide Wissenschaftler trugen dazu bei, die Quantenphysik für die Chemie verfügbar und computertechnisch nutzbar zu machen.

> „Früher griffen Chemiker in den Modellbaukasten und stöpselten Atome von Hand zusammen. Die konnte man drehen und wenden und wußte doch nichts über die Eigenschaften der Gebilde. Genau die aber interessieren die Chemiker.“ (SENTKER 1998)

---

[20] Im britischen Englisch: modelling, im amerikanischen Englisch: modeling.

[21] vgl.: Prize announcement of the Royal Swedish Acadamy of Science: *Press Release: The 1998 Nobel Prize in Chemistry.* http://www.nobelchannel.com/prizes/

Durch die Vereinfachung quantenchemischer Theorien und die Entwicklung insbesondere des Computerprogramms GAUSSIAN legten beide Preisträger die Grundlage des modernen Molecular Modeling und ebneten den Weg zu einem visuellen Zugang zu abstrakten Theorien.

Die Vorteile der computergestützten Modellvisualisierung sind aber nicht nur in der reinen Darstellung zu sehen, sondern auch in der Art und Weise, *wie* Modelle dargestellt werden. So können je nach Fragestellung unterschiedlichste Visualisierungen benutzt werden, wie Abbildung 9 verdeutlicht. Hierbei sind: a) Formelbild, b) Strichdarstellung, c) Kugel-Stab-Modell, d) Kalottenmodell, e) Darstellung des elektrostatischen Potentials durch Äquipotentialflächen (BARNICKEL 1995).

Zudem ermöglicht der Computer eine interaktive Manipulation der Modelle in ihrer Erscheinung und der Betrachterposition: Die Modelle können dreidimensi-

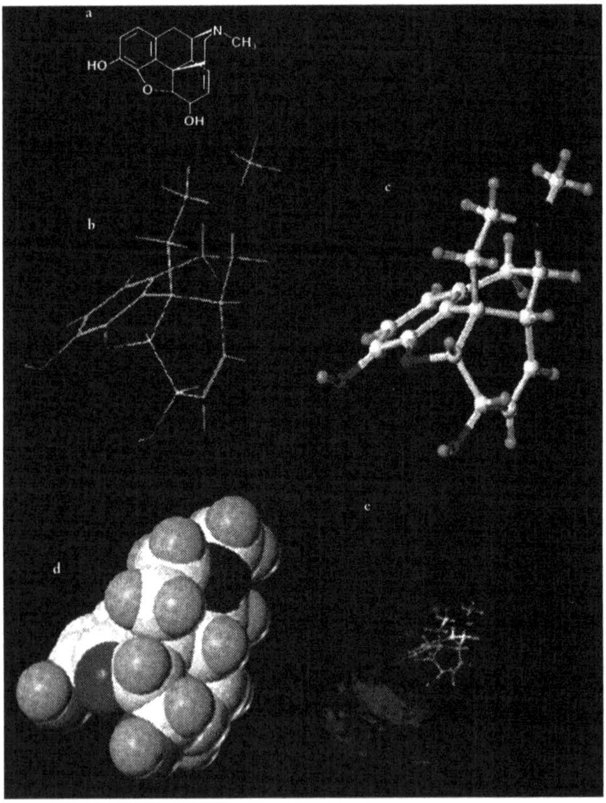

Abbildung 9: Repräsentationen von computergenerierten Molekülmodellen am Beispiel des Morphins (aus BARNICKEL 1995)

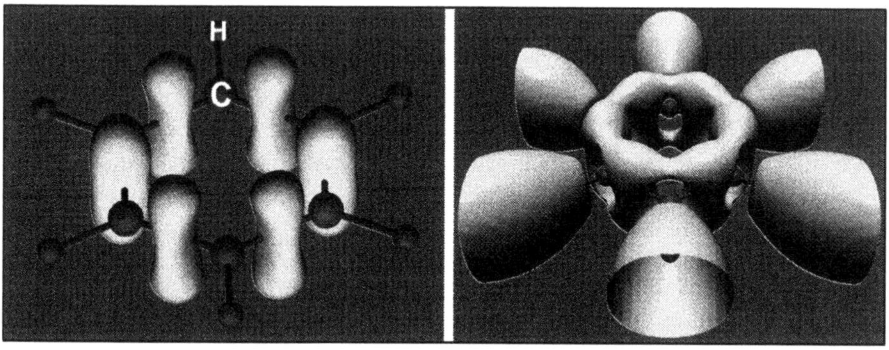

Abbildung 10: 3-D-Visualisierungen der Elektronen-Lokalisierungsfunktion von Benzol (aus FÄSSLER & SAVIN 1997)

onal, virtuell am Bildschirm gedreht und verschoben werden. Diese räumliche Funktion ist entscheidend für Betrachtungen von Strukturaspekten und eine große Hilfe für die Erzeugung von dreidimensionalen Vorstellungen vom Aufbau der Materie. Auf diese Funktion wird in Kap. 4 ausführlich eingegangen.

Die Kraft von Visualisierungen wird beispielsweise auch in den Arbeiten von FÄSSLER und SAVIN (1997) deutlich. Über Berechnungen von Elektronen-Lokalisierungsfunktionen (ELF) und ihrer Visualisierung als Isoflächen wird der von Elektronenpaaren benutzte Raum sichtbar gemacht und somit die „chemische Bindung anschaulich" (ebd.). In Abbildung 10 sind beispielhaft die Isoflächen mit ELF = 0,8 (links) und ELF = 0,7 (rechts) für das Benzolmolekül wiedergegeben. Es wird deutlich, daß bei abnehmenden ELF-Werten eine Ringstruktur ober- und unterhalb der Molekülebene zum Vorschein kommt.

2.4.3 Visualisierungen als Veranschaulichungen und Anschauungsmodelle sowie als Aufgabe der Fachdidaktiken

Die beiden aufgezeigten Bedeutungsfelder der Computervisualisierung unterscheiden sich in erster Betrachtung in der Anwendung: Zum einen werden Visualisierungen genutzt, um ein verbessertes Lernen zu ermöglichen, zum anderen für einen verbesserten wissenschaftlichen Erkenntnisprozeß. Beiden Prozessen gemeinsam ist jedoch, daß ihnen das Prinzip der Anschaulichkeit zugrundeliegt. Hierbei zeigt sich wiederum die enge Verknüpfung von Lern- und Erkenntnisprozessen. Die in Kap. 2.2.2.3.2 getroffene Definition von Anschaulichkeit führt dazu, beiden Prozessen eine didaktische Komponente zuzuordnen. Als anschaulich wurden Strukturen bezeichnet, die in den Mesokosmos überführt werden können. Die Überführung kann durch Transformation von Maßgrößen oder durch Veranschaulichung geschehen. Hierbei kommt der Veranschaulichung hohe didaktische Relevanz zu, denn Inhalte sind visuell so aufzubereiten, daß sie leichter verstanden werden können. Eine solche Aufbereitung ist nun eine primäre Aufgabe der Didaktik. Dies trifft sowohl auf den Lern- als auch den Erkenntnisprozeß zu.

Die didaktische Komponente der Visualisierung zeigt sich im übrigen schon in der Definition von Visualisierung (vgl. Kap. 2.4.1), in der die Aspekte des „Betonens“ und „Herausstellens“ erwähnt werden. Diese Aspekte beschreiben nichts anderes als die abundanten Modellelemente nach KELLER bzw. die irrelevanten Zutaten eines konkreten Modells im Sinne STEINBUCHs (vgl. Kap. 2.3.2.2 und 2.3.3). Diese Überlegungen leiten zu der Feststellung über, daß Visualisierungen ihrem Prinzip nach Anschauungsmodelle sind. Sie basieren auf einer theoretischen Modellvorstellung bzw. auf über Modellvorstellungen und Experimenten gewonnenen Daten und überführen diese in den Realitätsbereich und somit in den Mesokosmos zum Zwecke eines verbesserten Zugangs des lernenden oder erkennenden Subjekts zu den Modellvorstellungen oder Daten (vgl. das M-O-S-Schema in Abbildung 7).

Es wird durch diese Beziehungen der Visualisierung zum Lernen und Erkennen mit Modellen deutlich, welche wichtige Rolle der Didaktik zukommt. Selbst in der Wissenschaft wird, wie gezeigt, die Notwendigkeit zur Veranschaulichung immer größer, um überhaupt Zugänge zu den Erkenntnisobjekten erlangen zu können. Die theoretisch oder experimentell gewonnenen Ergebnisse der Forschung bedürfen häufig einer visuellen Aufbereitung im Sinne der Schaffung eines Anschauungsmodells durch didaktische Vorgehensweisen. Hier liegt neben der „traditionellen“ Aufbereitung von Inhalten für den Lernprozeß ein Zukunftspotential insbesondere der Fachdidaktiken. Durch die erweiterten Möglichkeiten der Visualisierung mittels Computer öffnet sich ein weites Feld neu zu schaffender Anschauungsmodelle für den Erkenntnis- und Lernprozeß.

2.4.4 Animationen und virtuelle Realität

In den vorangehenden Betrachtungen wurde der Gesichtspunkt der Interaktivität von Visualisierungen nur am Rande erwähnt. Zwar ist eine animierte Darstellung nicht grundlegend für Visualisierungen, dennoch durch das graphische Potential moderner Computer möglich und hilfreich. Das gilt besonders für die Darstellung dynamischer und räumlicher Prozesse wie bei dem geschilderten Molecular Modeling.

Unter Animation soll hier nicht ausschließlich das lediglich passive Betrachten eines Bewegungsablaufes auf dem Bildschirm verstanden werden, wie es häufig der Fall ist. Vielmehr erfolgt eine Orientierung an der umfassenden Definition von PIEPER (1994). PIEPER definiert Computeranimationen durch vier Punkte, die im folgenden wiedergegeben und kommentiert werden:

> „1. Bei einer ‚Computer-Animation' handelt es sich um ein computererzeugtes Bildprodukt, das eine künstliche Bilderwelt in (ausdruckbehafteter) Bewegung zeigt." (ebd., S. 45)

Die „künstliche Bilderwelt" beschreibt in dem hier gesteckten Rahmen die Visualisierung. Sie kann bei Animationen allerdings auch eine rein naturalistische Wiedergabe sichtbarer Vorgänge sein.

> „2. Die Bilderwelten sind mehr oder weniger naturgetreu aufgebaut. Das heißt, sie sind in modellhafter Weise nach Vorgaben konstruiert [...]." (ebd., S. 46)

Unter dem naturgetreuen Aufbau von Animationen ist bei Visualisierungen die Notwendigkeit zur Überführung der darzustellenden Inhalte in den Mesokosmos zu verstehen. Diese ist notwendig bei der Schaffung eines Anschauungsmodells wie es Visualisierungen sind (s.o.).

> „3. Die Bilderwelten können entweder darum bemüht sein, Wirklichkeit wiederzugeben, oder sie vermitteln den Anschein von Wirklichkeit." (ebd.)

Neben der naturalistischen Wiedergabe wird hier wiederum die anzustrebende mesokosmische Struktur der dargestellten Inhalte hervorgehoben, die unabdingbar für das Konzept der Anschaulichkeit ist.

> „4. Die computergenerierten Bilder können in technisch-medialer Hinsicht auf passive und aktive Art und Weise rezipiert werden. Im ersten Fall besitzen sie die medialen Eigenschaften eines Filmbildes. Im zweiten Fall bedingt eine Realzeitpräsentation der Bilder die interaktive Einflußnahme auf die Bilderfolge." (ebd., S. 47)

PIEPER nimmt hier die eingangs erwähnte Differenzierung in ein reines Betrachten und einen interaktiven Umgang mit einer Animation vor. Die Aufweitung des Begriffes Animation auf eine interaktive Einflußnahme in Realzeit bedingt allerdings schon eine Überschneidung mit dem Konzept der „virtuellen Realität".

Virtuelle Realität (VR) wird unter einem technischen Gesichtspunkt als eine computererzeugte Umgebung beschrieben, die dem Benutzer den Eindruck vermittelt, sich vollständig in dieser zu befinden. Dies wird durch den Gebrauch von aufwendigen technischen Benutzerschnittstellen erreicht. So wird durch eine Stereo-Brille, in der sich Displays befinden, der Eindruck von Räumlichkeit erzeugt. Diese Displays können sich in einem Datenhelm befinden, der die Kopfbewegungen erfaßt und danach die Perspektive ausrichtet. Mit einem Datenhandschuh können in diesem virtuellen Raum Gegenstände angefaßt und bewegt werden. Auch Arme und Beine des Benutzers können mit entsprechenden Geräten verkabelt werden und als Schnittstellen dienen. So wird insgesamt der Eindruck erzeugt, sich physisch in einer anderen, vom Computer erzeugten Welt zu befinden.

Eine über die technische Umgebung hinausgehende Beschreibung von VR ist schwierig. Geht man von der Wortbedeutung aus, so ergibt die Zusammenführung von „virtuell“ und „Realität“ die Beschreibung einer „der Kraft oder Möglichkeit nach vorhandenen Wirklichkeit“, also eine Art „irreale Realität“. Zu einem ähnlich unbefriedigenden Ergebnis kommt HEIM (1993):

> „Virtual reality is an event or entity that is real in effect but not in fact.“

STEUER (1992) versucht daher eine Annäherung über den Begriff der Präsenz, der Anwesenheit, die man in einer virtuellen Umgebung empfindet. Präsenz wird als „Gefühl in einer Umgebung zu sein“ beschrieben. Er erweitert Präsenz zur Telepräsenz, die „die Erfahrung der Präsenz in einer durch Kommunikationsmedien bestimmten Umgebung“ bestimmt und definiert darüber VR:

> „A virtual reality is defined as a real or simulated environment in which a perceiver experiences telepresence.“ (ebd.)

Durch die Loslösung von technischen Aspekten ist diese Definition sehr weit und berührt damit, wie oben beschrieben, auch die Animation, denn auch dort kann sich der Benutzter involviert fühlen. Dennoch beschreibt sie wohl am besten das, worauf es bei VR ankommt: Sich in eine computergenerierte Welt hineinversetzt zu fühlen.

Die Anwendungsgebiete von VR-Umgebungen sind mannigfaltig, wie NEWBY (1993) in einem Übersichtsartikel schreibt: In der Medizin können chirurgische Eingriffe an Patienten geübt und simuliert werden, die Kunst profitiert von neuen möglichen sinnlichen Erfahrungen, in der Industrie können Fertigungsprozesse trainiert werden, Architekten können durch ihre Entwürfe wandern etc. NEWBY (ebd.) hebt einen Bereich hervor:

> „Education is perhaps the VR area with some of the greatest potential for improvement.“

Hier könnten in Zukunft Schüler fremde Planeten oder vergangene Zeiten und untergegangene Stätten besuchen, sich mit virtuellen Personen in fremden Sprachen unterhalten oder auch in den Bereich des Submikrokosmos vordringen und Moleküle mit den Händen zusammensetzen (ebd.). Das Problem hierbei stellen allerdings der immense finanzielle Aufwand der Gestaltung und der Installierung solcher Lernumgebungen dar:

> „The lack of funds for placing VR systems (or, in many cases, more modest educational technology) in public elementary and secondary schools is the major impediment.“ (ebd.)

Hier sind nun aber in den letzten Jahren Softwareapplikationen entwickelt worden, die zwar keine physische Schnittstelle zum Benutzers bieten, aber dennoch virtuelle Welten auf dem herkömmlichen Computerbildschirm entstehen lassen. Im nächsten Abschnitt wird mit VRML eine solche Software vorgestellt.

Zuvor soll jedoch noch einmal auf einen wesentlichen Punkt bei der Erzeugung von virtuellen Welten oder Animationen hingewiesen werden. Bei der Definition von Computeranimation zeigte sich der Unterschied zwischen der Darstellung von naturgetreuen Inhalten im Sinne einer Wiedergabe sinnlich erfahrbarer Strukturen und der Darstellung von durch Veranschaulichung gewonnenen Inhalten im Sinne einer Visualisierung. Entsprechendes gilt für die Erzeugung virtueller Welten. So stellt die VR-Umgebung eines plastischen Chirurgen eine naturgetreue Wiedergabe mesokosmischer Strukturen dar, während die Simulation einer virtuellen Molecular-Modeling-Umgebung ein Anschauungsmodell visualisiert.

> ***Es ist streng zu unterscheiden zwischen wirklichkeitsnahen Abbildern und Visualisierungen von Modellvorstellungen.*** (vgl. SABOROWSKI & REINERS 1997)

In der Chemie und im Chemieunterricht muß deutlich werden, daß Animationen und virtuelle Welten, die submikroskopische Prozesse und Strukturen behandeln, auf theoretischen Modellvorstellungen beruhen, die in Anschauungsmodelle überführt wurden und nicht eine Abbildung der Realität darstellen. Daß dies selbst bei erfahrenen Wissenschaftlern in Anbetracht der starken Visualisierungskraft von Computergraphiken oft in Vergessenheit gerät, zeigt BARNICKEL (1995) auf:

> „Nicht nur Theoretiker neigen dazu, die Rolle ihrer eigenen Modellvorstellungen zu überschätzen und sie mit der Wirklichkeit zu verwechseln."

2.4.5 Dreidimensionale Visualisierung mit VRML

Die bisherigen Ausführungen zu Visualisierungen, Animationen und virtueller Realität waren bewußt allgemein gehalten, um sich nicht in technische Beschreibungen zu verlieren, die aufgrund der schnellen Entwicklung im Computersektor in kurzer Zeit zwangsläufig überholt sein werden. Es sollte eine allgemeingültige Beschreibung grundlegender Aspekte gegeben werden. Dennoch ist es notwendig, diese zu konkretisieren, nicht zuletzt aus Gründen der Verdeutlichung. Dies soll am Beispiel des Softwarestandards VRML geschehen, der sich in den letzten Jahren etabliert hat und auch längerfristige Perspektiven bietet.

Die Entwickler der „Virtual Reality Modeling Language", abgekürzt VRML, MARK PESCE und TONY PARISI, beabsichtigten die Schaffung einer visuellen und virtuellen Benutzerschnittstelle für das Internet im Rahmen des expandierenden World Wide Web (WWW). Die dort vorhandene Vielzahl an Daten sollte über ein räumliches Navigationskonzept überschaubarer gemacht werden. Grundidee war auch hier die Visualisierung. PESCE führt hierzu aus:

> „Mach abstrakte Daten sinnlich wahrnehmbar – schon gewinnen sie Sinn für die Leute." (BENNAHUM 1997)

Aus diesem Ansatz heraus entwickelte sich ein Internet-Softwarestandard, mit dem die Darstellung von dreidimensionalen computergenerierten Welten auf dem Bildschirm möglich wurde.

Der Anstoß zur Entwicklung einer solchen Beschreibungssprache für dreidimensionale Szenarien erfolgte auf der ersten WWW-Konferenz in Genf im April 1994. Kurze Zeit später erschien die erste Version von VRML.

Die wesentlichen Anforderungen, die an VRML als Austauschmedium im Internet gestellt wurden, waren:

- Visualisierung von virtuellen dreidimensionalen Welten,
- Etablierung eines Graphikstandards,
- Interaktive Benutzerführung,
- Internet-Tauglichkeit.

Die angestrebte Dreidimensionalität konnte über die Möglichkeit zum dreidimensionalen Bewegen innerhalb einer Welt mit realistischen Effekten wie standortabhängigen unterschiedlichen Licht- und Schattenverhältnissen sowie Oberflächenbeschaffenheiten verwirklicht werden. Die Internet-Benutzbarkeit wurde erreicht durch Beschränkung auf einfache Textzeichen innerhalb der Objektdateien, die die Daten für die dargestellten Körper beinhalten. Dadurch können die Daten stark komprimiert und unkompliziert übertragen werden.

Diese erste Version von VRML wurde 1996 durch eine neue Spezifikation, als VRML 2.0 bezeichnet, abgelöst. Mittlerweile existiert schon die dritte Spezifikation, VRML97, die eine Standardisierung der Version 2.0 bedeutet. Diese neueren Versionen gestatten es, VRML um weitere multimediale Aspekte wie die Unterstützung von Sound, Video, Animationen und Bilder zu erweitern. Zudem können Java-Applets eingebunden werden, kleine Programme in der universellen plattformunabhängigen Programmiersprache Java-Script. Das Grundprinzip der Visualisierung von dreidimensionalen Welten hat sich jedoch nicht geändert.[22]

---

[22] Die Dokumentation zu den jeweiligen Spezifikationen sind nachzulesen unter:
VRML 1.0: http://www.vrml.org/VRML1.0/vrml10c.html;
VRML 2.0: http://www.vrml.org/VRML2.0/FINAL/spec/
VRML 97: http://www.vrml.org/Specifications/VRML97/
Für allgemeine und weiterführende Informationen zu VRML sei auf die WWW-Seiten des „VRML-Consortium" (http://www.vrml.org/), des „VRML-Repository" (http://www.web3d.org/vrml/) oder auf den deutschsprachigen VRML-Fokus (http://www.vrml-fokus.de/) verwiesen. Von dort ist ebenfalls eine Studienarbeit mit dem Thema „VRML – Möglichkeiten und Perspektiven" von A. STEINBUCH erreichbar, die einen guten ersten Einblick in die Sprachstruktur von VRML bietet (http://www.vrml-fokus.de/Inhalt/Dokumente/steinbuch_stud/).

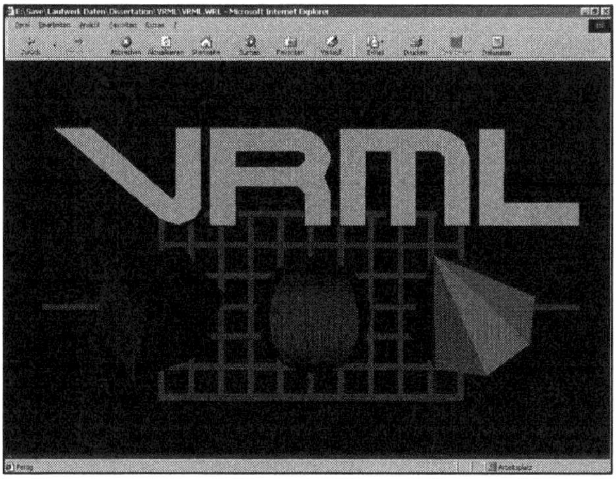

Abbildung 12: VRML-Logo

VRML stellt also eine Art von Programmiersprache dar, die es ermöglicht, dreidimensionale Objekte zu erzeugen. Es soll hier nicht tiefer auf die Sprachstruktur eingegangen werden. Zum besseren Verständnis soll nur die Datei, die die drei Körper im Logo von VRML (den roten Würfel, die grüne Kugel und den blauen Kegel) beschreibt, erläutert werden (vgl. Abbildung 12).

Abbildung 11 zeigt den zugehörigen VRML-Code. Hier werden in verschiedenen Abschnitten (sog. Separatoren) zuerst die drei Körper definiert. Der erste Körper ist eine Kugel (`sphere`) mit dem Radius 1,3 in einem virtuellen Maßstab und mit der als Materialeigenschaft auftretenden Farbe Grün (`emissive Color 0 1 0`). Der rote Würfel (`cube`) wird in einem x, y, z-Koordinatensystem um 4 Einheiten nach links verschoben (`translation`), gedreht (`rotation`) und leicht

```
#VRML V1.0 ascii
Separator{
   Separator   {Material {emissiveColor 0 1 0}
                  Sphere {radius 1.3}}
   Separator   {Material {emissiveColor 1 0 0}
                  Transform { translation -4 0 0
                              rotation 1 -1 -1 0.785398
                              scaleFactor 0.9 0.9 0.9}
                  Cube { } }
   Separator   {Material {emissiveColor 0 0 1}
                  Transform{  translation 4 0.4 0
                              rotation 1 1 1 1.047197
                              scaleFactor 1.3 1.1 1.3}
                  Cone { } }
   PointLight {location 1 10 10}
   PerspectiveCamera {position 0 0 15}
}
```

Abbildung 11: VRML-Code der Körper des Logos

verkleinert (`scaleFactor`). Der Kegel (`cone`) wird nach rechts verschoben, gedreht und vergrößert. Zusätzlich wird der Ort einer Lichtquelle definiert (`PointLight`) und die anfängliche Betrachterposition festgelegt (`PerspectiveCamera`).

Diese wenigen Zeilen reichen zur Beschreibung der Szene aus.

Die Interpretation und graphische Aufarbeitung des VRML-Codes erfolgt mittels eines VRML-Browsers[23]. Das Funktionsprinzip ist analog dem von WWW-Dokumenten, die im sog. HTML-Code vorliegen und mit einem Browser wie dem NETSCAPE NAVIGATOR[24] oder dem MICROSOFT INTERNET EXPLORER[25] graphisch ausgegeben werden. Der Browser ist also ein Programm, das auf dem Rechner des Benutzers installiert ist und dazu dient, die Quelldateien zu interpretieren und dem Benutzer verschiedene Möglichkeiten zum virtuellen Navigieren zur Verfügung stellt. Ein VRML-Browser kann als eigenes Programm (Stand-Alone-Application) oder in einen Web-Browser integriert (Plug-In) vorliegen.

Die Bedienung der Browser erfolgt primär durch die Maus. Es stehen meist verschiedene Bewegungsmodi wie Gehen, Fliegen oder Drehen zur Verfügung. Der Benutzer kann sich einfach in diesen virtuellen Welten bewegen und die darin enthaltenen Objekte aus selbstgewählten Perspektiven betrachten. Die Bildberechnung bei der Bewegung erfolgt in Echtzeit, wobei durch die relativ geringen Datenmengen ruckelfreie und flüssige Abläufe möglich sind und somit ein realistisches dreidimensionales Erleben gefördert wird.

Für den Bereich der Visualisierung von chemischen Modellen erfährt VRML eine besondere Bedeutung. Hiervon zeugen zunehmend Veröffentlichungen (vgl. u.a. BRINGEWSKI 1996, IHLENFELDT 1997, IHLENFELDT & GASTEIGER 1995, RAUSCH 1998) und Aktivitäten verschiedener Forschungsgruppen[26] im Internet. VRML ist durch die plattformunabhängige, schnelle und einfache Funktionsweise ein wichtiges Transportmedium für visuelle Informationen geworden und unter-

---

[23] Bekannte und vielbenutzte VRML-Browser sind beispielsweise:
COSMOPLAYER von SILICON GRAPHICS INC. (http://vrml.sgi.com/cosmoplayer/),
GLVIEW von H. GRAHN (http://www.snafu.de/~hg/),
WORLDVIEW von INTERVISTA (http://www.intervista.com/products/worldview/) oder der MICROSOFT VRML 2.0 VIEWER (http://www.microsoft.com/vrml/toolbar/).

[24] http://www.netscape.com

[25] http://www.microsoft.com

[26] vgl. u.a.:
http://yip5.chem.wfu.edu/yip/VR/3DAO.html
http://193.49.43.3/dif/3D_crystals.html
http://www.phy.ohiou.edu/~harp/wavefunc.html

stützt damit entscheidend den Kommunikationsprozeß in der Wissenschaftsgemeinde.

Welche Möglichkeiten bietet nun VRML zur Darstellung von chemischen Modellen? In den über das Internet zugänglichen VRML-Bibliotheken finden sich eine Vielzahl von VRML-Dateien, von denen exemplarisch einige in Abbildung 13 bis Abbildung 18 dargestellt sind. Diese Internet-Bibliotheken bieten mittlerweile vom einfachen Methanmodell oder Kugelpackungen bis zum biochemischen Makromolekül eine weite Palette verfügbarer Modelle an. Die hohe Verfügbarkeit macht die eigene Erstellung von VRML-Molekülen nahezu überflüssig. Zudem ist die Erstellung noch recht aufwendig, da einfache Applikationen speziell zur Erstellung von Molekülen noch nicht existieren. Daher müssen spezielle 3-D-Programme oder VRML-Autorenwerkzeuge herangezogen werden, die allerdings wegen ihrer umfassenden Möglichkeiten entsprechend einarbeitungsintensiv sind. Ein einfacherer Weg ist die Konvertierung von mit Molecular-Modeling-Programmen erstellten Dateien (z.B. pdb-Dateien).

VRML eignet sich zur Darstellung verschiedenster Modellarten, so z.B. von Kristallstrukturen. Abbildung 13 zeigt einen kubischen Perowskit, wie er beispielsweise als $CaTiO_3$ vorkommt, erstellt von einem Mitarbeiter des INTERNATIONAL NEUTRON RESEARCH CENTER am INSTITUT LAUE LANGEVIN in Grenoble[27]. Der von den Sauerstoffatomen gebildete Oktaeder ist hier eingezeichnet, eine Möglichkeit der Visualisierung, die mit gegenständlichen Modellen nur sehr schwer zu realisieren ist. Unmöglich ist es dagegen, bei Sachmodellen

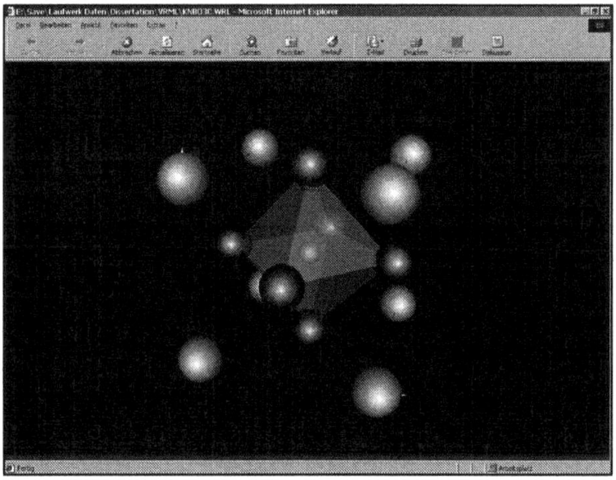

Abbildung 13: Kristallgittermodell eines kubischen Perowskits

[27] http://www.ill.fr/dif/vrml/knbo3c.wrl

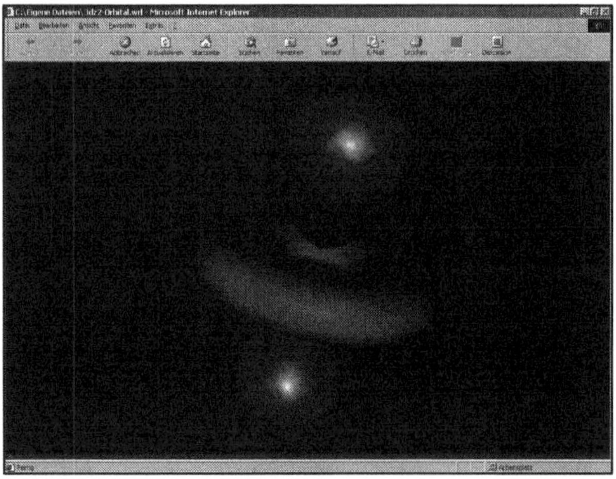

Abbildung 14: 3dz2-Orbital

Kugeln ohne Verbindungen, ohne „Stäbchen“, darzustellen, wie es hier getan wurde.

Mit VRML können ebenfalls Atomorbitale dargestellt werden. Abbildung 14 zeigt ein $3dz^2$-Orbital, erstellt vom INSTITUT FÜR PHYSIKALISCHE CHEMIE DER TU DARMSTADT und dem DARMSTÄDTER ZENTRUM FÜR WISSENSCHAFTLICHES RECHNEN in Zusammenarbeit mit SILICON GRAPHICS INC. [28]

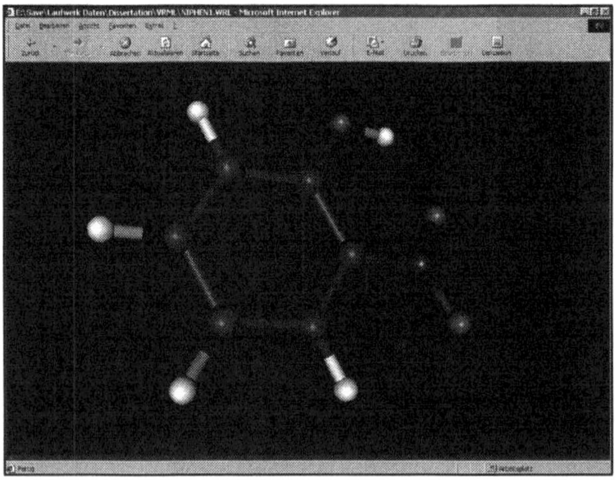

Abbildung 15: Kugel-Stab-Modell von o-Nitrophenol

28 http://ws05.pc.chemie.tu-darmstadt.de/vrml/wave.html

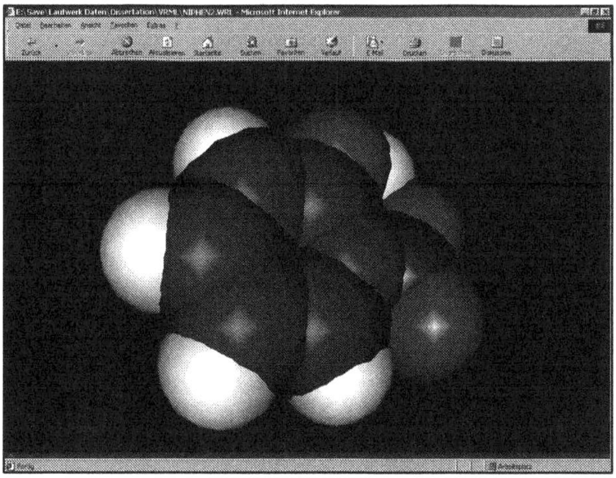

Abbildung 16: Kalottenmodell von o-Nitrophenol

Natürlich lassen sich auch gängige Modelle visualisieren, wie ein Kugel-Stab-Modell von o-Nitrophenol (Abbildung 15) im Vergleich zu einem Kalottenmodell (Abbildung 16) und einem Stabmodell (Abbildung 17) des gleichen Moleküls, ebenfalls von der TU Darmstadt erstellt.[29]

Ein weiterer Vorteil von VRML wird an der Darstellung eines Enzyms in Abbildung 18 deutlich, und zwar die Modifizierbarkeit: Hier wurde eine Oberflä-

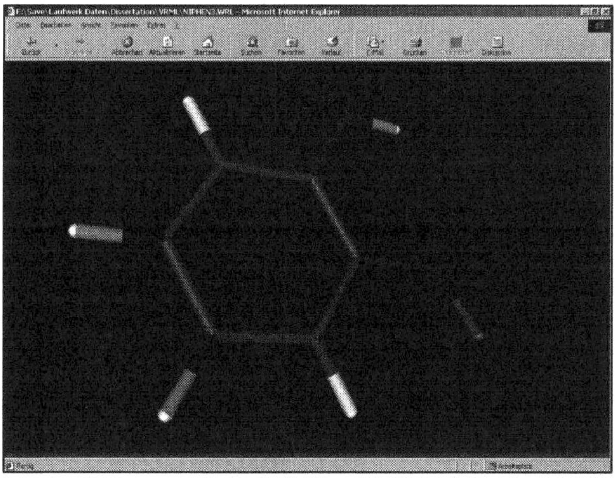

Abbildung 17: Stab-Modell von o-Nitrophenol

[29] http://ws05.pc.chemie.tu-darmstadt.de/vrml/pdbvis.html

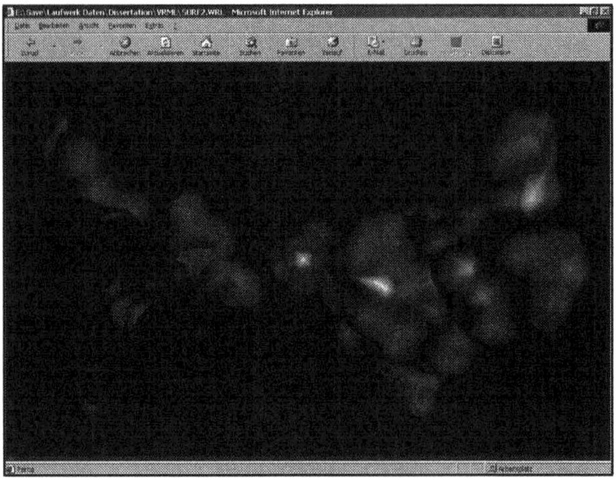

Abbildung 18: Cytochrome P450

che des Enzyms Cytochrome P450 eingezeichnet.[30] Es läßt sich der Kanal zum Reaktionszentrum erkennen und auch begehen und so der Weg von krebserregenden Nitrosaminen, die mit dem Enzym wechselwirken, verfolgen. BRINGEWSKI (1996) schildert die Möglichkeiten von VRML, die man zur Erkundung nutzen kann:

> „Man kann in das Molekülsystem visuell hineinfahren, also beispielsweise den Weg des Nitrosamin-Moleküls durch eine Art Kanal zum Reaktionszentrum nachstellen. Die Eigenschaften des Kanals können weiter erkundet werden, indem man z.B. alle Informationen über das Protein wegläßt, hydrophile oder hydrophobe Molekülteile einfärbt oder vieles mehr."

Diese Beispiele für die verschiedensten Visualisierungsmöglichkeiten von VRML sind nur einige ausgewählte, weitere Internet-Bibliotheken bieten ebenfalls eine Reihe von Modellen an.[31]

Zum Abschluß dieser Schilderungen der Möglichkeiten von VRML sollen kurz die Vorteile zusammengefaßt werden, die sich aus dem Besprochenen für die unterrichtliche Einsetzbarkeit ableiten lassen:

- **Bedienbarkeit:** Das einfach zu erlernende Navigieren im dreidimensionalen Raum mittels intuitiver Mausbedienung erleichtert den Umgang mit dem Dreidimensionalen ungemein. In kurzer Zeit wird zudem dieses Navigieren

[30] http://ws05.pc.chemie.tu-darmstadt.de/research/vrml/p450/vrml.html

[31] z.B.: New York University: MolecularLibrary (http://www.nyu.edu/pages/mathmol/library/)

zum Handwerkzeug von WWW-Benutzern gehören und somit keine neuen Anforderungen bei der Darstellung chemischer Objekte stellen.

- **Verfügbarkeit:** Mit der zunehmenden Verbreitung von Molekül-Bibliotheken lassen sich über das Internet einfach die benötigten Objekte beschaffen.
- **Modifizierbarkeit:** Die vorhandenen Daten lassen sich dank objektorientierter Editoren mit ein wenig Einarbeitung den persönlichen Bedürfnissen anpassen.

2.4.6 Computervisualisierungen im Chemieunterricht

Von den in diesem Kapitel geschilderten Möglichkeiten zur Visualisierung von Modellen wird im Chemieunterricht kaum Gebrauch gemacht. Dies scheint um so verwunderlicher, wenn man bedenkt, daß bereits 1985 in den „Empfehlungen zum Computer-Einsatz im Chemieunterricht" des Fördervereins MNU hervorgehoben wurde:

> „Der Einsatz des Computers erscheint besonders wirksam, wenn mit ihm abstrakte Modellvorstellungen entwickelt, veranschaulicht oder angewendet werden." (MNU 1985)

Auch die „Empfehlungen und Informationen zum Computereinsatz im Chemieunterricht" der GDCh sehen in der „Unterstützung der optischen Darstellung und Verdeutlichung von Theorien und Modellen der Chemie" (GDCH 1996, S. 5) ein wesentliches Aufgabengebiet des Computers. Zum besseren Verständnis der Rolle von Modellen können Computer ebenfalls eingesetzt werden, wie auch in dieser Arbeit gefordert wird, denn als Vorteil von Computervisualisierungen gegenüber Modellbaukästen wird die Flexibilität der Darstellungen gesehen:

> „[...] der Modellcharakter wird deutlich, da auf Knopfdruck verschiedene Darstellungsarten (Stab-, Stab/Kugel-, Kalottenmodell, ...) erhalten werden können [...]" (ebd., S. 16)

Daß dennoch Computer zur Visualisierung kaum genutzt werden, liegt in mehreren Ursachen begründet:

- An erster Stelle ist hier die mangelnde Hardwareausstattung der Schulen zu nennen. So müssen sich in Deutschland 63 Schüler einen Computer teilen, in den USA sind es beispielsweise nur neun Schüler (RALLE 1998). Es werden allerdings Verbesserungen angestrebt, die hoffentlich rasch Erfolge zeigen.
- Die Entwicklung der Computertechnologie hat erst in letzter Zeit preiswerte Rechner verfügbar gemacht, die den graphischen Anforderungen der Visualisierung gewachsen sind. Diese Computergeneration ist an Schulen noch wenig verbreitet.

- Die Softwarequalität von für den Chemieunterricht konzipierten Programmen kann bis auf wenige Ausnahmen als mangelhaft bezeichnet werden (vgl. SABOROWSKI 1994 und 1998). Zudem ist die Anzahl an überhaupt verfügbarer Chemieunterrichtssoftware gering, dies gilt insbesondere für Molecular-Modeling-Programme.

- Nur ca. ein Fünftel der Chemielehrer setzt den Computer überhaupt gelegentlich ein (DOMKE 1996).[32] Der Computereinsatz ist bei Lehrern primär intrinsisch motiviert, ohne daß der Einsatz als notwendig angesehen wird oder die Auswirkungen auf einen verbesserten Lernerfolg abgeschätzt werden können (WEDEKIND, BADER & BLUME 1992a und 1992b).

- Wird der Computer im Chemieunterricht eingesetzt, so liegt der Schwerpunkt beim computerunterstützten Experimentieren (DOMKE 1995).

Das letztgenannte Anwendungsgebiet ist sicherlich auch das naheliegendste für den Chemieunterricht. Dennoch können auch andere Anwendungen sinnvoll eingesetzt werden. Hiervon zeugen eine Vielzahl an chemiedidaktischen Veröffentlichungen der letzten 15-20 Jahre. An dieser Stelle soll keine Aufarbeitung der Anwendungsmöglichkeiten erfolgen, dies ist anderweitig bereits geschehen (SABOROWSKI 1994, S. 30 ff.). Es sollen lediglich drei grundlegende Einsatzformen unterschieden werden, die die Rolle des Computers als Medium im Chemieunterricht charakterisieren: So kann der Computer als Ersatz für herkömmliche Medien (Overhead-Projektor, Großbildschirm etc.) dienen, zur Unterstützung von Experimenten eingesetzt werden oder als eigenes Medium betrachtet werden, das besondere Möglichkeiten der Interaktivität, Reaktivität und Individualisierung bietet (ebd., S. 34).

Besonders der letztgenannte Punkt beinhaltet Einsatzformen wie die Visualisierung, die nur mittels des Computers realisiert werden können und in der Lage sind, neuartige, verbesserte Lernprozesse zu initiieren. Es bleibt zu hoffen, daß solche Anwendungen aufgrund der fortschreitenden Hardwareausstattung der Schulen und der Verfügbarkeit von preisgünstiger und qualitativ hochwertiger Software, wie etwa dem vorgestellten VRML-Standard, vermehrt in den Unterricht einbezogen werden. Zudem sind weitere Untersuchungen wie in dieser Arbeit nötig, um grundlegende Aspekte zu klären und damit eine theoretische Basis zu schaffen sowie Möglichkeiten aufzuzeigen, wie der Computer mit seinen nur ihm eigenen Fähigkeiten nutzbringend eingesetzt werden kann.

---

32 DOMKE (1996) gibt einen Anteil von 65% an, der sich allerdings auf 21% reduziert, wenn man annimmt, daß die Lehrer, die den Fragebogen nicht beantwortet haben, „wohl zum größten Teil den Computer nicht einsetzen" (ebd.).

2.4.7 Diskussion und Folgerungen

Aus der Erläuterung des Begriffs der Visualisierung und seiner zunehmend zentralen Rolle heraus wurden zwei Bedeutungsfelder beschrieben: Einerseits werden durch verstärkt benutzte Computervisualisierungen visuelle Lerntypen besser angesprochen, als dies im herkömmlichen Unterricht geschieht. Andererseits sind Visualisierungen in den Wissenschaften notwendig und hilfreich, um einen Zugang zu großen Datenmengen und zu Modellvorstellungen zu bekommen. Dies wurde am Beispiel des Molecular Modeling verdeutlicht.

Beiden Bedeutungsfeldern gemeinsam ist das Prinzip der Anschaulichkeit. Durch die in den Kapiteln 2.2.2.3.2 und 2.3.3 vorgenommenen Bestimmungen von Anschaulichkeit bzw. Veranschaulichung sowie Anschauungsmodell wird deutlich, daß Visualisierungen durch Veranschaulichung gewonnene Anschauungsmodelle sind. Dies bedeutet, daß sie eine primäre Aufgabe und Herausforderung der Fachdidaktik darstellen.

Visualisierungen können am Computer auch als dynamische Vorgänge dargestellt werden. In bezug auf diese Visualisierungsart wurden die Konzepte der Animation und der virtuellen Realität erläutert. Eine einfache Möglichkeit zur Umsetzung von virtuellen Welten zum Zwecke der Visualisierung stellt der Internet-Standard VRML dar. Sein Potential auch zur Darstellung von chemischen Modellen wurde ausführlich geschildert. Mit dieser Visualisierungssprache steht für den Chemieunterricht ein einfach zu bedienendes, gut verfügbares und den individuellen Bedürfnissen anpaßbares Werkzeug zur Verfügung. Hiermit könnte der zwar geforderten aber kaum realisierten computergestützten Visualisierung von submikroskopischen Prozessen und Strukturen von Anschauungsmodellen Vorschub geleistet werden.

Aus den in diesem Kapitel vorgestellten Überlegungen ergeben sich einige Folgerungen, die zum Abschluß zusammengefaßt werden:

- Computervisualisierungen stellen derzeit eine einzigartige Möglichkeit dar, sich theoretischen Modellvorstellungen zu nähern. Dies gilt sowohl für den unterrichtlichen Lernprozeß als auch für den wissenschaftlichen Erkenntnisprozeß.

- Visualisierungen sind Anschauungsmodelle bzw. Modellkonkretisierungen. Sie werden durch Veranschaulichung gewonnen, einem Prozeß, der im wesentlichen der Fachdidaktik obliegt.

- Sie weisen im Sinne des M-O-S-Schemas Analogien zu den zugrundeliegenden Modellvorstellungen auf. Sie sind keine Abbildungen des Objektbereichs, obwohl sie hochgradig naturalistisch dargestellt werden.

- Die naturalistische Komponente der Darstellung, unterstützt durch Animationen und Elemente der virtuellen Realität, ermöglicht eine hohe Annäherung an den Mesokosmos. Dadurch wird ihre Anschaulichkeit stark gefördert.
- Der Gefahr der Verwechslung von Realität und Anschauungsmodell wird bei Visualisierungen durch die Erzeugung einer Telepräsenz vorgebeugt. Im Gegensatz zur direkten physischen Präsenz fühlt sich der Benutzer stets in einer künstlich geschaffenen Umgebung, die zwar realistisch bzw. naturalistisch dargestellt werden kann, jedoch prinzipiell simuliert ist. Damit ist sie Teil eines virtuellen Kommunikationsmediums und nicht eine Abbildung der Realität.
- Durch die hohe Anschaulichkeit einerseits und die prinzipielle Simulation andererseits kann durch Computervisualisierungen ein verbesserter Zugang zu Modellvorstellungen erreicht werden. Denn es kann deutlicher, als dies beispielsweise anhand von herkömmlichen im Chemieunterricht verwendeten Sachmodellen möglich ist, die Fundierung der Anschauungsmodelle auf theoretischen Modellvorstellungen hervortreten. Sachmodelle sind direkt greifbar, mesokosmisch, und suggerieren damit Realität, während Visualisierungen stets nur den Mesokosmos auf der Basis von Berechnungen über Modellvorstellungen simulieren und damit einen prinzipiell hypothetischen Charakter nahelegen.

2.5 Zusammenführung: Die Verbindung von Determinanten der theoretischen Überlegungen und Möglichkeiten des Computers

In diesem letzten Abschnitt des Kapitels zur Klärung der Grundlagen des Themenbereichs „Modelle und Computervisualisierungen" soll eine Zäsur erfolgen. Die in den vorangegangenen Überlegungen gewonnenen Erkenntnisse sollen gebündelt und zusammengeführt werden, um die in der Einleitung getroffenen Aussagen zu explizieren und um das Gerüst für die folgenden Kapitel zu bieten.

Das erste betrachtete Grundlagenfeld zeigte anhand von fachdidaktischen Forderungen und Empfehlungen sowie anhand verschiedener Lehrpläne die weitreichende Bedeutung von Modellen im Chemieunterricht auf. Neben einer Klärung der zu behandelnden Inhalte in Gestalt von konkreten Teilchen- und Bindungsmodellen sowie deren Abfolge traten zahlreiche didaktische Aspekte der unterrichtlichen Funktion und der Bedeutung von Modellen sowie Hinweise zur unterrichtlichen Behandlung zutage. So dienen Modelle der Veranschaulichung, der Deutung und Voraussage, sind eine Grundlage für das inhaltliche Verständnis des Submikroskopischen und des methodologischen Verständnisses von naturwissenschaftlichen Erkenntnisprozessen. Sie sind untrennbar mit dem Experiment verbunden, sollten genetisch entwickelt werden und erweiterbar sein, dem Niveau des Lerners angepaßt sein und möglichst in Verbindung mit anderen Modellen genutzt werden.

Diese Vielfalt dem Schüler deutlich zu machen, kann nur gelingen, wenn das „Denken in Modellen" gefördert wird. Voraussetzung hierfür ist, daß die Rolle von Modellen deutlich wird.

> ***Das „Denken in Modellen" setzt die Schaffung eines Modellbewußtseins voraus, also einer Bewußtwerdung der methodologischen Funktion von Modellen. Nur so kann der Gleichsetzung von Modell und Realität entgegengewirkt werden, dem größten Fehler, der bei der Nutzung von Modellen auftreten kann.***

Dieser Fehler bedingt eine Eins-zu-Eins-Abbildungsfunktion von Modellen, aus der die in Kap. 1 beschriebenen Schwierigkeiten bei den „Sprüngen" von einer zur nächsten Modellvorstellung resultieren. Wird das Modelldenken hingegen flexibilisiert im Sinne eines „Nebeneinander" statt eines kategorischen „Nacheinander" von Modellen, so werden die „Sprünge" weniger problematisch und die methodologische Stellung von Modellen deutlich.

Aufgrund der methodologischen Bedeutung wurde im zweiten Abschnitt das Grundlagenfeld „Erkenntnistheorie" eingehender betrachtet. Diese Betrachtung erfolgte auf der Basis der „Evolutionären Erkenntnistheorie" (EE). Hierbei traten als zentrale Größen dieser Theorie, die für die unterrichtliche Behandlung von Modellen bedeutsam sind, die Konzepte des „Mesokosmos" und der „Anschaulichkeit“ hervor. Der Mesokosmos als kognitive Nische des Menschen ist der Bereich der Umwelt, den wir direkt mit unserem Erkenntnisapparat erfassen können. Er ist insofern von Bedeutung, als daß alle Erkenntnis in ihm beginnt. Anschaulich sind daher alle Strukturen oder Objekte, die in den Mesokosmos überführt werden können. Hierbei erfolgte eine Erweiterung des ursprünglich in der EE als durch Transformation von Maßgrößen in den Mesokosmos bestimmten Begriffs der Anschaulichkeit auf eine ebenso wichtige qualitative Komponente der Wesenhaftigkeit von Strukturen und Objekten. Diese können ebenfalls in den Mesokosmos überführt werden, jedoch nicht durch quantitative Transformation, sondern über Veranschaulichung als didaktischem Prozeß.

Aus der Kritik an der EE leitete sich unter Einbeziehung von Überlegungen PIAGETs ein konstruktionistischer Ansatz ab, der die Weltsicht des „Hypothetischen Realismus“ der EE durch eine ebenfalls evolutionär geprägte Fähigkeit des Erkenntnissubjekts erweitert, nämlich um die Fähigkeit, sowohl eigene Erkenntnisstrukturen als auch die Sicht von Welt überlebensfähig auszubilden. Der konstruktionistische Ansatz ermöglicht weiterhin drei Perspektiven der Betrachtung des Lern- und Erkenntnisprozesses. Die subjektive Perspektive stellt die vorwissenschaftliche Alltagserfahrung im Sinne eines unreflektierten Realismus dar, die objektive Perspektive die wissenschaftliche Annäherung an ein vermeintlich reales Erkenntnisobjekt und die Metaperspektive die Reflexion über beide vorausgehenden Erkenntnisperspektiven mit der Bewußtwerdung der Konstruktion von Wirklichkeit und der Verkettung von subjektiver und objektiver Weltsicht.

Durch die erkenntnistheoretischen Erörterungen ist es möglich, viele der im ersten Abschnitt aufgeführten Aspekte von Modellen in einen methodologischen Rahmen zu betten. Hier ist in erster Linie die Anschaulichkeit als primäres Merkmal von Modellen zu nennen. Die Anschaulichkeit wird gewonnen durch Transformation und didaktische Veranschaulichung, beispielsweise bei einem Kugel-Stab-Modell eines Moleküls durch Transformation von Maßgrößen wie der Bindungswinkel, eventuell sogar der Bindungslängen, und durch Veranschaulichung der Wesenheiten wie der Materie durch Holz- oder Kunststoffkugeln. Der Anschaulichkeitsaspekt von Modellen bzw. die Überführung von Denkmodellen in den Mesokosmos ist notwendig, denn im Sinne der EE beginnt alle Erkenntnis im Mesokosmos, die grundlegendsten und direkt einsichtigen Erfahrungen werden in diesem Bereich gemacht. Zur Annäherung an theoretische Modellvorstellungen sind anschauliche Lernobjekte nötig.

Die Erkenntnisse, die anschaulich gewonnen werden, sind aber nun primär unter einer subjektiven Perspektive gewonnen, der Perspektive des unkritischen Gebrauchs von durch Alltagserfahrungen gewonnenen Erkenntnisverfahren. Hier herrscht nach den getroffenen Überlegungen eine naiv-realistische Weltsicht vor. Mit dieser Verknüpfung von Anschaulichkeit und subjektiver Erkenntnisperspektive kann die bereits beschriebene Gefahr der Verwechslung von Modell und Realität erkenntnistheoretisch expliziert werden:

> ***Anschaulichkeit ist notwendig für einen Zugang zu Modellvorstellungen. Da sie sich aber mesokosmischer Elemente bedienen* muß, *bedingt sie eine naiv-realistische Erkenntnisperspektive und damit die Gefahr der Verwechslung von Anschauungsmodell und Realität.***

Hiermit wird deutlich, daß die Ursache für die Identifikation von Modell und Realität in der Anschaulichkeit von Modellen zu suchen ist.

Allerdings bietet der konstruktionistische Ansatz auch Hinweise auf die Vermeidung dieses Dilemmas. Denn durch eine Erkenntnissicht aus der Metaperspektive heraus lassen sich sowohl naiv-realistische Deutungen der Subjektperspektive als auch (auf der Basis eines hypothetischen Realismus beruhende) wissenschaftliche Deutungen aus der objektiven Perspektive kritisch betrachten und in Relation setzen. Dies leitet zu einer Fundierung der Aussage, daß ohne ein tiefergehendes Verständnis des Modellcharakters nur ein oberflächliches Verständnis von Chemie erreicht wird (vgl. Kap. 1):

> ***Nur aus der Einnahme einer Metaperspektive zur Reflexion des Erkenntnisprozesses heraus kann ein tiefergehendes Verständnis des Modellcharakters chemischer Theorien resultieren. Damit sind methodologische Betrachtungen bei der unterrichtlichen Modellbehandlung unvermeidbar.***

Hiermit erfolgt also eine erkenntnistheoretische Grundlegung der oben gemachten Forderung nach der Schaffung eines Modellbewußtseins. Dies impliziert, daß ein Großteil der in Kap. 2.1 zum Status-Quo erwähnten Aspekte von Modellen auf der Grundlage methodologischer Überlegungen berücksichtigt werden können.

Es stellt sich nun aber ein Problem:

> ***Solche erkenntnistheoretischen und methodologischen Betrachtungen sind allerdings insbesondere im Chemieanfangsunterricht kaum durchzuführen, sie bleiben größtenteils unverständlich.***

Doch gerade hier, beim ersten Kontakt mit Modellvorstellungen, ist es notwendig, keine falschen Vorstellungen zu erzeugen, die später nur sehr schwer korrigierbar sind. Auf eine Möglichkeit zur Abhilfe dieses Dilemmas mittels des Computers führten die Kap. 2.3 und 2.4 hin.

In Kap. 2.3 wurde der Modellbegriff näher untersucht. Eine Analyse der umgangssprachlichen Bedeutung erbrachte, daß ein solcher, mit einem Alltagsverständnis belegter Modellbegriff vorherrscht. Um sich einem wissenschaftlichen Begriff zu nähern, wurden die Merkmale von Modellen im Sinne der „Allgemeinen Modelltheorie“ von STACHOWIAK sowie die Bedeutung in den Naturwissenschaften anhand der Definitionsversuche von HERTZ und KELLER beschrieben. Dies leitete zu einer fachdidaktischen Konkretisierung des Modellbegriffs wie ihn KIRCHER vorgenommen hat. Die analytische Trennung von Erkenntnisprozeß (M-O-Relation) und Lernprozeß (M-S-Relation), wie sie KIRCHER durchführt, wird jedoch als unzureichend für eine umfassende Beschreibung angesehen, denn im Lernprozeß nimmt das Original sowie die M-O-Relation eine ebenso große Rolle ein wie das Modell. Davon zeugt die Notwendigkeit einer methodologischen Betrachtung, also einer Betrachtung der M-O-Relation, für die Schaffung eines Modellbewußtseins (s.o.). Zudem wird bei KIRCHER der Modellbegriff undifferenziert betrachtet, eine für den Unterricht wesentliche Unterscheidung von Denkmodellen und Anschauungsmodellen, wie sie STEINBUCH vornimmt, unterbleibt. So wurde ein erweitertes M-O-S-Schema entwickelt (vgl. Abbildung 7). Hierbei trat hervor, daß es notwendig ist, kategorisch zwischen *theoretischen Modellvorstellungen* und *Anschauungsmodellen bzw. Modellkonkretisierungen* zu unterscheiden, da sie zwei unterschiedlichen Bereichen, Modellbereich und Realitätsbereich genannt, angehören.

Das entwickelte M-O-S-Schema verdeutlicht in erster Linie die Stellung des Anschauungsmodells: So ist kein direkter Zugang von der im Realitätsbereich angesiedelten Modellkonkretisierung zum Erkenntnisobjekt möglich. Dies kann nur über eine Modellvorstellung geschehen, die dem abstrakt-theoretischen Modellbereich als Denkbereich zuzuordnen ist. Sieht man dieses Schema unter den vorangegangenen erkenntnistheoretischen Überlegungen, so läßt sich die Analogie ziehen, daß der Realitätsbereich der subjektiven Erkenntnisperspektive und der Modellbereich der objektiven, wissenschaftlichen Perspektive entspricht. Daraus folgt:

> ***Nur eine Reflexion der Nutzung von theoretischen Modellvorstellungen und den entsprechenden Modellkonkretisierungen ermöglicht die Einnahme der für ein methodologisches Verständnis notwendigen Metaperspektive.***

Damit sind Anschauungsmodelle weit mehr als bloße Hilfskonstrukte für den inhaltlich orientierten Lernprozeß. Sie sind auch für die methodologische Reflexion unabdingbar.

Daß die Verwendung von Anschauungsmodellen an sich notwendig ist, geht aus ihrer Stellung im Realitätsbereich hervor, wenn man die Überlegungen zum Konzept des Mesokosmos einbezieht:

> ***Ein erster Zugang zu theoretischen Modellvorstellungen ist nur über Anschauungsmodelle möglich, da sie mesokosmische Modellkonkretisierungen sind. Der Mesokosmos stellt aber zwangsläufig den erstmöglichen Erkenntnisbereich dar, dem sich unter einer subjektiven Erkenntnisperspektive genähert werden kann.***

Weiterhin wird durch die kategorische Trennung von Modellvorstellung und Modellkonkretisierung deutlich, daß bei einer undifferenzierten Betrachtung vielfach Elemente von Modellen der Modellvorstellung zugeordnet werden, eigentlich aber Realisierungen und somit Anschauungsmodelle des Realitätsbereiches darstellen. (Vgl. das Beispiel der Kugelgestalt von Teilchen in Kap. 2.3.3.) Durch Alternativen zu diesen tradierten Veranschaulichungen bieten sich nun Ansatzmöglichkeiten, das geforderte „Nebeneinander“ von Modellen zur Flexibilisierung des Modelldenkens zu spezifizieren:

Die Bildung eines Modellreservoirs, also eines gedanklichen Vorrats verschiedener Modelle, der für eine Flexibilisierung des Modelldenkens notwendig ist, kann durch unterschiedliche Anschauungsmodelle gefördert werden.

Entscheidend hierbei ist, daß einem solchen Reservoir von Modellkonkretisierungen jeweils nur *eine* theoretische Modellvorstellung zugrunde liegt. Damit kann eine sequentielle genetische Entwicklung von Modellvorstellungen, wie sie in Kap. 2.1 gefordert wurde, beibehalten werden, lediglich die enge Verknüpfung an entsprechende Anschauungsmodelle wird aufgelöst. Weiterhin werden die durch ein genetisches Vorgehen bedingten „Sprünge“ beim Wechsel von Modellvorstellungen dahingehend weniger absolut, als daß der Charakter von Modellvorstellungen als theoretischem Konstrukt bereits deutlich wurde durch die Benutzung verschiedener Anschauungsmodelle und der damit verbundenen verringerten Gefahr der Identifikation von Modellkonkretisierung und Realität:

Der Wechsel von Anschauungen erleichtert den Wechsel von Vorstellungen.

Und nicht zuletzt kann durch die Erzeugung eines Reservoirs von Modellkonkretisierungen bereits im Anfangsunterricht bei der Behandlung eines ersten theoretischen Modells die Grundlage für ein später zu erwerbendes Reservoir von Modellvorstellungen geschaffen werden. Ein solches „Nebeneinander“ von Modellvorstellungen als Voraussetzung für flexibles Modelldenken von Anfang an ist mit herkömmlichen Anschauungsmodellen nicht zu erreichen, da mit einer Modellvorstellung begonnen werden muß, die nicht in Relation zu anderen gesetzt werden kann. Über die hier vorgeschlagene Schaffung eines Reservoirs von Modellkonkretisierungen kann aber bereits im Anfangsunterricht auf ein Verständnis der methodologischen Rolle von Modellen hingearbeitet werden.

Die damit geforderte Vielzahl von Anschauungsmodellen zur Verdeutlichung einer Modellvorstellung bedingt die Problematik der praktischen Umsetzbarkeit. Welches Potential das Medium Computer hierzu besitzt wurde in Kap. 2.4 aufgezeigt.

Dort wurden nach einer Begriffsklärung der Computervisualisierung zwei Bedeutungsfelder festgestellt: Erstens die Möglichkeit, visuelle Lerntypen besser zu unterstützen, als dies durch herkömmlichen verbal-orientierten Unterricht geschieht, zweitens die Möglichkeiten, die sich durch Visualisierungen bei der Datenanalyse und dem Molecular Modeling bieten. Hierbei wurde deutlich, daß Visualisierungen im Sinne der in Kap. 2.2.2.3.2 getroffenen Konkretisierung Veranschaulichungen, also durch Überführung in den Mesokosmos gewonnene Strukturen bzw. Objekte sind:

Computervisualisierungen sind Anschauungsmodelle.

Weiterhin wurden die Konzepte der Animation und der virtuellen Realität beschrieben, die der Visualisierung eine dynamische Komponente verleihen. Hier zeigt sich das nur dem Computer eigene Potential der Interaktivität. Die Möglichkeit, sich als Benutzer virtuell in einer naturalistisch gestalteten Bilderwelt zu bewegen, fördert unvergleichbar mit anderen Medien den Eindruck, sich in einer mesokosmischen Umgebung präsent zu fühlen. Dieses Gefühl der Telepräsenz bedingt aber gleichzeitig das Bewußtsein, sich im Gegensatz zu einer natürlichen, physischen Präsenz in einer künstlichen, simulierten Welt zu befinden. Hierauf beruht die in Kap. 1 formulierte These, daß bei der Benutzung von Computermodellen eine geringere Gefahr der Verwechslung von Modell und Realität als bei herkömmlichen Sachmodellen besteht, da diese eine direkte Präsenz implizieren und somit einen naiv-realistischen Fehlschluß der bloßen Vergrößerung oder Idealisierung von Submikroskopischem nahelegen.

Durch das Gefühl der Telepräsenz wird mit Computervisualisierungen im Gegensatz zu herkömmlichen sächlichen Anschauungsmodellen das Bewußtsein einer generierten, erzeugten Wirklichkeit entwickelt.

Unter Einbeziehung des entwickelten M-O-S-Schemas (Abbildung 7) läßt sich der Einsatz von Visualisierungen als Anschauungsmodelle so deuten, daß die Beziehungen zur theoretischen Modellvorstellung durch die Telepräsenz deutlicher werden, da eine den Visualisierungen zugrundeliegende Theorie zur Erzeugung der virtuellen Welten notwendig ist.

Der Realitätsbereich und der Modellbereich rücken durch Visualisierungen näher zusammen.

Damit wird einer methodologischen Reflexion Vorschub geleistet. Eine direkte Verbindung von Anschauungsmodell und Erkenntnisobjekt, die zwar nicht existiert, aber durch sächliche Modellkonkretisierungen suggeriert wird, wird von Computervisualisierungen nicht nahegelegt. Vielmehr vermitteln sie das Bewußtsein, daß sie auf einer Theorie aufbauen, die die Grundlage der Algorithmen zur Berechnung der virtuellen Welten bietet. Dieses Bewußtsein bedeutet aber nichts geringeres als Modellbewußtsein, also methodologische Reflexion des Zusammenhangs von Modellvorstellung, Anschauungsmodell und Erkenntnisobjekt, die konkret auf diesem Wege erreicht werden kann..

Andererseits wird durch die hochgradig naturalistische Darstellung von Visualisierungen die geforderte Anschaulichkeit in mesokosmischen Dimensionen jederzeit gewahrt und damit werden die zu vermittelnden Inhalte weniger abstrakt dargestellt. Auf diesen Überlegungen beruht die in Kap. 1 formulierte These:

> ***Bei Computervisualisierungen tritt der einmalige, ansonsten sich ausschließende Effekt auf, daß der Modellcharakter verstärkt wird und der Abstraktionsgrad abnimmt.***

Somit wird durch den Computer die Möglichkeit eröffnet, durch virtuelle naturalistische Darstellung und dem damit verbundenen Interaktivitätspotential eine kaum vergleichbare Anschaulichkeit durch die Kraft der Visualisierung zu erzielen, damit gleichzeitig aber einer Gleichsetzung von Modell und Realität entgegenzuwirken, womit die Grundlage für ein methodologisches Verständnis der Funktion von Modellen gelegt wird. Daher sind Computervisualisierung geeignet, bereits im Anfangsunterricht eine Hinführung zu metaperspektivischen Betrachtungen unterstützen zu können. Alle diese hier vorgenommenen Überlegungen zu erkenntnis- und modelltheoretischen Aspekten sowie zur Computervisualisierung münden in die These:

> ***Durch die Anschauungskraft von Visualisierungen und das hohe interaktive Potential der Computer kann bereits bei der unterrichtlichen Behandlung erster Modellvorstellungen ein Modellbewußtsein geschaffen und die methodologische Funktion von Modellen in den Lernprozeß einbezogen werden, was ansonsten nur über abstrakte und damit für Schüler in der Regel unverständliche Überlegungen möglich ist.***

In Kap. 2.4 wurde weiterhin mit dem Softwarestandard VRML ein Werkzeug vorgestellt, das durch seine Vorteile der einfachen Bedienbarkeit, der guten Verfügbarkeit und Modifizierbarkeit ein geeignetes Instrument zum unterrichtlichen Einsatz von Visualisierungen, insbesondere chemischer Modelle, darstellt. Daß der unterrichtliche Einsatz von Visualisierungen zu wünschen übrig läßt, wurde in einer abschließenden Betrachtung deutlich.

Bei der Beschreibung von Animationen und VRML zeigt sich, daß die Anschaulichkeit virtueller Umgebungen wesentlich durch die interaktive Einflußnahme auf die räumliche Darstellung bedingt ist. Die Möglichkeit, einen dreidimensionalen Eindruck zu erzeugen, ist ein bestimmendes Element virtueller Welten und nicht zuletzt für die Chemie besonders bedeutsam, da hier bei der Darstellung von Anschauungsmodellen primär räumliche Modelle visualisiert werden. Neben den oben genannten Nutzungsmöglichkeiten der Visualisierung zur Verbesserung des Modelldenkens tritt somit die grundlegende Einsetzbarkeit des Mediums zur Darstellung von dreidimensionalen Welten.

> ***Es werden zwei Aspekte der Computernutzung unterschieden: In der* raum-zeitlichen Dimension *werden Visualisierungen zur Exploration von dreidimensionalen virtuellen Welten genutzt, während die* Modelldimension *die Nutzung vielfältiger interaktiver Möglichkeiten des Computers zur Verbesserung des Modelldenkens beschreibt.***

Die Fähigkeit des Benutzers, sich in virtuellen Umgebungen räumlich zu orientieren, stellt somit eine Grundvoraussetzung dar, um in die Modelldimension vorstoßen zu können. Folglich wird sich das anschließende Kap. 3 mit dieser Grundlage befassen, um zu klären, ob die dreidimensionale Computerpräsentation überhaupt Vorteile für ein räumliches Verständnis bietet. Im Anschluß daran wird in Kap. 4 die Modelldimension in das Zentrum des Interesses rücken. Hierbei werden Ansätze aufgezeigt, die die aus den Grundlegungen dieses Kapitels gewonnenen Erkenntnisse aufgreifen und anhand ausgewählter Themenbereiche konkretisieren und damit die hier aufgestellten Thesen untermauern.

Es ist ein abgedroschener Witz, daß der Schulbus das einzige erfolgreiche Element von Bildungstechnologie ist.

ANONYMUS

3 DIE RAUM-ZEIT-DIMENSION: EMPIRISCHE UNTERSUCHUNG ZUR COMPUTERGESTÜTZTEN RAUMVORSTELLUNG

In diesem Kapitel wird die beschriebene raum-zeitliche Dimension der Computernutzung zur Darstellung von Anschauungsmodellen untersucht. Der Nachweis, daß die Präsentation von computervisualisierten Modellen einen positiven Einfluß auf das Raumvorstellungsvermögen besitzt, soll durch eine empirische Untersuchung erbracht werden. Zuvor ist jedoch zu klären, was unter dem Konzept „Raumvorstellung" zu verstehen ist.

3.1 Vorbetrachtungen: Das Denken im Raum

Das Denken in räumlichen Kategorien ist eine Grundfähigkeit des Menschen. In diesem Abschnitt soll dargelegt werden, wie sich durch die Untersuchungen zur Intelligenzmessung ein differenziertes Bild der Fähigkeiten zur Raumvorstellung gezeigt hat und wie sich Raumvorstellung im Laufe der ontogenetischen Entwicklung des Menschen herausbildet. Betrachtungen zur Relevanz der Fähigkeit zum räumlichen Denken im Rahmen des Chemieunterrichts und der Untersuchungen zum Zusammenhang von Computervisualisierungen und Raumvorstellung leiten abschließend zum empirischen Teil über.

3.1.1 Das Konzept Raumvorstellung

3.1.1.1 Raumvorstellung im Rahmen der Intelligenzmessung

Es ist nach wie vor unklar, wie Intelligenz zu definieren ist. ROST (1976, S. 20) stellt fest:

> „Auch nach über 70jähriger Forschungsarbeit ist der Streit um Wesen und Definition des Phänomens ‚Intelligenz' noch nicht beigelegt."

Ungeachtet dessen ist jedoch die Entwicklung von Tests zur Messung der Intelligenz in diesem Jahrhundert ein zentrales Gebiet der Psychometrie geworden, die sich mit der quantitativen Erfassung von psychischen Merkmalen befaßt. Aus diesem Dilemma der guten Meßbarkeit einerseits und der mangelnden Definition andererseits heraus wurde denn häufig eine operationalisierte Definition gegeben:

> „Intelligenz ist das, was Intelligenztests messen." (ZIMBARDO 1992, S. 446)

Über die Struktur der Intelligenz wurden bereits 1904 von SPEARMAN Aussagen getroffen. Er entwickelte eine Zwei-Faktoren-Theorie, die einen Generalfaktor (g-Faktor) und viele spezifische, von der jeweiligen Aufgabenstellung abhängige Faktoren (s-Faktoren) unterscheidet (ROST 1976, S. 25 ff.).

THURSTONE fand in den Vierziger Jahren durch faktorenanalytische Methoden sieben weitgehend voneinander unabhängige Primärfaktoren der Intelligenz: V (verbal comprehension), W (word fluency), N (number), P (perceptual speed), S (space), M (memory), R (reasoning) (ebd., S. 29). Hierbei wurde der Faktor S, der das Raumvorstellungsvermögen als Fähigkeit beschreibt, „mit zwei- und dreidimensionalen Objekten auf der Vorstellungsebene zu operieren" (ebd., S. 32), als einer der ersten Faktoren eindeutig identifiziert und auch in Folgeuntersuchungen immer wieder festgestellt. Es ist zur Verdeutlichung anzumerken, daß Raumvorstellung nicht das bloße Wahrnehmen räumlicher Gegebenheiten, sondern das darüber „hinausgehende Vorstellen und Bewegen, also das gedankliche Handeln und Hantieren mit räumlichen Objekten, Begriffen und Relationen" (ebd., S. 33) beschreibt. PIAGET und INHELDER (1975) bezeichnen es treffend als „räumliches Denken"; in dieser Arbeit wird jedoch an den üblichen Bezeichnungen „Raumvorstellung" oder „Raumanschauung" festgehalten.

Das umfassendste psychometrische Strukturmodell der Intelligenz hat GUILFORD aufgestellt. Hierbei werden die Faktoren der Intelligenz nach vier Inhalten (figural, symbolisch, semantisch, verhaltensbezogen), fünf Operationen (Kognition, Gedächtnis, divergente und konvergente Produktion, Bewertung) und sechs Produkten (Einheiten, Klassen, Relationen, Systeme, Transformationen, Implikationen) unterteilt (ZIMBARDO 1992, S. 446 f.). Es ergibt sich ein 4·5·6 Felder großer Quader, der 120 intellektuelle Fähigkeiten beschreibt, die durch Kombination von Inhalt, Produkt und Operation bestimmt sind. Von diesen Fähigkeiten sind bislang ungefähr 100 belegt worden (ebd.). Das Raumvorstellungsvermögen ist in diesem Modell in der Ebene der figuralen Inhalte zu suchen.

Neben den psychometrischen Ansätzen sind in neuerer Zeit, nach der „kognitiven Wende" in der Psychologie, Intelligenzkonzepte entwickelt worden, die sich nicht nur auf ein meßbares Ergebnis, sondern auch auf die individuellen mentalen Problemlöseprozesse beziehen. So entwickelt beispielsweise GARDNER ein System von sieben „Intelligenzen" (linguistische, logisch-mathematische, musikalische, körperlich-kinästhetische, inter- und intrapersonale Fähigkeit sowie räumliches Wahrnehmungsvermögen), die kulturell determinierte Arten der Weltbetrachtung repräsentieren (ebd., S. 448). Die kognitiven Ansätze weiten zwar den engen, an der Operationalisierbarkeit orientierten Intelligenzbegriff auf, erschweren jedoch dadurch auch die Messung der Intelligenz.

Festzuhalten bleibt, daß das Konzept der Raumvorstellung in allen Ansätzen zur Struktur der Intelligenz vertreten ist und eine abgesicherte Komponente der Intelligenz darstellt. Die Faktoren, die wiederum dem Primärfaktor Raumvorstellung unterzuordnen sind, werden im folgenden Abschnitt erörtert.

3.1.1.2 Systematisierungsansätze

Im Anschluß an die Untersuchungen von SPEARMAN wurde der g-Faktor der Intelligenz differenziert. In der sogenannten „Englischen Schule" (ROST 1976, S. 115) wurde die Ein-Faktor-Theorie der Raumvorstellung als hierarchisch aus dem g-Faktor ableitbar entwickelt. Zwei Hauptgruppenfaktoren, „verbal-numerical-educational" (v:ed) und „practical-mechanical-spatial-physical" (k:m), wurden identifiziert, wobei unter die letztgenannte Gruppe der von EL KOUSSY beschriebene *k*-Faktor fällt, der die räumliche Vorstellungsfähigkeit beschreibt (ebd., S. 114 f.). TAYLOR spaltete diesen Faktor weiter auf in S_1 (Wahrnehmen und Behalten von Formen) und S_2 (mentale Manipulation von Formen), wobei sich S_1 wiederum aufteilen läßt in P_1 (Wahrnehmung von Proportionen) und P_2 (Wahrnehmung von Details) (ebd., S. 119).

Im Gegensatz hierzu wurde im amerikanischen Raum die Zwei-Faktoren-Hypothese der Raumvorstellung aufbauend auf den Arbeiten von THURSTONE und GUILFORD entwickelt (ebd., S. 120 ff.). So unterscheidet BURT zwischen statischen und dynamischen räumlichen Beziehungen, ANASTASI zwischen der „Wahrnehmung statischer räumlicher oder geometrischer Beziehungen" und der „Veranschaulichung veränderter Positionen oder Transformationen" und GUILFORD spricht von den Faktoren „räumlicher Orientierungsfähigkeit (spatial orientation)" und „visueller Anschauungskraft (visualization)" (ebd.).

Die Faktoren „visualization" und „orientation" findet auch MCGEE in einer Metaanalyse zahlreicher Tests (QUAISER-POHL 1998, S. 12). Unter Visualisierung sind hierbei die Fähigkeiten zu fassen, sich „vorzustellen, wie Objekte aussehen, wenn sie gedreht werden, oder wie ein auseinandergeklappter Gegenstand aussähe, wäre er zusammengefaltet, bzw. wie ein zusammengefalteter Gegenstand aussähe, wenn man ihn auseinanderfalten würde" (ebd.). Tests zu diesen Fähigkeiten stellen beispielsweise „Abwicklungen" oder „Würfelaufgaben" dar (vgl. Kap. 3.4.1). Der Faktor „orientation" beschreibt das Vermögen, „Beziehungen zwischen verschiedenen Stimuli zu entdecken und bestimmte Reizmuster wahrzunehmen" (ebd.).

LOHMAN unterscheidet neben dem Faktor „orientation" zwei weitere: „spatial relations", also räumliche Beziehungen, wie sie beispielsweise bei der Drehung

BURT	static spatial relations	dynamic spatial relations	
ANASTASI	fixed spatial relations	manipulatory visualization	
GUILFORD	spatial orientation	visualization	
MCGEE	orientation	visualization	
LOHMAN	orientation	spatial relations	spatial visualization
LINN / PETERSEN	spatial perception	mental rotation	spatial visualization

Tabelle 1: Konzepte zur faktoriellen Struktur der Raumvorstellung

eines Gegenstandes verlangt werden, und „spatial visualization", worunter Aufgaben fallen, die eine Veränderung des Objektes erfordern (ebd., S. 13).

Zu einem ähnlichen Ergebnis kommen LINN und PETERSEN in einer Metaanalyse. Sie unterscheiden die drei Faktoren „spatial perception", „mental rotation" und „spatial visualization", die den Faktoren von LOHMAN im wesentlichen entsprechen (ebd., S. 14).

Zur besseren Übersicht sind die beschriebenen Konzepte in Tabelle 1 zusammengefaßt aufgeführt.

Hierbei wird deutlich, daß trotz geringer inhaltlicher Abweichungen zwei wesentliche Faktoren der Raumvorstellung unterschieden werden können. So findet sich einerseits die

- Fähigkeit, eine statische räumliche Vorstellung von einem Objekt oder räumliche Beziehungen zwischen Objekten aufbauen zu können, andererseits die
- Fähigkeit, Objekte durch visuelle Anschauungskraft mental zu bewegen oder zu verändern.

Eine solche Einteilung der Faktoren der Raumvorstellung wird für die weitergehenden Betrachtungen als ausreichend angesehen.

3.1.1.3 Entwicklung der Raumvorstellung

Die umfassendste Theorie der Entwicklung des räumlichen Vorstellungsvermögens entstammt der „Genfer Schule" von JEAN PIAGET. In dem Werk „Die Entwicklung des räumlichen Denkens beim Kinde" (PIAGET & INHELDER u.a. 1975) wird ausführlich die Entwicklung von der frühesten Kindheit bis zur Adoleszenz beschrieben und analysiert. Hier sollen nur kurz die wesentlichsten Aspekte der Entwicklungstheorie genannt werden, da sie sich im wesentlichen auf den Zeitraum der kindlichen Entwicklung bezieht, der vor dem Beginn des Chemieunterrichts liegt.

PIAGET und INHELDER (1975, S. 15) trennen drei Vorstellungsräume:

> „Der kindliche Raum [...] beginnt mit elementaren topologischen Anschauungen und wird erst viel später zugleich projektiv und euklidisch.“

Der topologische Raum des Kleinkindes (bis ca. 7 Jahre) zeichnet sich durch nicht metrische Beziehungen aus, die das Kind nutzt: Nachbarschaft, Trennung, Umhüllung, Reihenfolge, Kontinuum, Umgebung etc. (ebd., S. 15 u. S. 19). Gegenstände werden in dieser Phase isoliert betrachtet.

Ab dem Schulalter beginnt das Denken im projektiven Raum. Hier erkennt das Kind seinen subjektiven Blickwinkel, begreift die Perspektive und das „Feststellen der Lage der Gegenstände und ihrer Konfiguration zueinander, und zwar nach Gesamtsystemen“ (ebd., S. 187).

Zeitgleich entwickelt sich der euklidische Raum. Der subjektive Blickwinkel des projektiven Raums wird durch ein unabhängiges Koordinatensystem ersetzt, das dem logischen und mathematischen Denken entspringt. Während die Entwicklung des projektiven Raums im Alter von ca. 10 Jahren abgeschlossen ist, wird das Denken im euklidischen Raum bis zum Alter von ca. 12 Jahren ausgebildet (ROST 1976, S. 110 ff.). Diese von PIAGET festgestellten Altersgrenzen sind jedoch sicherlich ebenso zu relativieren wie die Altersangaben zu den Stufen der kognitiven Entwicklung (vgl. Kap. 3.3).

Somit fallen die Entwicklung des projektiven und des euklidischen Raumbegriffs im wesentlichen in das Stadium der konkreten Operationen (vgl. Kap. 2.2.3). Dennoch kann nicht davon ausgegangen werden, daß zu Beginn des Chemieunterrichts mit ca. 12 Jahren beim Schüler ein ausreichendes Maß an Raumvorstellungsvermögen entwickelt ist, um auch komplexe räumliche Sachverhalte verstehen zu können. Hierzu sind ebenso formale Denkoperationen nötig, insbesondere für das Zusammenspiel von Sprache und Raumvorstellung. Schüler befinden sich „während der Zeit der Einführung in die Chemie im lernpsychologischen Stadium der konkreten Denkoperationen nach PIAGET: Sie verfügen nicht über das abstrakte Denkvermögen, verbal vorgetragene Modellvorstellungen umzusetzen oder gar in ihrer Vorstellung räumliche Modelle aufzubauen“ (BARKE 1992). Diese Überlegungen leiten zum nächsten Abschnitt über.

3.1.2 Die Bedeutung der Raumvorstellung für den Chemieunterricht

Chemie als die Lehre von den Stoffen und Stoffumwandlungen befaßt sich intensiv mit der Struktur der Materie. Die Bedeutung der Struktur als dreidimensionale Anordnung von submikroskopischen Bausteinen im Raum ist wesentlich für das Verständnis von Chemie. Diese zentrale Bedeutung wird auch immer wieder von Chemiedidaktikern hervorgehoben und es wurden an Strukturen orientierte Lehrgänge entwickelt, so von SCHMIDT (1987) und BARKE (1978).

Letzterer befaßte sich auch ausführlich mit den lernpsychologischen Grundlagen der Raumvorstellung und entwickelte einen Test zur Raumanschauung (RAT)[33], mit dessen Hilfe die Grundfrage „Auf welcher Klassenstufe ist bei Jugendlichen ein für den Chemieunterricht ausreichendes Raumanschauungsvermögen vorhanden?“ (ebd., S. 10) beantwortet werden sollte. Er kommt zu dem Ergebnis, daß in der Jahrgangsstufe 7 die Fähigkeit zur Raumvorstellung nicht genügend ausgeprägt ist, so daß insbesondere nicht davon ausgegangen werden kann, „daß 2-dimensionale Zeichnungen räumlicher Gebilde in den Lehrbüchern 3-dimensional erkannt und gedeutet werden können“ (ebd., S. 72). In den höheren Jahrgängen kann allerdings vorausgesetzt werden, daß diese Fähigkeit vorhanden ist, wenn auch bei Jungen ausgeprägter als bei Mädchen (ebd.).[34] Diese Befunde manifestieren sich in der Feststellung, daß bei Schülern der 7. Klasse das Raumvorstellungsvermögen nicht mit dem Intelligenzquotienten korreliert. BARKE führt dies auf den Umbruch vom konrekt- zum formal-operationalen Denken zurück, den die Schüler dieser Altersgruppe vollziehen (ebd., S. 77). Er untersucht weiterhin die Auswirkungen eines an Strukturen orientierten Unterrichts auf ein verbessertes Verständnis der chemischen Reaktion und kann belegen, „daß ein übertragbares Verständnis von der chemischen Reaktion auf dem traditionellen Weg, also ohne die Kenntnis von der Struktur der Stoffe, nicht erworben werden kann“ (ebd., S. 168).

Die Transferleistungen von Schülern zwischen chemischen Formeln, Elektronenkonfigurationen und Kugel-Stab-Modellen wurden auch von KEIG und RUBBA (1993) untersucht. Hierbei wurden Zusammenhänge zum logischen Denken, Raumvorstellungsvermögen und Vorwissen gesucht. Es zeigte sich, daß das Raumvorstellungsvermögen im Gegensatz zum Vorwissen und logischen Denken nicht signifikant mit den Transferleistungen korrelierte. Die Autoren sehen dieses ungewöhnliche Ergebnis darin begründet, daß entweder die Testbedingungen ungenügend waren oder vermuten:

> „[...] it may be the case that spatial reasoning effects that have been noted in the literature are the result of gender-related differences in science background or in the reasoning ability of the students enrolled in the courses.“ (KEIG & RUBBA 1993)

Der hier vermutete Zusammenhang von Raumvorstellung und logischem Denken zur Lösung chemischer Problemstellungen läßt sich durch eine Studie von BODNER und MCMILLEN (1986) untermauern. Sie untersuchten knapp 600 Studierende auf die Korrelation von räumlichem Vorstellungsvermögen mit den

33 Eine genauere Beschreibung des Tests erfolgt in Kap. 3.4.1.

34 Zu geschlechtsspezifischen Differenzen im Raumvorstellungsvermögen vgl. Kap. 3.9.

Leistungen in Stöchiometrie und Kristallchemie. Hierbei zeigte sich:

> „As expected, there is a statistically significant correlation between the students´ performance on the spatial tests in this study and their performance on highly spatial concepts in chemistry [...]. What was less expected is the finding that the correlations between the total spatial score and the students´ performance on multiple-choice stoichiometry questions [...] were comparable [...] to the correlation between the total spatial score and the highly spatial crystal structure questions.“ (BODNER & MCMILLEN 1986)

Die Autoren begründen diesen Befund mit der Annahme einer frühen holistischen Stufe im Problemlöseprozeß, in der relevante Informationen der gestellten Aufgabe gefunden werden und anhand derer das Problem rekonstruiert wird. Hierbei kommt in der Chemie der Struktur der Materie und somit dem räumlichen Vorstellungsvermögen eine besondere Bedeutung bei fast allen Aufgaben und Problemstellungen zu, auch wenn auf den ersten Blick, wie in stöchiometrischen Aufgaben, diese Fähigkeit nicht notwendig erscheint (ebd.).

In Folgeuntersuchungen wurden diese Befunde erhärtet. PRIBYL und BODNER (1987) untersuchten vier Kurse zur Organischen Chemie, in der traditionell räumliche Konzepte wie Strukturformeln, Kugel-Stab- und Kalottenmodelle, NEWMAN- und FISHER-Projektionen etc. eine große Rolle spielen. Allgemein wurde eine positive Korrelation zwischen der im Kurs erbrachten Leistung und der vorhandenen Fähigkeit zur Raumvorstellung festgestellt. Die Auswirkungen des Raumanschauungsvermögens werden jedoch noch weiter differenziert:

> „A significant spatial ability main effect was found in this study when: (1) exam questions required students to mentally manipulate two-dimensional representations of molecules, and/or (2) exams focused on higher order cognitive skills such as problem solving.“ (PRIBYL & BODNER 1987)

Im Gegensatz zu den positiven Auswirkungen des Raumvorstellungsvermögens auf typisch räumliche Aufgaben und auf Problemlöseprozesse wurden keine Effekte beim Lösen von Aufgaben festgestellt, die lediglich Wissen abfragen oder die Anwendung einfacher Lösungsalgorithmen erfordern.

In einer weiteren Studie wurden nahezu 2500 Studenten aus Kursen zur Allgemeinen Chemie untersucht (CARTER, LARUSSA & BODNER 1987). Auch hier konnte die Hypothese der positiven Auswirkungen des Raumvorstellungsvermögens auf die Fähigkeit zum Problemlösen in chemischen Kontexten gefestigt werden:

> „[...] the consistency with which we have found correlations between tests of disembedding and restructuring in the spatial domain and performance in chemistry on tasks which require problem solving skills rather than rote memory or the application of simple algorithms might be considered to support this hypothesis.“ (ebd.)

Somit kann die Bedeutung der Raumanschauung für das Lernen von Chemie aufgeweitet werden: Nicht nur für das Verständnis chemischer Strukturen und Reaktionen sondern auch für Problemlöseprozesse in chemischen Kontexten ist ein hohes Raumvorstellungsvermögen förderlich.

3.1.3 Befunde zur computergestützten Raumvorstellung

Aus den vorangegangenen Überlegungen zu den Bereichen „Raumvorstellung" (s.o.) und „Computervisualisierung" (Kap. 2.4) ergibt sich die Frage nach dem tatsächlich möglichen Zugewinn an räumlicher Vorstellungsfähigkeit durch die Methoden der Computerdarstellung. Dies ist ein relativ schwach untersuchtes Gebiet in der Psychologie und erst recht in der Chemiedidaktik. Die Untersuchungen in beiden Bereichen werden im folgenden kurz geschildert.

Untersuchungen und Testinstrumentarien aus dem Bereich der Psychologie, wie sie beispielsweise von McGraw und Tsai (1993), Pellegrino u.a. (1987), Barfield, Sandford und Foley (1988), Gallimore und Brown (1993), Kojo, Liinasuo und Rovamo (1994) oder Friebe (1995) vorliegen, sind entweder speziell auf einen Aspekt der Raumvorstellung zugeschnitten oder orientieren sich ausschließlich am „Metzler-Shepard-Paradigma", das den Raumvorstellungsfaktor „mental rotation" (vgl. Tabelle 1 in Kap. 3.1.1.2) beschreibt, die Fähigkeit, eine zwei- oder dreidimensionale Figur schnell und genau zu drehen (Quaiser-Pohl 1998, S. 14). Hierbei wird in den Aufgaben von den Probanden verlangt, über zwei Körper, die um bestimmte Winkel gegeneinander gedreht sind, die Aussagen „identisch" („same") oder „nicht identisch" („different") zu treffen. Shepard und Metzler stellten fest, daß die benötigte Zeit zur Lösung der Aufgaben mit identischen Körpern in einem direkten Zusammenhang mit dem Drehwinkel steht:

> „It was found that the time required to make a correct judgement of ‚same' increased linearly with the angular difference between the objects, regardless of rotation plane." (Gallimore & Brown 1993)

Diese Versuchsanordnung ist auf dem Computer relativ leicht umzusetzen und bietet eine hohe Genauigkeit in der Zeitmessung (dies sind wohl die Gründe für die zahlreichen Untersuchungen hiermit). Allerdings können die Aufgaben durch Trial-and-error oder durch bloßes Vergleichen einzelner Merkmale der Körper gelöst werden. Eine solche analytische Vorgehensweise steht im Gegensatz zur holistischen oder konstruktivistischen Strategie, bei der sich der Proband ein Bild des ganzen Objekts macht (Duesbury & O'Neil 1996). Diese Strategie sollte jedoch gerade im Hinblick auf das Arbeiten mit chemischen Modellen untersucht werden, da hier in erster Linie das Erfassen eines Modells als Ganzes notwendig ist und weniger ein Vergleich zweier Modelle oder das Überführen eines Modells in ein anderes. Für die Überprüfung der Auswirkungen der Computerpräsentation auf das Raumvorstellungsvermögen stellt sich also im Hinblick auf die Unterstützung von chemischen Strukturen die Anforderung, alle zwei bzw. drei der in Kap. 3.1.1.2 vorgestellten Faktoren der Raumvorstellung einzubeziehen. Eine Trennung und ausschließliche Überprüfung eines Faktors, wie sie in den psychologischen Untersuchungen vorherrscht, reicht hierzu nicht aus.

Die mögliche Unterstützung bei der Vermittlung von strukturbezogenen Inhalten der Chemie durch den Computer ist kaum untersucht. Einen Hinweis auf mögliche Effekte bietet eine Untersuchung von SHUBBAR (1990). Mehreren Experimentalgruppen wurden Videoaufnahmen von rotierenden Strukturmodellen gezeigt, wobei die Animationen unterschiedlich schnell abliefen. Diese Gruppen zeigten gegenüber einer Kontrollgruppe, der die Animationen nicht präsentiert wurden, eine signifikant höhere Leistung in einem Paper-pencil-Posttest über ähnliche Strukturmodelle. Eine Leistungsdifferenz bezüglich der Umdrehungsgeschwindigkeit der Modelle konnte nicht nachgewiesen werden. Bewegung, wie sie auch mittels Computer ermöglicht werden kann, scheint also einen wesentlichen Vorteil bei der Erfassung von dreidimensionalen Objekten zu bieten.

HYDE u.a. (1995) entwickelten eine Software, die eine Verbindung aus tutoriellem Lernprogramm und interaktivem Molekülbetrachter darstellt. Das Programm dient zur Übung der Bestimmung von R- und S-Enantiomeren in vier Schritten: Identifizierung des Chiralitätszentrums, Zuweisung von Prioritäten der mit dem asymmetrischen C-Atom verbundenen Gruppen, Drehen des Moleküls, so daß die Gruppe mit der niedrigsten Priorität (Gruppe 4) nach hinten zeigt und schließlich Bestimmung des Umlaufsinns von Gruppe 1 bis Gruppe 3 (HYDE, SHAW & JACKSON 1996). Studenten der Pharmazie, die mit der Software arbeiteten, fanden die Möglichkeit zur Rotation der dargestellten Moleküle hilfreich und benutzten sie hauptsächlich im dritten Schritt, in dem die Gruppe 4 aus der Betrachterposition heraus nach hinten gestellt werden mußte (ebd.). Aufgrund der engen inhaltlichen Vorgaben mit Beschränkung auf die Spiegelbildisomerie sowie des Untersuchungsdesigns ohne Kontrollgruppe lassen sich allerdings aus dieser Untersuchung keine Rückschlüsse auf einen allgemeinen Vorteil der computergestützten Moleküldarstellung zur Verbesserung der Leistungen im Raumvorstellungsvermögen ziehen.

Somit ergibt sich aus dem Mangel an vorliegenden Untersuchungen, Testmaterialien und Software die Notwendigkeit, einen Test zu konstruieren, um empirisch die Vorteile der Computervisualisierung belegen zu können. Diese Konstruktion sowie die Durchführung und Ergebnisanalyse werden im folgenden beschrieben. Zuerst jedoch ist zu explizieren, welche Hypothese der Untersuchung zugrundegelegt werden soll.

3.2 Untersuchungshypothese

Es soll untersucht werden, inwieweit sich die computerbasierten Darstellungsmöglichkeiten von dreidimensionalen Objekten auf die Fähigkeit zum räumlichen Denken auswirken. Wie bereits aufgezeigt, bietet sich durch den Computer die Möglichkeit, pseudorealistische virtuelle Darstellungen zu erzeugen. Die Räumlichkeit der dargestellten Objekte wird durch die nur dem Computer eigenen Möglichkeit zu deren Bewegung nochmals hervorgehoben und somit deutlicher (vgl. Kap. 2.4.4). Es läßt sich also vermuten, daß das Raumvorstellungsvermögen mit diesem Medium besser unterstützt wird als durch bloße zweidimensionale, wenn auch perspektivische Abbildungen. Es könnte ein konsistenteres „inneres Bild" oder „mental image" (DUESBURY & O´NEIL 1996) von den zu behandelnden Objekten erzeugt werden. Die Testhypothese lautet aufgrund dieser Vorüberlegungen:

> ***Das Raumvorstellungsvermögen wird durch computerunterstützte virtuelle Darstellung von dreidimensionalen Objekten im Vergleich zu zweidimensional präsentierten Objekten positiv beeinflußt.***

Diese Hypothese drückt also das Anliegen aus, mittels eines Tests nachzuweisen, daß die Fähigkeit zum räumlichen Denken durch virtuell auf dem Computer dargestellte Objekte besser unterstützt wird als durch herkömmliche Abbildungen im Zweidimensionalen. Bei Bestätigung dieser Hypothese ist davon auszugehen, daß der Computer zur Verbesserung des individuellen virtuellen Umgangs mit Modellen genutzt werden kann und sollte, da mit ihm der räumliche Charakter von Modellen besser veranschaulicht wird.

Zudem kann ein Test, der den Einfluß der computerpräsentierten Darstellungsweise untersucht, weitere differenzierte Hinweise auf Vor- oder Nachteile des Mediums geben. Hier ist insbesondere die Problematik des häufig nachgewiesenen besseren Raumvorstellungsvermögens von Jungen gegenüber Mädchen angesprochen. Wünschenswert wären weiterhin Aussagen über die Auswirkungen der Computerdarstellung bei einfachen oder komplexen Objekten, da im Chemieunterricht besonders die Visualisierung großer Moleküle oder Teilchenverbände hohe Anforderungen an das Raumvorstellungsvermögen stellt.

Inwieweit das Raumvorstellungsvermögen durch die vermehrte Beschäftigung mit virtuellen Modellen gefördert wird, ist nicht Gegenstand der Untersuchung. Es kann allerdings vermutet werden, daß dieser Effekt eintritt, da entsprechende Untersuchungen zur Trainierbarkeit des Raumvorstellungsvermögens mit herkömmlichen Modellen im Chemieunterricht dies bereits gezeigt haben.[35] Wenn

[35] Vgl. hierzu besonders die Untersuchungen von BARKE (1983a). Es wird eine Klasse 8 mit einer Lerneinheit, die vermehrt räumliche Modellen einsetzt, unterrichtet. Diese Klasse erzielt nach der

die Computermethode keine Nachteile oder sogar Vorteile in bezug auf das Raumvorstellungsvermögen aufweist, liegt kein Grund vor, eine Trainierbarkeit desselben mittels Computer nicht anzunehmen.

Gegen die Testhypothese könnte einzuwenden sein, daß Raumvorstellungsvermögen das „im Geiste manipulieren", das räumliche Handeln in der Vorstellung und nicht das bloße Wahrnehmen von dreidimensionalen Gegenständen (vgl. Kap. 3.1.1.1) beschreibt, welches durch den Computer nicht ersetzt werden kann. Hier muß hervorgehoben werden: Dies ist nicht das Anliegen der Untersuchung, da sie ausschließlich die *Präsentationsart von Objekten zur Unterstützung der Raumvorstellung* und nicht die *Ersetzung der Denkoperationen* behandelt. So muß bei der Wahl der Testaufgaben (vgl. Kap. 3.4.1) darauf geachtet werden, daß durch die Beweglichkeit der Objekte bei einer virtuellen Darstellung keine Möglichkeit gegeben wird, die Aufgaben durch Ausprobieren und bloße Wahrnehmung zu lösen. Dies wäre einer Substitution des Denkens gleichzusetzen. Hier läßt sich durch Computervisualisierungen sicherlich eine breite Palette von Anwendungsmöglichkeiten finden. So stellt beispielsweise die Ausrichtung eines Moleküls zur Bestimmung seiner Chiralität wie in dem in Kap. 3.1.3 beschriebenen Programm von HYDE u.a. (1995) eine Ersetzung des räumlichen Denkens dar, da das Resultat direkt abgelesen werden kann. Jedoch können diese Rationalisierungseffekte nicht Sinn und Zweck des unterrichtlichen Einsatzes des Computers sein, vielmehr sollte die Ausbildung der mentalen Fähigkeit zur Raumvorstellung im Zentrum des Interesses stehen. Somit sind nur solche Aufgaben geeignet, die Hypothese zu überprüfen, die trotz der Optionen des Mediums Computer keine Möglichkeit zur Lösung durch direkte Wahrnehmung bieten. Die virtuelle Darstellung der Gegenstände soll also ausschließlich der verbesserten Erzeugung einer inneren Repräsentation, eines mentalen Bildes dienen, an welchem die Denkoperationen zur Lösung der Aufgabe durchgeführt werden. Dies bedeutet Unterstützung, nicht Ersetzung des Raumvorstellungsvermögens.

3.3 Grundsätzliche Überlegungen zur Testkonstruktion

Die Notwendigkeit, neue Testaufgaben zur Bestimmung des Raumanschauungsvermögens zu konstruieren, besteht nicht. In einer Vielzahl von Tests zu diesem Themenbereich (meist Intelligenztests) sind Aufgaben enthalten, die genutzt werden können, um die Testhypothese zu überprüfen. Hier bietet sich besonders der von BARKE (1978) entwickelte „Raumanschauungstest (RAT)" an, der im Gegensatz zu allgemein-psychologischen Tests das Augenmerk auf den Chemieunterricht im Kontext von Raumvorstellung und Arbeit mit Modellen richtet. Dieser Test wurde mit einer Normstichprobe von 255 Schülern durchgeführt.

Unterrichtseinheit deutlich höhere Werte in einem Raumvorstellungstest als die Kontrollgruppe.

Die Itemanalyse bezüglich Trennschärfe und Schwierigkeit ergab eine befriedigende Bewertung der Aufgabenzusammenstellung (ebd., S. 46). Die Testbatterie zeigte sich hinsichtlich der Testgüte als objektiv, reliabel und valide (ebd., S. 46 ff.). Es liegen hiermit also gut abgesicherte Testaufgaben vor, die weiterverwendet werden können.

Zuerst werden diese Aufgaben auf ihre Tauglichkeit bezüglich ihrer technischen Umsetzbarkeit, also der Möglichkeit zur Erzeugung von dreidimensionalen Objekten, sowie auf ihre Relevanz zur Überprüfung der Testhypothese geprüft. Sind entsprechende Aufgaben ausgewählt, muß eine Softwareplattform gefunden werden, die es einerseits ermöglicht, die zu den Aufgaben gehörenden Objekte graphisch adäquat darzustellen und eine Bewegung der Objekte erlaubt und andererseits der Navigation zwischen den Aufgabenobjekten dient, also dem Anwählen der jeweils zu bearbeitenden Aufgabe. Mittels dieser Software wird dann ein Testprogramm konstruiert. Ebenfalls wird ein gleichgeartetes Vergleichstestprogramm entwickelt, das allerdings nur Abbildungen der Aufgabenobjekte präsentiert, ohne die Möglichkeit zur Bewegung anzubieten. Die Testprogramme werden im folgenden als „Virtueller 3-D-Test (V3D-Test)" und „Konventioneller 3-D-Test (K3D-Test)" bezeichnet.

In einem ersten Schritt wird mittels eines qualitativen Vortests an einigen Schülern geprüft, inwieweit eine problemlose Bedienung der Software gegeben ist. Ein quantitativer Vortest mit mehreren Schulklassen wird dann die Grundlage für eine Optimierung des Tests bilden. Mit der so optimierten Testendform werden dann Schüler aus jeweils zwei Klassen der Jahrgangsstufen 7, 8 und 9 untersucht und die Ergebnisse dieses Tests zur Entscheidung über Annahme oder Ablehnung der Testhypothese herangezogen.

Die Beschränkung auf diese drei Jahrgangsstufen erfolgt aus verschiedenen Überlegungen heraus:

Erstens sind dies die Jahrgangsstufen, die von BARKE (1978) getestet wurden. Die von ihm nachgewiesene Erfüllung der Testgütekriterien gilt also (streng genommen) nur für diese Stufen. Weiterhin lassen sich nur unter Beachtung gleicher Jahrgangsstufen Vergleiche zu dieser Untersuchung ziehen.

Zweitens ist dies der Alterszeitraum des Wechsels von der konkret-operationalen zur abstrakt-operationalen Phase nach dem Stufenmodell der Intelligenzentwicklung nach PIAGET (KESSELRING 1988, S. 153 ff.). Dieser Zeitraum erscheint für das hier Behandelte bedeutsam, da durch den virtuellen Umgang mit dreidimensionalen Objekten die Fähigkeit zur Raumvorstellung auf einem konkreteren Niveau angesprochen wird, als dies mit abstrakteren Abbildungen von ins Zweidimensionale transformierten Gegenständen der Fall ist. Nach PIAGET wird die Stufe der formalen Operationen im Alter von 11 bis 12 Jahren erreicht (ebd.).

Neuere Untersuchungen zeigen aber, daß diese Grenze zwischen konkreten und formalen Operationen meist später, wenn überhaupt überschritten wird.[36] Zudem ist diese Grenze nicht als „Quantensprung“ aufzufassen, sondern als mehr oder weniger kontinuierlicher Übergang mit unterschiedlichsten Ausprägungen und Übergangszuständen. Es ist also gerechtfertigt und naheliegend, Schüler der Jahrgangsstufen 7 bis 9 zu untersuchen, die im Alter von ca. 12 bis 15 Jahren sind.

Drittens ist dies der Zeitraum, in dem in vielen Bundesländern der Chemieunterricht einsetzt und die Grundlegung für ein mehr oder weniger adäquates Chemieverständnis erfolgt. Werden auch in den niedrigeren Stufen chemische Inhalte vermittelt, so geschieht dies fast ausschließlich auf einer phänomenologischen Ebene. Eine Einführung in das Denken in Modellen setzt jedoch meist erst in den genannten Jahrgangsstufen ein, unabhängig von der Schulform.

3.4 Entwicklung einer Testsoftware

Es werden zuerst die für den Test in Frage kommenden Aufgaben besprochen und selektiert. Anschließend erfolgt die Beschreibung der zugrundeliegenden Software sowie des Designs der resultierenden Testsoftware.

3.4.1 Aufgabenauswahl

Der von BARKE (1978) entwickelte Raumanschauungstest (RAT) bildet die Grundlage für die angestrebte Computerumsetzung. Dieser Test umfaßt 58 Aufgaben, die nach ihren Inhalten sieben Aufgabengruppen zugeordnet sind. Zur besseren Verständlichkeit der folgenden Beschreibung und Diskussion der Aufgaben sind diese in Anhang A 5 wiedergegeben.

Die Aufgabengruppen I (Bausteine in Quadern) und II (Kugeln in Kugelpackungen) umfassen Aufgaben zu geometrischen Körpern (Quader und Kugelpackungen), die aus kleineren Bausteinen (Würfel und Kugeln) zusammengesetzt sind. Es wird hier nach der Anzahl der insgesamt vorhandenen Bausteine in dem Körper, der im Inneren liegenden Bausteine, der gedanklich hinzuzufügenden Bausteine u.ä. gefragt. Die Aufgabengruppe III (Abwicklungen) beinhaltet die Zuordnung von Netzen (an Kanten aufgeschnittene und in die Ebene gebrachte Flächen von Körpern) zu vorgegebenen dreidimensionalen Objekten. In den Aufgabengruppen IV (Strecken in Körpern) und V (Streckenvergleich in Körpern) sollen Strecken zwischen verschiedenen Punkten in transparenten Körpern gedacht bzw. solche Strecken verglichen werden. Die Aufgabengruppe VI (Schnittebenen) verlangt die Vorstellung von Teilkörpern, die durch das Legen

[36] Einen Überblick über differenziertere Untersuchungen zum Problem des Wechsels von der konkret-operationalen zur formal-operationalen Stufe geben GRÄBER und STORK (1984a) sowie über eine eigene Untersuchung GRÄBER und STORK (1984b).

von Schnittebenen durch einen ursprünglichen Körper entstanden sind. Den Abschluß bildet die Aufgabengruppe VII (Vergleich von Würfeln in veränderter Lage), in der Würfel mit verschieden gekennzeichneten Flächen gedanklich so gedreht und gekippt werden, daß sie mit einem vorgegebenen Würfel identifiziert werden können. Diese letzte Aufgabengruppe ist dem Intelligenz-Struktur-Test (IST) von AMTHAUER (1955) entnommen (vgl. RVT in Anhang A 4).

Von den sieben Aufgabengruppen werden die ersten beiden für die technische Umsetzung auf den Computer unter Berücksichtigung der Überprüfbarkeit der Testhypothese als geeignet angesehen. Die Auswahl der Aufgabengruppen I und II gründet sich auf die Überlegung, daß

- programmiertechnisch prinzipiell zwar alle Aufgaben umgesetzt werden können, jedoch
  - die Aufgabengruppen I und II solide Körper darstellen, deren perspektivische Darstellung durch Lichtreflexe und Schattenbildung auf den Seitenflächen besser zu realisieren ist, als dies bei den Aufgabengruppen III bis VI geschehen kann, da diese zur Wahrung der Transparenz nur durch ihre Kanten, also durch einfache Linien dargestellt werden können,
  - die Netze in Gruppe III zweidimensionale Gebilde darstellen, die keinen Veranschaulichungszuwachs durch eine Umsetzung in einen dreidimensionalen Raum erwarten lassen,
  - bei der Bezeichnung diskreter Punkte von dreidimensional beweglichen rotierenden Körpern in den Aufgabengruppen IV, V und VI Probleme auftreten, sowie
- inhaltlich
  - die Aufgabengruppe VII nicht genutzt werden kann, da durch manuelles Zur-Deckung-bringen, also durch entsprechendes Drehen der Würfel, das richtige Ergebnis mittels Trial-and-error-Methode erzielt werden kann,
  - das Lokalisieren der Körper im Raum bei den Gruppen I und II im Vordergrund steht, also keine gedankliche Veränderung, Verformung oder Manipulation von Objekten notwendig ist, wie dies bei den Aufgabengruppen III und IV der Fall ist und, nicht zuletzt,
  - die Aufgabengruppe II, auf die die Aufgabengruppe I vorbereitend wirkt, Kugelpackungen behandelt, „die in der Chemie eine zentrale Bedeutung für die Anschauung des räumlichen Aufbaus der Materie haben" (BARKE 1978, S. 23 f.), und somit unter chemiedidaktischer Perspektive besonders interessant erscheint.

Die beiden Aufgabengruppen unterstützen weiterhin die in Kap. 3.1.1.2 beschriebenen Raumvorstellungsfaktoren, eine statische räumliche Vorstellung von einem Objekt aufbauen zu können und Objekte durch visuelle Anschauungskraft mental bewegen zu können, also die von GUILFORD und MCGEE als „orientation“ und „visualization“ benannten Faktoren. Lediglich die Manipulation von Objekten im Sinne des Faktors „visualization“ von LOHMAN sowie LINN und PETERSEN wird von den Aufgabengruppen I und II nicht unterstützt, wobei es allerdings auch ungeklärt ist, ob sie als eigenständige Faktoren angesehen werden können. Eine Entscheidung für die Zwei- oder für die Drei-Faktoren-Hypothese der Raumvorstellung kann nicht abschließend gefällt werden (ROST 1976, S. 121 f.).

Zudem zeigt sich bei der Berechnung der Maßkorrelation zwischen den erzielten Rohpunktwerten in den Aufgabengruppen I und II und den Gesamtrohwerten bei einer von BARKE untersuchten Stichprobe ein hoher Korrelationskoeffizient von $r = 0{,}81$ mit einer Irrtumswahrscheinlichkeit, daß dieser Zusammenhang nur durch die Auswahl der Stichprobe bedingt ist und nicht für die Grundgesamtheit gilt, von $\alpha = 0{,}001$.[37] Diese hohe Korrelation legt nahe, daß die Aufgaben der Gruppen I und II geeignet sind, das Raumvorstellungsvermögen hinreichend zu untersuchen.

Es stellt sich nun die Frage nach der Software, mit der die ausgewählten Aufgabengruppen I und II, „Bausteine in Quadern“ und „Kugeln in Kugelpackungen“, in eine computergestützte Testform gebracht werden können.

3.4.2 Softwareplattform

Die Auswahl der für die Umsetzung der Aufgaben auf den Computer geeigneten Software umfaßt zwei Aspekte: Es muß eine Software zur dreidimensionalen virtuellen Darstellung der Körper im V3D-Test gefunden werden sowie eine Software, die es ermöglicht, zwischen den Aufgaben zu navigieren und die bei der Anwahl einer Aufgabe das Darstellungsprogramm mit dem entsprechenden Körper ausführt.

Um eine möglichst realistische Darstellung und die Bewegbarkeit der Objekte zu gewährleisten, wird als Softwarebasis zur Anzeige der Körper VRML gewählt aufgrund der in Kapitel 2.4.5 geschilderten Vorteile dieser Visualisierungssprache. Zur Darstellung der VRML-Dateien wird der Browser VR SCOUT von CHACO COMMUNICATIONS[38] genutzt. Dieser bietet neben einer qualitativ guten Darstellung die Möglichkeit, die Voreinstellungen dahingehend zu verändern, daß die Objekte direkt nach dem Start mittels der Pfeiltasten der Tastatur um ihren Mit-

[37] Prof. Dr. H.-D. BARKE stellte freundlicherweise die Urlisten der in BARKE (1978) veröffentlichten Untersuchung zur Verfügung, so daß dieser Zusammenhang berechnet werden konnte. Der Korrelationskoeffizient wurde für eine Stichprobe der Jahrgangsstufe 9 von 59 Schülern berechnet.

[38] http://www.chaco.com

telpunkt gedreht werden können, so daß ein Einarbeiten der Schüler in die Mausbedienung des Browsers entfällt und die Bewegung der Objekte einfacher zu handhaben ist.

Zur Entwicklung einer Navigationsoberfläche wird das Autorensystem TOOLBOOK von ASYMETRIX[39] benutzt. Dieses objektorientierte graphische Programmiersystem gestattet eine einfach zu realisierende Gestaltung von Menüoberflächen, wie sie hier benötigt werden.[40] Schaltflächen, Schrift und Hintergrund können mit der Maus direkt auf dem Bildschirm erzeugt werden, eine aufwendige Programmierung entfällt. Dennoch basiert dieses System auf einer Meta-Programmiersprache, die es ermöglicht, auch systemnahe Routinen zu erstellen. Somit können auch externe Programme aufgerufen werden, wie dies hier zur Anzeige der Aufgabenobjekte erforderlich ist.

3.4.3 Konstruktion und Programmierung der Testsoftwarepakete

Die Objekte zu den Aufgabengruppen I und II sind in Form von ASCII-Dateien programmiert. Hierbei werden kleine Veränderungen gegenüber den Originalen vorgenommen. So erhalten die Körper eine graue Oberfläche.[41] Die kleinen Würfel der Aufgabengruppe I, aus denen die Objekte zusammengesetzt sind, werden mit einem geringen Abstand zueinander dargestellt und nicht, wie im ursprünglichen Test, nur durch Linien angedeutet. Dies soll die Einsichtigkeit der Aufgabenstellung unterstützen, da direkt ersichtlich wird, daß die Objekte aus kleineren Körpern zusammengesetzt sind. Bei den beiden letzten Objekten der Aufgabengruppe I, bei denen nur einige der kleinen Würfel zu sehen sind, sind die nicht sichtbaren Würfel mit Flächen abgedeckt. Bei den Kugelpackungen der Aufgabengruppe II sind solche Änderungen nicht erforderlich.

Zur Verdeutlichung wird in Abbildung 19 die mit VRML gestaltete Kugelpackung der Aufgaben II1 („Wieviele Kugeln enthält die abgebildete Kugelpackung?“) und II2 („Wieviele Kugel liegen im Inneren der Kugelpackung?“) dargestellt.

Für den Vergleichstest (K3D-Test) werden Screen-Shots (Abbildungen des Bildschirminhalts) der VRML-Objekte genutzt. Diese Bilder stellen die Körper in ihrer Ausgangsposition dar, wie sie auch mit dem Browser im V3D-Test zu sehen

---

39 http://www.asymetrix.com

40 Die Vorteile von TOOLBOOK auch zum Einsatz im Chemieunterricht zur Programmierung von Multimedia-Anwendungen werden ausführlich von BRANDT (1997) beschrieben.

41 Untersuchungsergebnisse zur Raumvorstellung haben gezeigt, daß die Farbigkeit von Objekten zum räumlichen Eindruck stark beiträgt (WIDDEL & PFENDLER 1993). Dies bezieht sich jedoch auf die Mehrfarbigkeit innerhalb eines Objekts, was im Falle dieser Untersuchung den Benutzer nur verwirren würde.

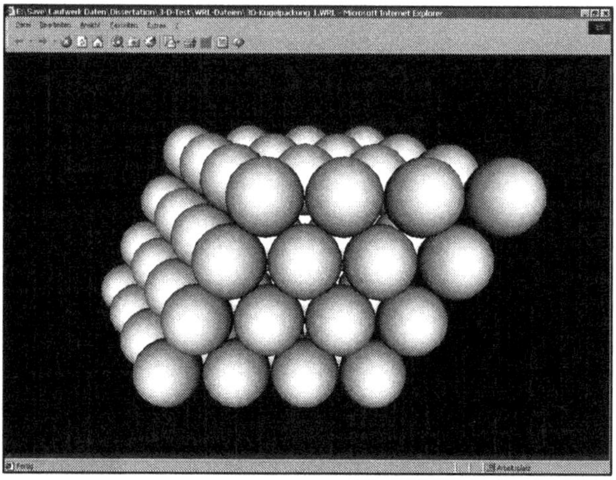

Abbildung 19: Beispiel eines VRML-Objektes

sind. Durch das gleiche Erscheinungsbild der Körper, allerdings ohne die Möglichkeit, diese zu bewegen, werden verfälschende Effekte unterschiedlicher Präsentation von Test und Vergleichstest ausgeschaltet.

Als letzter Schritt wurde nun mittels des Autorensystems eine Programmoberfläche geschaffen, die es ermöglicht, sich durch einfache Bedienung mit der Maus die entsprechenden Objektdateien anzeigen zu lassen. Aus einem Grundbildschirm (Abbildung 20) heraus lassen sich nacheinander eine Übungsaufgabe und die beiden Aufgabengruppen anwählen. Diese umfassen jeweils einen weiteren Bildschirm, der die Verzweigung zu den einzelnen Quadern und Kugelpackungen

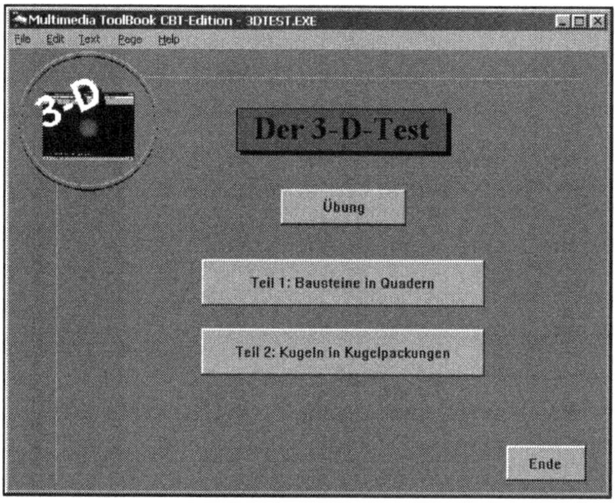

Abbildung 20: Grundbildschirm der Menüoberfläche

ermöglicht.

Die Programmoberfläche wird in zwei Versionen erstellt. Die erste Version dient der Darstellung der Objektdateien in dem VRML-Browser; dieses Programmpaket stellt den V3D-Test dar. Eine zweite Version dient als Oberfläche für den Vergleichstest, den K3D-Test. Hiermit werden die Bilddateien der Screen-Shots aufgerufen. Im Erscheinungsbild und in der Menübedienung unterscheiden sich die Versionen nicht. Abbildungen der Menüoberflächen sind in Anhang A 2.2 wiedergegeben, die Screen-Shots der Körper, identisch mit dem Erscheinungsbild der drehbaren Körper des V3D-Tests, in Anhang A 2.1.

3.5 Qualitativer Vortest

Um die Überlegungen zur Gestaltung des Testprogramms empirisch abzusichern, wurde an einer Berliner Oberschule ein Vortest durchgeführt. Hierzu bearbeitete ein Kurs der Klassenstufe 9, der sich aus 16 Mädchen und 4 Jungen zusammensetzte, zuerst den Test „Würfelaufgaben" des IST nach AMTHAUER (1955). Er wurde als Paper-pencil-Test in der Form durchgeführt, wie er auch von BARKE (1978) als Aufgabengruppe VII verwendet wurde. Die Leistungen in diesem abgesicherten Test sollen als ungefährer Anhaltspunkt für die Fähigkeit der einzelnen Schüler im räumlichen Denken dienen. Zudem wird er gerne als Vergleichstest zur Feststellung der räumlichen Vorstellungsfähigkeit benutzt.[42] Die Rohwerte dieses Tests sind in Anhang A 1.1 aufgeführt.

Aufgrund der Ergebnisse in diesem Test wurden sieben Schüler ausgewählt, die das Rohpunktspektrum repräsentieren. Diese Schüler bearbeiteten dann den aus Zeitgründen auf zehn Aufgaben (I6, I8-I12, II1, II2, II4, II8) reduzierten V3D-Test. Dieser Test wurde jedem Schüler separat auf einem Notebook präsentiert, was den Vorteil einer individuellen Beobachtung brachte. Hier zeigte sich nun, daß unter technischen Gesichtspunkten

- im Umgang mit der Software, also sowohl mit der Menüoberfläche als auch mit dem VRML-Browser, keine Probleme auftraten

und daß die interaktiven Möglichkeiten der Objektbeobachtung

- nur bei komplexen Körpern, also schwierigen Aufgaben,
- bei Mädchen intensiver und rascher als bei Jungen (die meist versuchten, erst durch reines Anschauen der Objekte die Lösung zu finden)

[42] Vgl. hierzu beispielsweise die Untersuchung von FRIEBE (1995, S. 58 f.). Die Art der Lösungsstrategie von Probanden bei diesem Test (vgl. u.a. KÖLLER, ROST & KÖLLER) spielt in dieser Untersuchung keine Rolle. Hier soll lediglich die erreichte Gesamtpunktzahl als Anhaltspunkt für das Raumvorstellungsvermögen dienen.

genutzt wurden. Die letzten beiden Beobachtungen können wegen der kleinen Testgruppe jedoch nur als Anhaltspunkte dienen. Die Tatsache, daß alle Schüler mit der Software gut zurechtkamen, kann allerdings dahingehend gewertet werden, daß das Testprogramm bedenkenlos eingesetzt werden kann.

3.6 Quantitativer Vortest

Nachdem das technische Instrumentarium als tauglich gelten kann, wird ein Vortest mit einer größeren Stichprobe durchgeführt. Es wird im folgenden die Durchführung dieses Tests sowie die Analyse der Ergebnisse geschildert. Mit Hilfe der Analysedaten wird die Testvorform überarbeitet und in die Testendform überführt.

3.6.1 Durchführung und Stichprobendaten

Der Vortest wurde im Juni 1998 an einer Hauptschule im Kölner Raum durchgeführt. Es wurden jeweils zwei Klassen der Jahrgangsstufen 7, 8 und 9 untersucht. Der zur Verfügung stehende Computerraum besaß 15 leistungsstarke Rechner, die die graphisch anspruchsvollen Versuchsprogramme einwandfrei ausführten. Zusätzlich stand ein Klassenraum in unmittelbarer Nähe zum Rechnerraum zur Verfügung, so daß ein problemloser Wechsel der Gruppen zwischen beiden Räumen möglich war.

Eine Klasse jeder Jahrgangsstufe bearbeitete den V3D-Test, die andere Klasse als Kontrollgruppe den K3D-Test. Als zusätzlichen Vergleichstest bearbeiteten alle Schüler den Untertest „Würfelaufgaben“ aus dem IST von AMTHAUER (1955), nachfolgend als Raumvorstellungstest (RVT) bezeichnet.

Jede Klasse wurde in zwei Gruppen geteilt, von denen eine den V3D- bzw. den K3D-Test im Computerraum bearbeitete, während die andere Gruppe im Klassenraum den RVT löste. Zur Mitte der Schulstunde wurden die Gruppen gewechselt. Getestet wurde über zwei Tage, am ersten Tag von der 1. bis zur 5. Stunde die Klassen 9c, 8a, 7a, 7b, 8d und am zweiten Tag in der ersten Stunde die Klasse 9b. Die Anzahl der Schüler, das Durchschnittsalter sowie die bearbeitete Testart sind der Tabelle 2 zu entnehmen.

Bei der ersten untersuchten Klasse (9c) traten während der Testdurchführung Probleme auf, da einige Schüler zur ersten Stunde zu spät kamen und somit der Test immer wieder gestört wurde. Um Verfälschungen zu vermeiden, wurden daher die neunten Klassen aus der weiteren Auswertung herausgenommen.

Die auf dem Testbogen aufgeführten Fragen zur Kenntnis des Umgangs mit Computer und Maus beantworteten alle Schüler mit „Ja“. Bei der Durchführung traten in dieser Hinsicht auch keine individuellen Defizite auf.

Testart	*Klasse*	*Schüler*	*Mädchen*	*Jungen*	*Alter*	*Alter Mädchen*	*Alter Jungen*
Test-gruppe (V3D-Test)	7a	21	13	8	13,70	13,67	13,75
	8a	21	7	14	14,43	14,29	14,50
	Gesamt	42	20	22	14,07	13,89	14,23
Kontroll-gruppe (K3D-Test)	7b	24	12	12	13,71	13,58	13,83
	8d	21	11	10	14,95	14,73	15,20
	Gesamt	45	23	22	14.29	14,13	14,45
Gesamtstichprobe		87	43	44	14,19	14,02	14,34

Tabelle 2: Daten der Stichprobe (Testvorform)

Die maximale **Bearbeitungszeit** betrug beim V3D- und K3D-Test jeweils 6 Minuten für die Aufgabengruppe I und 5 Minuten 30 Sekunden für die Aufgabengruppe II. Diese Zeiten ergeben sich durch die von BARKE benötigten Zeiten (1978, S. 188) und zusätzlich jeweils 10 Sekunden für das Wechseln zwischen den Aufgaben. Dies erscheint nötig, da das Navigieren und das Laden der Objekte einige Zeit in Anspruch nimmt. Für den RVT wurden gemäß BARKE 9 Minuten Bearbeitungszeit vorgegeben (ebd.). Somit war die Durchführung des Tests mit einer in zwei Gruppen geteilten Klasse innerhalb einer Schulstunde möglich.

Die **Instruktion** zur Aufgabengruppe I des V3D- und K3D-Tests erfolgte anhand der auf dem Testbogen aufgeführten Hinweise (vgl. Anhang A 2.3) und mittels eines in die Programme integrierten Übungswürfels, zu dem zwei beispielhafte Fragen gestellt wurden. Die Übungsaufgaben sowie der Übungswürfel sind entsprechend BARKE (1978, S. 189) realisiert worden. Zur Aufgabengruppe II wurde nur erläutert, daß diese Aufgaben denen der ersten Gruppe entsprechen, wobei Würfel durch Kugeln ersetzt wurden. Mittels dieser Beispielaufgabe wurde ebenfalls in die Bedienung der Menüoberfläche eingeführt. Es wurde kein Zeitlimit gesetzt, um die sichere Bedienung der Software zu gewährleisten. Die Instruktion zum RVT ist vorgegeben (vgl. Anhang A 4 sowie BARKE 1978, S. 184).

Jeder Schüler bekam einen **Testbogen** mit den Fragen und Antwortwahlmöglichkeiten, wie er im Anhang A 2.3 wiedergegeben ist.

3.6.2 Ergebnisanalyse

Die Ergebnisanalyse umfaßt die Angabe der erzielten Rohwerte der Testgruppen und deren Analyse hinsichtlich Normalverteilung. Eine Analyse der Aufgaben über die Bestimmung der Schwierigkeiten und Trennschärfen sowie die Prüfung der Testgüte schließt sich an.

Klasse	*Testgruppe*				*Kontrollgruppe*			
	V3D-Test		*RVT*		*K3D-Test*		*RVT*	
	$\bar{x}$	s	$\bar{x}$	s	$\bar{x}$	s	$\bar{x}$	s
7a	6,95	2,65	6,67	2,92				
7b					7,13	1,96	7,42	3,16
8a	7,33	2,18	8,95	2,01				
8d					7,38	3,23	8,24	3,90
Gesamt	7,14	2,40	7,81	2,73	7,24	2,60	7,80	3,51

Tabelle 3: Rohpunktmittelwerte $\bar{x}$ und Standardabweichungen s (Testvorform)

3.6.2.1 Rohwerte

Die Urliste der ermittelten Rohwerte ist in Anhang A 1.2 zu finden. Die erreichten Mittelwerte sind der Tabelle 3 zu entnehmen. Hier sind ebenfalls die Standardabweichungen aufgetragen.

Die Mittel unterscheiden sich kaum bei den beiden Testarten, allerdings sind die Mittelwerte der jüngeren Schüler der Klassen 7 wie erwartet geringer als die der Klassen 8. Dies zeigt sich auch im RVT.

3.6.2.2 Prüfung auf Normalverteilung

Als Voraussetzung für die Anwendung statistischer Methoden müssen die Rohwerte auf ihre Normalverteilung geprüft werden. Hierzu werden im folgenden die Häufigkeitsverteilungen und die kumulierten Häufigkeiten in tabellarischer Form und als Histogramm sowie die Kenngrößen für den jeweiligen Test aufgeführt.

Die **Häufigkeit** gibt die Anzahl der Probanden an, die einen diskreten Rohwert im Test erreicht haben. Die kumulierten Häufigkeiten beschreiben den Prozentwert der Testpersonen, die die entsprechende Rohpunktzahl und weniger erreicht haben. Diese Werte sind für die Test- und Kontrollgruppe in Tabelle 4 wiedergegeben. Von einer Klassenbildung der Rohpunkte wird abgesehen, da sich der Wertebereich der erzielten Rohpunkte in dem Rahmen bewegt, der für die Anzahl der Klassen gewählt werden sollte.[43]

Zur besseren Übersichtlichkeit werden die ermittelten Häufigkeiten und kumulierten Häufigkeiten graphisch in Form von **Histogrammen** dargestellt (Abbildung 21 bis Abbildung 24).

[43] Die Angaben über die optimale Klassenanzahl variiert bei den verschiedenen Autoren. So geben LIENERT und RAATZ (1994, S. 147) 10-15 Klassen, CLAUß und EBNER (1977, S. 48) 10-20, DIEHL und KOHR (1987, S. 45) 12-15 und BORTZ (1989, S. 36) maximal 20 zu wählende Klassen an.

Zur weiteren Diskussion der Normalverteilung der Stichprobendaten sind in Tabelle 5 weitere **Kenngrößen** aufgelistet.

Die Histogramme zu den Häufigkeitsverteilungen (Abbildung 21 bis Abbildung 24) lassen schon auf den ersten Blick auf eine annähernde Normalverteilung schließen. Ebenfalls legt diesen Schluß der fast lineare Verlauf der kumulierten Häufigkeiten im Bereich von 10-90% nahe. Dies bestätigt sich bei der Analyse der Kenngrößen, wo jeweils der Modalwert (häufigster gemessener Wert) sowie der Median (Wert in der Mitte der geordneten Rangreihe der Meßwerte) mit dem arithmetischen Mittel übereinstimmt. Die leichte Abweichung des Modus bei den RVTs kann vernachlässigt werden, ebenso die leichte Schiefe des K3D-Tests. Die Normalverteilung der Werte beim RVT kann als Anhaltspunkt dafür dienen, eine

Rohpunkte	*Testgruppe*				*Kontrollgruppe*			
	V3D-Test		*RVT*		*K3D-Test*		*RVT*	
	Häufigkeit	*Kumuliert*	*Häufigkeit*	*Kumuliert*	*Häufigkeit*	*Kumuliert*	*Häufigkeit*	*Kumuliert*
0	0	0,00%	1	2,38%	0	0,00%	0	0,00%
1	0	0,00%	1	4,76%	0	0,00%	2	4,44%
2	2	4,76%	0	4,76%	0	0,00%	1	6,67%
3	1	7,14%	1	7,14%	4	8,89%	3	13,33%
4	3	14,29%	1	9,52%	3	15,56%	2	17,78%
5	2	19,05%	4	19,05%	3	22,22%	3	24,44%
6	7	35,71%	4	28,57%	6	35,56%	3	31,11%
7	10	59,52%	4	38,10%	10	57,78%	7	46,67%
8	5	71,43%	5	50,00%	8	75,56%	7	62,22%
9	6	85,71%	9	71,43%	3	82,22%	4	71,11%
10	4	95,24%	7	88,10%	3	88,89%	3	77,78%
11	1	97,62%	4	97,62%	4	97,78%	4	86,67%
12	0	97,62%	0	97,62%	0	97,78%	1	88,89%
13	0	97,62%	1	100,00%	0	97,78%	3	95,56%
14	1	100,00%	0	100,00%	0	97,78%	0	95,56%
15	0	100,00%	0	100,00%	0	97,78%	1	97,78%
16	0	100,00%	0	100,00%	1	100,00%	1	100,00%
17	0	100,00%	0	100,00%	0	100,00%	0	100,00%
18	0	100,00%	0	100,00%	0	100,00%	0	100,00%
19	0	100,00%	0	100,00%	0	100,00%	0	100,00%
20	0	100,00%	0	100,00%	0	100,00%	0	100,00%

Tabelle 4: Häufigkeiten und kumulierte Häufigkeiten (Testvorform)

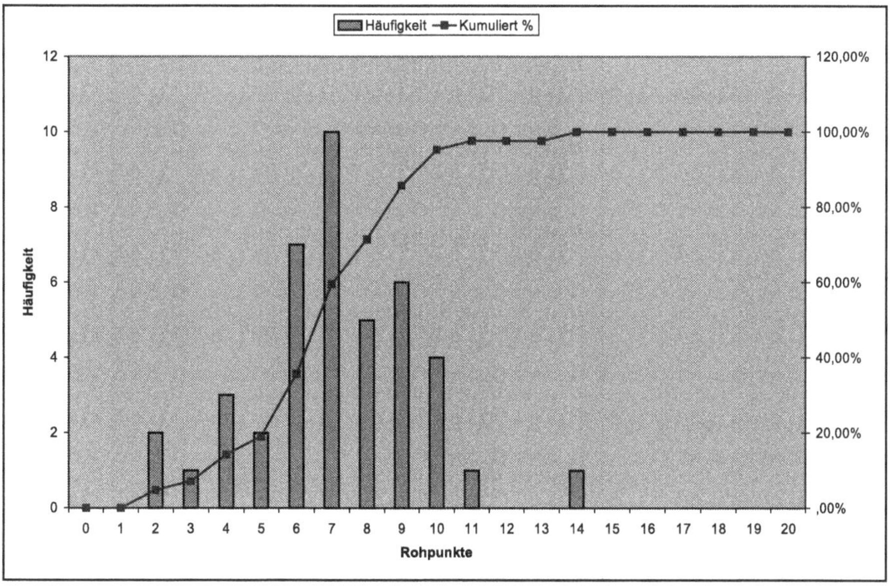

Abbildung 21: Histogramm des V3D-Tests (Testvorform)

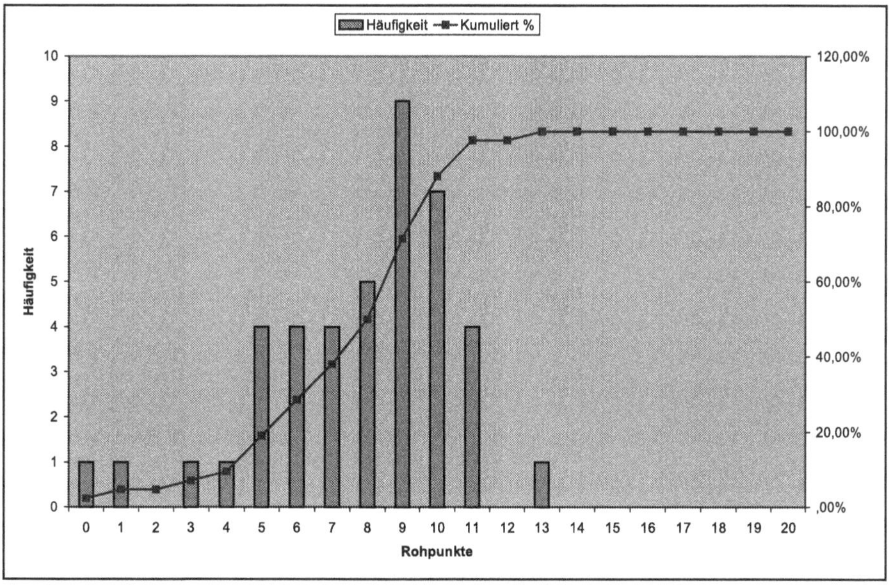

Abbildung 22: Histogramm des RVT der Testgruppe (Testvorform)

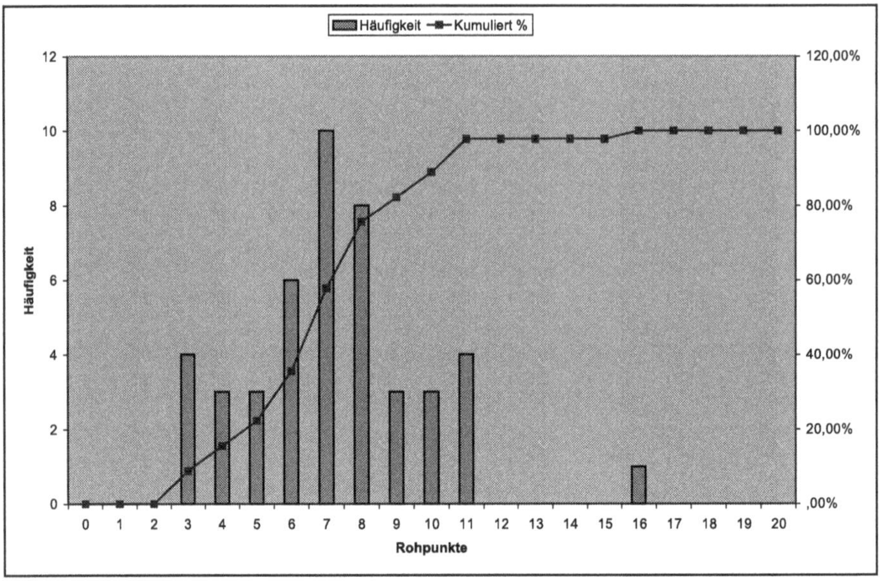

Abbildung 23: Histogramm des K3D-Tests (Testvorform)

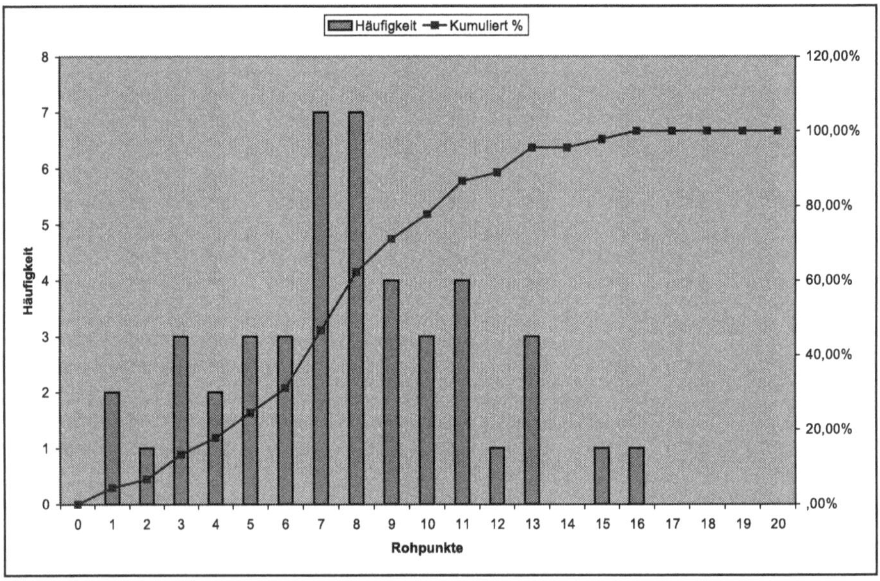

Abbildung 24: Histogramm des RVT der Kontrollgruppe (Testvorform)

Kenngrößen	*Testgruppe*		*Kontrollgruppe*	
	V3D-Test	*RVT*	*K3D-Test*	*RVT*
Mittelwert	7,14	7,81	7,24	7,80
Median	7	8,5	7	8
Modus	7	9	7	7
Standardabweichung	2,40	2,73	2,60	3,51
Stichprobenvarianz	5,78	7,48	6,78	12,30
Schiefe	0,09	-0,90	0,69	0,13
Wertebereich	12	13	13	15
Minimum	2	0	3	1
Maximum	14	13	16	16
Summe	300	328	326	351
Anzahl	42	42	45	45

Tabelle 5: Kenngrößen (Testvorform)

Normalverteilung des Faktors „Raumvorstellungsvermögen“ anzunehmen. Auf eine genaue Analyse der Schiefe, des Exzesses sowie der Unregelmäßigkeit der Verteilungen, wie sie LIENERT und RAATZ (1994, S. 147 ff.) vorschlagen, wird im Rahmen der angestrebten Genauigkeit sowie der geringen Probandenzahl verzichtet, da immer Abweichungen von der idealen Normalverteilung auftreten werden. Es kann davon ausgegangen werden, daß die Werte normalverteilt sind und mit der Analyse der Daten fortgefahren werden kann.

3.6.2.3 Schwierigkeiten- und Trennschärfenbestimmung

Der **Schwierigkeitsindex** einer Aufgabe gibt den prozentualen Anteil der auf diese Aufgabe entfallenden richtigen Antworten an (LIENERT & RAATZ 1994, S. 73). Es wird hier die Formel für Schnelligkeitstests (Speed-Tests) verwendet, obwohl eine Mischform aus Schnelligkeits- und Niveautest vorliegt.[44] Da jedoch nur einige Probanden aufgrund der Zeitvorgabe alle Aufgaben bearbeiten konnten, ist eine Analyse für unvollständige Aufgabendarbietung (also Speed-Tests) angebracht. Die Formel lautet nach LIENERT und RAATZ (1994, S. 76)

$$P = 100\frac{N_R}{N_B},$$

wobei
P : Schwierigkeitsindex,
N_R : Anzahl der Probanden, die die Aufgabe richtig gelöst haben,

[44] Zur Klassifizierung von Testarten wie der nach Niveau(Power)-Tests und Schnelligkeits(Speed)-Tests vgl. LIENERT und RAATZ (1994, S.14 ff.).

N_B : Anzahl der Probanden, die die Aufgabe bearbeitet haben.

Die **Trennschärfe** einer Aufgabe gibt einen Hinweis darauf, ob die entsprechende Aufgabe „gute" von „schlechten" Probanden unterscheidet, d.h. trennt. Die entsprechende Größe, der Trennschärfenkoeffizient r, kann Werte zwischen +1 und −1 annehmen. Ein hoher Trennschärfenkoeffizient besagt, daß gute Probanden diese Aufgabe lösen, schlechte hingegen nicht, während es bei einem negativen Koeffizienten umgekehrt ist. Ein Koeffizient von Null trennt überhaupt nicht. Der Trennschärfenkoeffizient entspricht mathematisch der Korrelation des Aufgabenpunktwertes mit dem Gesamtwert jedes Probanden. Es wird hier der punktbiseriale Korrelationskoeffizient ${}_{pbis}r_{jt}$ für die Ermittlung des Zusammenhangs von intervallskalierten Daten (die im Test erzielten Rohwerte) und dichotomen Daten (0 und 1 für das Ergebnis der jeweiligen Aufgabe) verwendet.[45] Da von unvollständiger Aufgabendarbietung ausgegangen wird, hat die Gleichung zur Berechnung nach LIENERT und RAATZ (1994, S. 82) die Form

$${}_{pbis}r_{jt} = \frac{\overline{X}_R - \overline{X}_B}{s_B}\sqrt{\frac{p}{q}}$$

mit $p = \frac{N_R}{N_B}$ und $q = 1 - p$, wobei

$\overline{X}_R$: Mittelwert aller Rohwerte der Probanden, die die Aufgaben richtig beantwortet haben,

$\overline{X}_B$: Mittelwert aller Rohwerte der Probanden, die die Aufgabe bearbeitet haben,

s_B : Standardabweichung der Rohwerte der Probanden, die die Aufgabe bearbeitet haben,

N_R : Anzahl der Probanden, die die Aufgabe richtig gelöst haben,

N_B : Anzahl der Probanden, die die Aufgabe bearbeitet haben.

Es ergeben sich die in Tabelle 6 aufgeführten Werte für die Schwierigkeitsindizes und Trennschärfenkoeffizienten der zwanzig Testaufgaben.

Die Schwierigkeiten streuen gut über den gesamten Bereich, nur einmal tritt ein negativer Trennschärfenkoeffizient auf. Die Nullwerte sind dadurch bedingt, daß kein Schüler die entsprechende Aufgabe richtig beantworten konnte. Die gewichteten Mittel von V3D- und K3D-Test werden später zur Testoptimierung benötigt.

[45] Eine gute tabellarische Übersicht über den zu benutzenden Koeffizienten in Abhängigkeit von der Skalierung der Variablen bieten DIEHL und KOHR (1987, S. 261).

Aufgabe	*V3D-Test*		*K3D-Test*		*Gewichtete Mittel V3D-/K3D-Test*	
	Schwierigkeitsindex P	*Trennschärfenkoeffizient $_{pbis} r_{jt}$*	*Schwierigkeitsindex P*	*Trennschärfenkoeffizient $_{pbis} r_{jt}$*	*Schwierigkeitsindex P*	*Trennschärfenkoeffizient $_{pbis} r_{jt}$*
I1	92,9	0,44	88,9	0,45	90,8	0,45
I2	92,9	0,37	97,8	0,25	95,4	0,31
I3	90,5	0,39	91,1	0,42	90,8	0,41
I4	88,1	0,52	84,4	0,52	86,2	0,52
I5	88,1	0,36	86,7	0,52	87,4	0,44
I6	38,1	0,43	48,9	0,56	43,7	0,50
I7	14,3	0,55	17,8	0,23	16,1	0,38
I8	26,2	0,56	31,1	0,63	28,7	0,59
I9	9,5	0,32	6,7	0,46	8,0	0,39
I10	0	0	2,2	0,51	1,1	0,27
I11	0	0	4,4	0,52	2,3	0,27
I12	9,5	0,46	6,7	0,39	8,0	0,42
II1	64,3	0,48	60,0	0,41	62,1	0,45
II2	42,9	0,43	37,8	0,57	40,2	0,50
II3	28,6	0,32	40,0	0,40	34,5	0,36
II4	4,8	0,41	8,9	0,12	6,9	0,26
II5	4,8	0,36	0	0	2,3	0,18
II6	7,1	0,14	4,4	0,15	5,7	0,14
II7	2,4	-0,08	4,4	0,44	3,4	0,19
II8	9,5	0,39	2,2	0,22	5,7	0,30

Tabelle 6: Schwierigkeitsindizes und Trennschärfenkoeffizienten (Testvorform)

3.6.2.4 Testgüte

Als Hauptgütekriterien für einen Test formulieren LIENERT und RAATZ (1994, S. 7 ff..) Objektivität, Reliabilität und Validität. Auf diese soll im folgenden der durchgeführte Test geprüft werden.

Objektivität: Die Unabhängigkeit der Testergebnisse von der Person des Untersuchers kann drei Aspekte betreffen (ebd., S. 8). Die *Durchführungsobjektivität*, also die Unabhängigkeit des Testergebnisses vom Verhalten des Untersuchers während der Testdurchführung, ist gegeben, da die Instruktionen in schriftlicher Form vorlagen und somit standardisiert sind. Zusätzlich wurden die Tests am Rechner von nur einer Person und der RVT ebenfalls von nur einem Untersucher durchgeführt, so daß hier keine Abweichungen auftreten dürften, da sich derselbe Tester bei der Instruktion im allgemeinen gleich verhält. Weitere Hilfen bei der Versuchsdurchführung wurden nicht gegeben. Die *Auswertungsobjektivität*, die Unabhängigkeit des Ergebnisses vom Auswerter bzw. vom Verfahren des

Auswertens, liegt vor, da die Tests aus Multiple-choice-Aufgaben bestehen, die nur richtig oder falsch beantwortet werden können, so daß bei der Auswertung kein Ermessensspielraum auftritt. Die *Interpretationsobjektivität*, also die Objektivität bei der Interpretation der gewonnenen Daten, ist ebenfalls gegeben, da es sich um Leistungstests handelt, deren Auswertung einen absoluten numerischen Wert liefert.

Reliabilität: Hierunter versteht man den Grad der Genauigkeit, mit der ein Test die Ausprägung eines bestimmten Merkmals mißt, die er zu messen beabsichtigt oder einfacher die Reproduzierbarkeit der Versuchsergebnisse. Es gibt drei grundsätzliche Möglichkeiten, die Reliabilität zu bestimmen (vgl. LIENERT & RAATZ 1994, S. 180 ff. sowie DIEHL & KOHR 1987, S. 384).

Bei der **Testwiederholungsmethode** wird der Testgruppe nach einem angemessenen Zeitraum der Test erneut präsentiert. Aus der Korrelation der Testergebnisse läßt sich auf die Reproduzierbarkeit schließen. Diese Methode kann hier nicht angewendet werden, da bei einem kurzen Zeitintervall zwischen Test und Retest der auftretende Lerneffekt die Retest-Reliabilität verfälschen würde. Ein längerer Zeitraum kann aber nicht gewählt werden, da es sich beim untersuchten Merkmal „Raumvorstellungsvermögen“ um kein konstantes Persönlichkeitsmerkmal handelt und besonders die untersuchte Altersgruppe einer raschen Entwicklung unterliegt.

Die **Paralleltestmethode** setzt das Erstellen eines Tests mit äquivalenten Aufgaben voraus. Die Ergebnisse von Test und Paralleltest einer Testgruppe werden dann korreliert. Dieses aufwendige und zeitintensive Verfahren steht zu den Ansprüchen an diesen Test in keiner Relation. Jedoch bietet sich die Möglichkeit, den RVT als Quasi-Paralleltest zu verwenden. Hiermit liegt zwar kein äquivalenter Test mit erfüllten Äquivalenzkriterien vor, wie LIENERT und RAATZ (1994, S. 299 ff.) sie verlangen, jedoch wird durch diesen Test die Fähigkeit zur Raumvorstellung gut abgesichert ermittelt und dies ist ja genau der Faktor, der hier zu messen beabsichtigt ist. Nach LIENERT und RAATZ (1994, S. 182) wird der Reliabilitätskoeffizient für einen Äquivalenztest über die Gleichung

$$r_{tt(äqui)} = \frac{r_{tt(Paralleltest)}}{\sqrt{r_{tt(A,Konsistenz)} \cdot r_{tt(B,Konsistenz)}}}$$

bestimmt, wobei im Zähler der Maßkorrelationskoeffizient von Test und Paralleltest steht. Dieser Korrelationskoeffizient dient der Ermittlung des Zusammenhangs zweier intervallskalierter Meßreihen und kann u.a. nach CLAUß und EBNER (1977, S. 117) durch

$$r_{tt} = \frac{\sum_{i=1}^{n}(x_i - \bar{x})(y_i - \bar{y})}{(n-1)s_x s_y}$$

berechnet werden, mit

$(x_i - \bar{x})$: Abweichung jedes x-Werts von seinem Mittelwert,

$(y_i - \bar{y})$: Abweichung jedes y-Werts von seinem Mittelwert,

n : Anzahl der Meßwertpaare,

s_x : Standardabweichung der x-Werte,

s_y : Standardabweichung der y-Werte.

Im Nenner der Gleichung für den Reliabilitätskoeffizienten stehen die durch Konsistenzanalyse ermittelten Korrelationen der jeweiligen Tests. Diese werden beispielsweise über die Formel von GULLIKSEN (LIENERT & RAATZ 1994, S. 193) ermittelt:

$$r_{tt} = \frac{n}{n-1}\left[1 - \frac{\sum_j p_j q_j}{\left(\sum_j r_{jt}\sqrt{p_j q_j}\right)^2}\right].$$

Hierbei ist

n : Anzahl der Aufgaben,

p : Schwierigkeitsindex / 100,

q : $1-p$ und

r_{jt} : Trennschärfenkoeffizient.

Die dritte Möglichkeit, den Reliabilitätskoeffizienten zu ermitteln, ist die **Testhalbierungsmethode**. Hierbei werden die Aufgaben in zwei gleich große Gruppen geteilt und miteinander korreliert. Der so gewonnene Halbierungskoeffizient r_{12} kann über die einfache Formel nach SPEARMAN-BROWN (DIEHL & KOHR 1987, S. 386)

$$r_{tt} = \frac{2r_{12}}{1 + r_{12}}$$

in den Reliabilitätskoeffizienten überführt werden. Die Halbierung der Aufgaben kann nach geradzahligen und ungeradzahligen Aufgaben erfolgen („even-odd-split-half"), nach Zufall oder aufgrund der gewonnenen Analysedaten. Es werden dabei Zweiergruppen von Aufgaben mit ähnlicher Schwierigkeit und Trennschärfe gebildet, die dann per Zufall auf zwei Gruppen verteilt werden.

Weitere Möglichkeiten der Reliabilitätsbestimmung über Methoden der Konsistenzanalyse stellen Verallgemeinerungen der Testhalbierungsmethode dar, da sie den Test im Extremfall in so viele Teile teilen, wie er Aufgaben besitzt.[46]

Für den vorliegenden Vortest werden drei Reliabilitätskoeffizienten bestimmt. Dies erscheint zwar aufwendig, jedoch wird durch mehrere Vergleiche eine besser abgesicherte Aussage erwartet, als dies durch Berechnung von nur einer Reliabilität der Fall wäre.

Erstens wird der aus dem Vergleich mit dem RVT ermittelte Parallel-Reliabilitätskoeffizient bestimmt. Diesem Vergleich liegt zwar, wie oben geschildert, keine echte Äquivalenz der Tests zugrunde, dennoch erscheint es sinnvoll, die vorliegenden Daten des RVT zu nutzen. Allerdings ist bei der Interpretation Vorsicht geboten.

Zweitens wird der durch die Even-odd-split-half-Methode gewonnene Koeffizient ermittelt. Dieses Verfahren ist einfach durchzuführen und daher auch häufig benutzt.

Drittens soll der aus Trennschärfe und Schwierigkeitsindex gewonnene Testhalbierungskoeffizient bestimmt werden. Da die Werte der Schwierigkeiten und Trennschärfen bereits vorliegen (Tabelle 6), ist auch dieses Verfahren einfach durchzuführen. Hierzu werden für den V3D-Test aus den Analysedaten die Aufgabenpaare I1/I2, I3/I5, I4/II1, I6/II2, I8/II3, I7/I12, I9/II8, II4/II5, I10/II6, I11/II7 gebildet, für den K3D-Test die Paare I2/I3, I1/I5, I4/II1, I6/II3, I8/II2, I10/I11, I9/II7, I7/I12, II6/II8, II4/II5. Die Elemente dieser Paare werden nach Zufall zwei Gruppen zugeordnet, deren Korrelation dann berechnet wird.

Für die drei Bestimmungsmethoden ergeben sich für den V3D- und den K3D-Test die in Tabelle 7 aufgeführten Reliabilitätskoeffizienten.

Die berechneten Koeffizienten erscheinen insgesamt durchaus ausreichend, die Erfüllung des Testgütekriteriums „Reliabilität" annehmen zu können. Die etwas niedrigeren Werte für die Paralleltestmethode sind sicherlich auf die bereits beschriebene mangelnde Äquivalenz des RVT zurückzuführen. Ansonsten liegen die Reliabilitätskoeffizienten in einem für die geringe Probandenzahl zufriedenstellenden Bereich.

[46] Einen ausführlichen Überblick über Methoden der Konsistenzanalyse geben LIENERT und RAATZ (1994, S. 191 ff.).

Testart	*Reliabilitätskoeffizienten*		
	Paralleltestmethode mit RVT $r_{tt(äqui)}$	*Even-odd-split-half-Methode* $r_{tt(even-odd)}$	*Split-half-Methode nach Daten* $r_{tt(Analysedaten)}$
V3D-Test	0,57	0,63	0,71
K3D-Test	0,60	0,71	0,82

Tabelle 7: Reliabilitätskoeffizienten (Testvorform)

Validität: Die Genauigkeit eines Tests, genau das Persönlichkeitsmerkmal zu messen, welches man messen will, ist ebenfalls gegeben, da in Übereinstimmung mit BARKE (1978, S. 52) der Raumvorstellungstest triviale Validität oder Augenscheinvalidität besitzt. Das zu messende Merkmal „Raumanschauungsvermögen" wird durch einen „Raumanschauungstest" erfaßt, deren Entsprechung offensichtlich ist.

Es kann also davon ausgegangen werden, daß insgesamt die Testgüte ausreichend ist.

Die von LIENERT und RAATZ (1994, S. 11 ff.) genannten **Nebengütekriterien** Normierung, Vergleichbarkeit, Ökonomie und Nützlichkeit sind für diesen Test entweder nicht relevant oder erfüllt. Normierung und Vergleichbarkeit wird nicht angestrebt, da der durchgeführte Test ausschließlich zwei Gruppen vergleichen will und keinen Vergleich zu anderen Tests benötigt. Ökonomie ist durch die kurze Bearbeitungszeit, die Durchführbarkeit in Gruppen sowie die rationelle Auswertung gegeben ebenso wie die Nützlichkeit, die evident aus den Überlegungen zum Zusammenhang von räumlichem Vorstellungsvermögen und dem Umgang mit Modellen zum Aufbau der Materie hervorgeht.

3.7 Testoptimierung

Mit den erhaltenen Daten des durchgeführten Tests ist eine Optimierung des Tests möglich. Diese ist angebracht, da die Analyse der Rohwerte ergibt, daß ein Großteil der Aufgaben aus Zeitmangel heraus nicht bearbeitet wurde. Weil die verwendeten Testaufgaben in ihrer Komplexität zunehmen, wurden in erster Linie nur die „leichten" Aufgaben bearbeitet und es sind kaum Aussagen über die Auswirkungen der virtuellen Aufgabenstellung bei „schwierigen" Aufgaben möglich. Da eine Verlängerung der Testzeit wegen der angestrebten Durchführbarkeit innerhalb einer Unterrichtsstunde unpraktikabel ist, muß der Test gekürzt werden. Zudem muß der Test nochmals durchgeführt werden, um auch die Klassenstufe 9 zu erfassen, die aus der Analyse des Vortests herausgenommen wurde. Die Überarbeitung erfolgt durch eine Analyse der im Vortest bestimmten Schwierigkeiten der Aufgaben und ihrer Trennschärfe.

3.7.1 Aufgabenselektion

Zur besseren Übersichtlichkeit werden die in der Aufgabenanalyse erhaltenen gewichteten Mittel der Schwierigkeiten und Trennschärfen in Abbildung 25 graphisch dargestellt.

Mit Hilfe dieses Diagramms kann nun die Aufgabenselektion analog der von LIENERT und RAATZ geschilderten Methode der rationalen Selektion erfolgen (1994, S. 128 f.). Die Kriterien für diese Selektion werden dort ebenfalls dargestellt (ebd., S. 115 f.). Das Ziel soll hierbei eine Halbierung der Aufgabenzahl pro Aufgabengruppe sein. Zuerst werden die Aufgaben mit geringer Trennschärfe und hoher Schwierigkeit eliminiert, da diese für die Einstufung der Probanden nutzlos sind. Dies betrifft die Aufgaben I10, I11, II5, II6 und II7. Zudem können einige Aufgaben mit geringer Schwierigkeit aus dem Test herausgenommen werden: I1, I3, I4. Die Aufgaben I2 und I5 verbleiben im Test, da sie eine „Eisbrecherfunktion“ übernehmen, d.h. durch einfache Aufgaben am Anfang werden die Schüler motivational positiv gegenüber dem Test eingestellt (ebd., S. 115). Somit sind aus der ersten Aufgabengruppe fünf und aus der zweiten drei Aufgaben eliminiert. Als letzte Aufgabe der Gruppe II wird nun Aufgabe II3 gestrichen, obwohl hier eine etwas höhere Trennschärfe als bei II4 vorliegt. Zur Abdeckung des gesamten Schwierigkeitsbereiches sollte II4 jedoch in die Testendform übernommen werden. Aus der ersten Aufgabengruppe wird I6 eliminiert, da ansonsten bei einer Herausnahme von I7 oder I9 ein Übergewicht der einfachen Aufgaben (Schwierigkeitsindex > 50) entstehen würde.

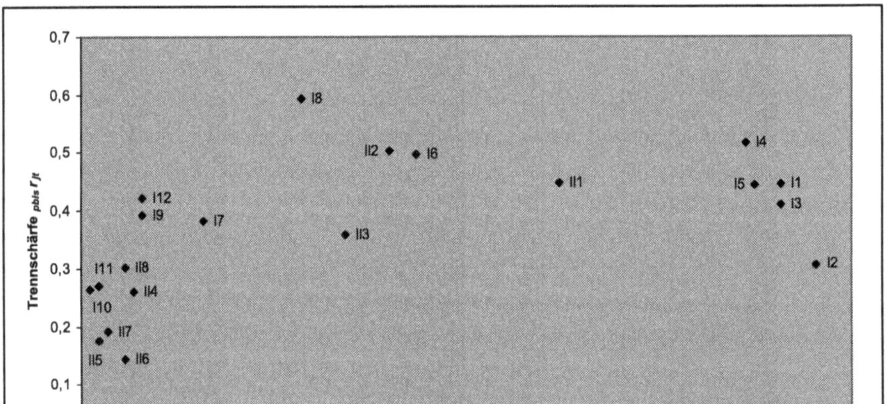

Abbildung 25: Schwierigkeit-Trennschärfe-Diagramm der gewichteten Mittel (Testvorform)

3.7.2 Testendform

Somit ist nun eine Testform gefunden, die die ursprünglichen Aufgaben I2, I5, I7, I8, I9 und I12 sowie die Aufgaben II1, II2, II4 und II8 enthält. Die Reihenfolge wird nach steigender Schwierigkeit innerhalb der Aufgabengruppen geändert: I2, I5, I8, I12, I9, I7 und II1, II2, II8, II4. Zur Unterscheidung der Testaufgaben von Vor- und Endform werden diese Aufgabennummern im folgenden mit arabischen Ziffern gekennzeichnet (1.1-1.6; 2.1-2.4).

Um nicht erneut die Zeitbegrenzung zu eng zu setzen, wird die Bearbeitungszeit pro Aufgabe verlängert. Da aus den Daten hervorgeht, daß bei dem Vortest viele Schüler ab der achten Aufgabe der ersten Aufgabengruppe und der sechsten Aufgabe der zweiten Gruppe nicht mehr die Aufgaben bearbeitet haben, soll die Bearbeitungszeit annähernd verdoppelt werden. Es werden nun fünf Minuten je Aufgabengruppe vorgegeben. Dies ist die auch von BARKE (1978, S. 188) angegebene Zeit, allerdings sind die Zeiten für das Wechseln zwischen den Aufgaben (jeweils 10 Sekunden) schon einbezogen.

Das Menüprogramm zur Aufgabenanwahl wird dahingehend geändert, daß für jede Aufgabe nur ein Objekt angewählt werden muß, so daß nicht mehr gleichzeitig mehrere Aufgaben zu einem Objekt gestellt werden. Der Testbogen wird ebenfalls angepaßt.

3.8 Hauptuntersuchung

Nachdem mit den Mitteln der klassischen Testtheorie der entwickelte Test verbessert wurde, soll er zur Überprüfung der Testhypothese „Das Raumvorstellungsvermögen wird durch computerunterstützte virtuelle Darstellung von dreidimensionalen Objekten im Vergleich zu zweidimensional präsentierten Objekten positiv beeinflußt.“ (vgl. Kap. 3.1) eingesetzt werden. Die durchgeführte Untersuchung wird im weiteren Verlauf geschildert.

3.8.1 Durchführung und Stichprobendaten

Im November 1998 wurde der Test in seiner oben beschriebenen Endform an einer Realschule im Kölner Raum durchgeführt. Wie im Vortest wurden jeweils zwei Klassen der Jahrgangsstufen 7, 8 und 9 untersucht, allerdings mit größerer Klassenstärke. Die Ausstattung des Computerraums war qualitativ identisch mit der des im Vortest benutzten Raumes. Es standen hier ebenfalls 15 Computer zur Verfügung, eine ausreichende Anzahl.

Der Test wurde auf zwei Tage verteilt. Am ersten Tag wurden von der dritten bis zur fünften Stunde die Klassen 7b, 9b und 8a, am zweiten Tag in der dritten Stunde die Klasse 9a, in der vierten die Klasse 8c und in der sechsten Stunde die Klasse 7a untersucht. Die Schüleranzahl sowie das Alter der Testgruppen sind in Tabelle 8 aufgeführt.

Testart	*Klasse*	*Schüler*	*Mädchen*	*Jungen*	*Alter*	*Alter Mädchen*	*Alter Jungen*
Test-gruppe (V3D-Test)	7a	12	6	6	12,92	12,83	13,00
	7b	13	6	7	12,69	12,67	12,71
	8a	15	10	5	13,73	13,60	14,00
	8c	13	8	5	13,77	13,63	14,00
	9a	13	9	4	14,77	14,67	15,00
	9b	10	6	4	14,90	15,33	14,25
	Gesamt	76	45	31	13,76	13,82	13,68
Kontroll-gruppe (K3D-Test)	7a	13	7	6	12,54	12,14	13,00
	7b	12	5	7	12,50	12,60	12,42
	8a	14	5	9	13,57	13,60	13,56
	8c	14	11	3	13,69	13,90	13,00
	9a	11	5	6	14,55	14,20	14,83
	9b	10	4	6	14,60	14,75	14,50
	Gesamt	74	37	37	13,52	13,47	13,59
Gesamtstichprobe		150	82	68	13,64	13,66	13,63

Tabelle 8: Daten der Stichprobe

Jede Klasse wurde zuerst in ihrem Klassenraum aufgesucht und der Ablauf der Untersuchung allen Schülern mitgeteilt. Im Anschluß wurden die Klassen nach Nachnamen der Schüler alphabetisch in zwei etwa gleich starke Gruppen geteilt. Durch die Teilung der Klassen in Test- und Vergleichsgruppe nach einem alphabetischen Kriterium soll die Zufälligkeit der Stichproben gewahrt werden. Die erste Gruppe wurde in den Computerraum geführt und bearbeitete den V3D-Test, danach wurde gewechselt und die zweite Gruppe bearbeitete als Kontrollgruppe den K3D-Test. Im Klassenraum löste jede Gruppe unter Aufsicht und Anleitung eines zweiten Testers den RVT. Durch die im Vergleich zum Vortest verkürzte Bearbeitungszeit traten keine Zeitprobleme auf. Jede Schulklasse konnte innerhalb einer Unterrichtsstunde getestet werden.

Ebenso wie im Vortest gab es keine Schüler, denen der Umgang mit Computer und Maus fremd war. Alle Schüler beantworteten die Fragen auf dem Testbogen entsprechend positiv. (Dies kann im übrigen schon als ein Ergebnis dieser Studie aufgefaßt werden: Bei der Vor- und Hauptuntersuchung wurden insgesamt 237 Schüler untersucht, die alle über grundlegende Computerkenntnisse verfügten. Hierbei ist hinzuzufügen, daß für die unteren Klassen noch kein Regelunterricht in Informationstechnologie stattgefunden hatte. Die Argumentation gegen einen Computereinsatz im Fachunterricht aufgrund mangelnder Kenntnisse bei der Bedienung, einhergehend mit der Begründung, eine Vermittlung dieser Fertigkeiten würde von den „eigentlichen" Inhalten ablenken, scheint angesichts der fortschreitenden Computerisierung des Freizeitverhaltens und auch des Schulwesens kaum noch haltbar zu sein.)

Für den V3D- und K3D-Test beträgt die **Bearbeitungszeit**, wie in Kap. 3.7.2 geschildert, jeweils fünf Minuten pro Aufgabengruppe. Der RVT bleibt unverändert (9 Minuten).

Die **Instruktionen** zu den Tests bleiben unverändert (vgl. Kap. 3.6.1).

Der **Testbogen** wurde der verringerten Aufgabenzahl angepaßt (vgl. Anhang A 3.3).

Ebenfalls wurde das **Menüprogramm** angepaßt und nach den Überlegungen aus Kap. 3.7.2 verändert. Das Testprogramm der Testendform ist in Anhang A 3.2 wiedergegeben. Die zugehörigen Körper finden sich in Anhang A 3.1.

3.8.2 Ergebnisanalyse

Wie im Vortest werden die Rohwerte der Testgruppen hinsichtlich ihrer Normalverteilung geprüft. Ebenfalls wird die Erfüllung der Testgütekriterien nochmals untersucht. Im Anschluß wird die Signifikanz der Testergebnisse zur Annahme oder Ablehnung der Untersuchungshypothese ermittelt und weitere sekundäre Ergebnisse der Untersuchung werden beschrieben.

3.8.2.1 Rohwerte

In der Tabelle 9 sind die erreichten Mittelwerte und Standardabweichungen der Testgruppen aufgeführt. Die Urliste der Daten ist in Anhang A 1.3 zu finden.

Aus der Tabelle geht hervor, daß die Leistungen der Testgruppe deutlich höher sind als die der Kontrollgruppe. Dies gilt durchgängig für alle Klassen. Ob diese Differenz allerdings signifikant ist, kann erst eine genaue Prüfung ergeben. Die Standardabweichungen im RVT entsprechen im wesentlichen den von AMTHAUER (1953) bestimmten Standardwerten, die Mittelwerte liegen durchweg etwas höher.

Klasse	*Testgruppe*				*Kontrollgruppe*			
	V3D-Test		*RVT*		*K3D-Test*		*RVT*	
	$\bar{x}$	s	$\bar{x}$	s	$\bar{x}$	s	$\bar{x}$	s
7a	5,25	2,05	8,92	2,97	4,15	1,57	8,77	3,14
7b	5,54	1,61	8,46	2,88	4,75	2,09	9,08	2,97
8a	5,40	2,13	10,27	2,58	5,21	2,19	9,57	2,62
8c	7,00	2,12	11,00	1,29	5,00	1,47	8,36	2,73
9a	7,31	1,32	9,15	4,18	5,36	1,56	8,45	4,06
9b	6,60	2,01	10,00	2,98	6,10	2,28	8,80	3,61
Gesamt	**6,16**	2,01	9,64	2,96	**5,05**	1,90	8,85	3,09

Tabelle 9: Rohpunktmittelwerte $\bar{x}$ und Standardabweichungen s

3.8.2.2 Prüfung auf Normalverteilung

Entsprechend der Vorgehensweise im Vortest werden die Ergebnisse auf Normalverteilung als Voraussetzung zur weiteren statistischen Analyse geprüft. Hierzu werden wieder die Häufigkeitsverteilungen als Tabelle (Tabelle 10) und als Histogramm (Abbildung 26 bis Abbildung 29) sowie weitere Kennwerte (Tabelle 11) herangezogen.

Die Histogramme lassen auf eine angenäherte Normalverteilung der Stichprobenwerte schließen, wobei im V3D-Test allerdings eine recht große Schiefe auftritt, wie sich auch in den Kenngrößen dokumentiert ist. Dennoch sind die Übereinstimmungen von Mittelwert, Median und Modus ausreichend, um eine Normalverteilung annehmen zu können.

Rohpunkte	*Testgruppe*				*Kontrollgruppe*			
	V3D-Test		*RVT*		*K3D-Test*		*RVT*	
	Häufigkeit	*Kumuliert*	*Häufigkeit*	*Kumuliert*	*Häufigkeit*	*Kumuliert*	*Häufigkeit*	*Kumuliert*
0	0	0,00%	0	0,00%	0	0,00%	0	0,00%
1	0	0,00%	0	0,00%	2	2,70%	0	0,00%
2	4	5,26%	1	1,32%	6	10,81%	1	1,35%
3	4	10,53%	0	1,32%	5	17,57%	2	4,05%
4	10	23,68%	2	3,95%	14	36,49%	1	5,41%
5	9	35,53%	4	9,21%	22	66,22%	7	14,86%
6	12	51,32%	6	17,11%	6	74,32%	7	24,32%
7	17	73,68%	3	21,05%	14	93,24%	5	31,08%
8	8	84,21%	10	34,21%	1	94,59%	12	47,30%
9	12	100,00%	11	48,68%	3	98,65%	12	63,51%
10	0	100,00%	10	61,84%	1	100,00%	7	72,97%
11			9	73,68%			3	77,03%
12			2	76,32%			8	87,84%
13			11	90,79%			3	91,89%
14			5	97,37%			2	94,59%
15			1	98,68%			3	98,65%
16			1	100,00%			1	100,00%
17			0	100,00%			0	100,00%
18			0	100,00%			0	100,00%
19			0	100,00%			0	100,00%
20			0	100,00%			0	100,00%

Tabelle 10: Häufigkeiten und kumulierte Häufigkeiten

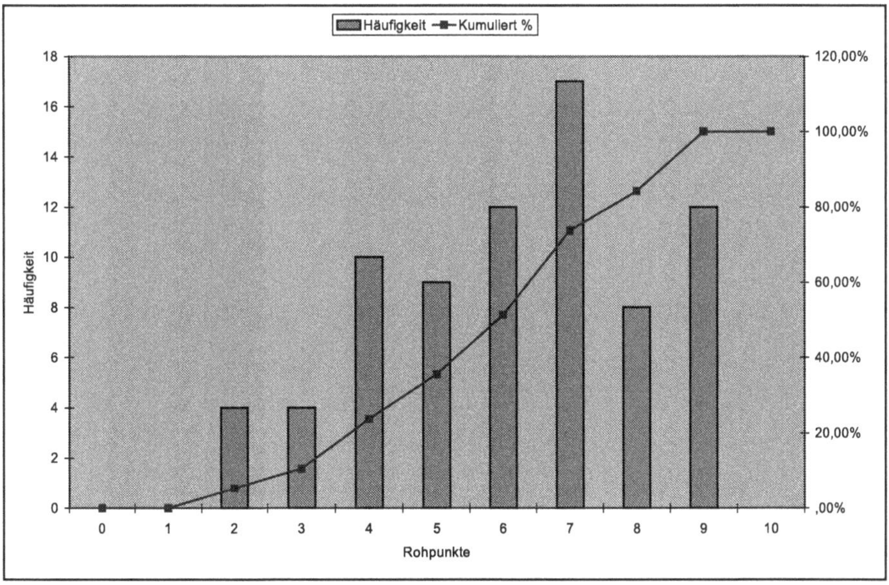

Abbildung 26: Histogramm des V3D-Tests

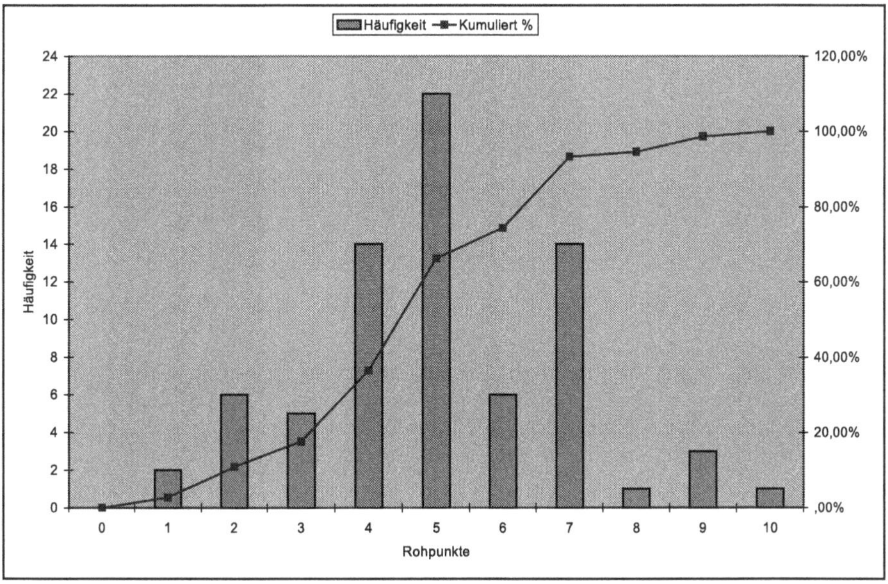

Abbildung 27: Histogramm des K3D-Tests

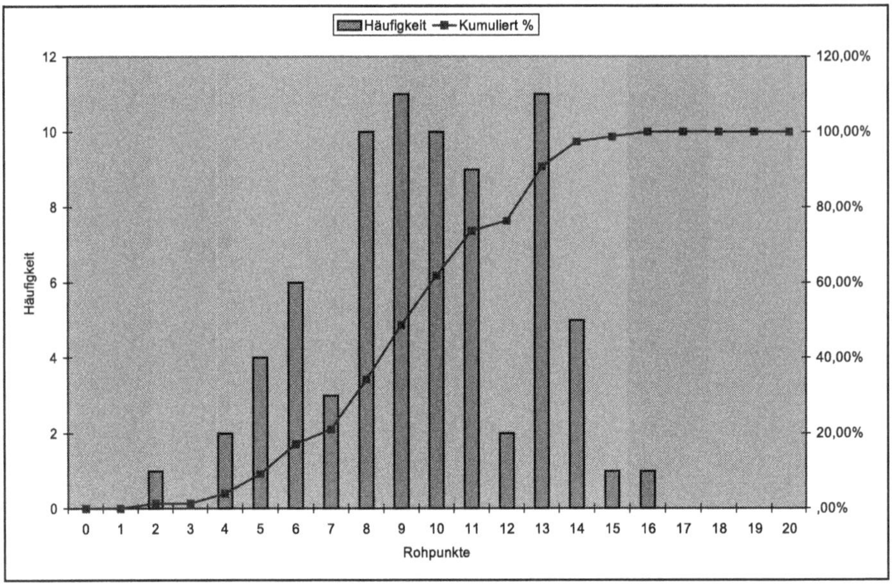

Abbildung 28: Histogramm des RVT der Testgruppe

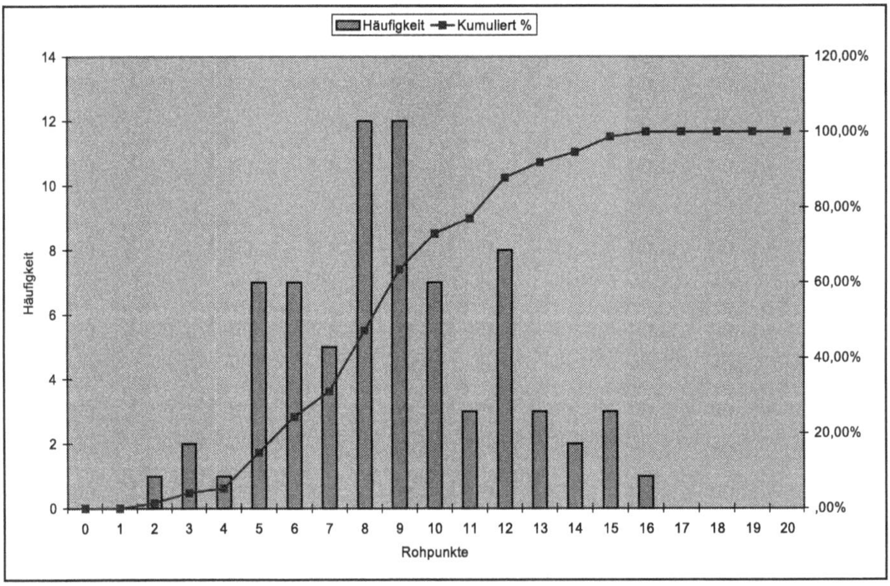

Abbildung 29: Histogramm des RVT der Kontrollgruppe

Kenngrößen	*Testgruppe*		*Kontrollgruppe*	
	V3D-Test	*RVT*	*K3D-Test*	*RVT*
Mittelwert	6,16	9,64	5,05	8,85
Median	6	10	5	9
Modus	7	9	5	8
Standardabweichung	2,01	2,96	1,90	3,09
Stichprobenvarianz	4,05	8,77	3,61	9,55
Schiefe	-0,32	-0,17	0,15	0,19
Wertebereich	7	14	9	14
Minimum	2	2	1	2
Maximum	9	16	10	16
Summe	468	733	374	655
Anzahl	76	76	74	74

Tabelle 11: Kenngrößen

3.8.2.3 Schwierigkeiten- und Trennschärfenbestimmung

Mit den in Kap. 3.6.2.3 erläuterten Verfahren werden die Schwierigkeiten und Trennschärfen für die einzelnen Aufgaben bestimmt. Sie sind Tabelle 12 zu entnehmen.

Betrachtet man die Werte in einem Schwierigkeit-Trennschärfe-Diagramm (Abbildung 30), so ist zu erkennen, daß eine gute Verteilung vorliegt. Die Aufgabenwahl ist also zufriedenstellend ausgefallen.

Aufgabe	*V3D-Test*		*K3D-Test*		*Gewichtete Mittel V3D-/K3D-Test*	
	Schwierigkeitsindex P	*Trennschärfekoeffizient* $_{pbis}r_{jt}$	*Schwierigkeitsindex P*	*Trennschärfekoeffizient* $_{pbis}r_{jt}$	*Schwierigkeitsindex P*	*Trennschärfekoeffizient* $_{pbis}r_{jt}$
1.1	97,4	0,05	100	0	98,7	0,01
1.2	89,5	0,33	91,89	0,48	90,7	0,37
1.3	64,5	0,48	52,70	0,48	58,7	0,49
1.4	67,1	0,55	68,92	0,50	68,0	0,50
1.5	46,1	0,64	32,43	0,56	39,3	0,61
1.6	36,8	0,36	12,16	0,45	24,7	0,44
2.1	82,9	0,39	72,97	0,51	78,0	0,46
2.2	43,4	0,59	36,49	0,58	40,0	0,58
2.3	60,5	0,55	25,68	0,47	43,3	0,56
2.4	27,6	0,45	12,16	0,47	20,0	0,48

Tabelle 12: Schwierigkeiten und Trennschärfen

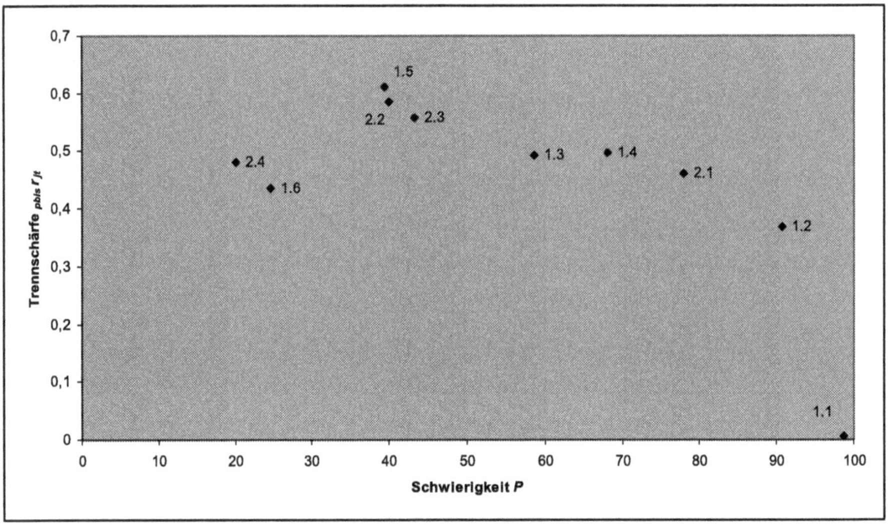

Abbildung 30: Schwierigkeit-Trennschärfe-Diagramm der gewichteten Mittel

3.8.2.4 Testgüte

Die Testgütekriterien **Objektivität** und **Validität** sowie die Nebengütekriterien wurden bereits im Rahmen des Vortests besprochen (Kap. 3.6.2.1). Da sich durch die Neufassung des Tests hier keine Änderungen ergeben, gilt das dort Gesagte auch für die Testendform. Die **Reliabilität** muß allerdings aufgrund der veränderten Aufgabenstruktur erneut nachgewiesen werden. Zur Bestimmung der Reliabilitätskoeffizienten werden die gleichen Verfahren wie im Vortest angewendet. Es ist hierzu nur noch zu erwähnen, daß bei der Split-half-Methode nach Analyse der Schwierigkeiten und Trennschärfen die Paare 1.1/1.2, 1.3/2.1, 1.4/2.3, 1.5/2.2, 1.6/2.4 für den V3D-Test und die Paare 1.1/1.2, 1.2/2.3, 1.4/2.1, 1.5/2.2, 1.6/2.4 für den K3D-Test gebildet wurden. Die so ermittelten Koeffizienten sind in Tabelle 13 aufgeführt.

Wie im Vortest sind auch hier die Reliabilitäten in der Paralleltestmethode recht gering. Insgesamt kann jedoch die Reliabilität als erfüllt angesehen werden.

Testart	*Reliabilitätskoeffizienten*		
	Paralleltestmethode mit RVT $r_{tt(äqui)}$	*Even-odd-split-half-Methode* $r_{tt(even-odd)}$	*Split-half-Methode nach Daten* $r_{tt(Analysedaten)}$
V3D-Test	0,33	0,67	0,67
K3D-Test	0,48	0,57	0,68

Tabelle 13: Reliabilitätskoeffizienten

3.8.3 Überprüfung der Testhypothese

Die durch die Untersuchung gefundenen Rohpunktmittelwerte von $\bar{x}_{(V3D-Test)} = 6{,}16$ der Testgruppe und $\bar{x}_{(K3D-Test)} = 5{,}05$ der Kontrollgruppe lassen darauf schließen, daß die Testhypothese angenommen werden kann, da bei der hohen Probandenzahl von $N = 150$ die Differenz von 1,11 Rohpunkten kaum noch durch statistische Zufälligkeit bedingt sein kann. Bei der geringen Aufgabenzahl von $n = 10$ entspricht diese Differenz einem Leistungsunterschied von 11% der beiden Gruppen. Dennoch muß die Differenz auf Signifikanz bezüglich zufälliger Einflüsse geprüft werden.

Bevor der t-Test zur Signifikanzprüfung angewendet werden kann, ist es notwendig zu prüfen, ob die Varianzen der beiden den Stichproben zum V3D- und K3D-Test zugehörigen Grundgesamtheiten (also alle Schüler der Klassen 7, 8, und 9, über die ja eine über die Stichprobe hinausgehende verallgemeinerte Aussage getroffen werden soll) gleich sind. Die Nullhypothese bei diesem Test ist, daß die Gleichheit beider Varianzen vorliegt.

Der FISHER-F-Test (CLAUß & EBNER 1977, S. 210)

$$F = \frac{s_1^2}{s_2^2}$$

bildet das Verhältnis der Varianzen zweier unabhängiger Stichproben. Der F-Wert wird mit dem Wert der F-Verteilung für eine bestimmte Irrtumswahrscheinlichkeit verglichen. Ist der ermittelte F-Wert kleiner als der Tabellenwert der F-Verteilung (vgl. hierzu z.B. CLAUß & EBNER 1977, S. 480 ff. oder BORTZ 1989, S. 842 ff.), so wird die Nullhypothese angenommen, andernfalls abgelehnt.

Der für die vorliegende Untersuchung bestimmte F-Wert von 1,12 ist kleiner als der kritische Wert von 1,47 (vgl. Tabelle 14). Somit muß die Nullhypothese mit einer Irrtumswahrscheinlichkeit von 10% angenommen werden.[47] Die Varianzen sind also gleich und der t-Test kann durchgeführt werden.

Ob der gefundene Mittelwertunterschied der Rohwerte beim V3D- und K3D-Test bedeutsam ist oder nur aus statistischen Ursachen (durch zufällige Einflüsse) zustande gekommen ist, läßt sich für kleine und mittlere Stichproben wie der hier vorliegenden hinreichend durch den t-Test bestimmen (CLAUß & EBNER 1977, S. 207):

---

[47] Der Test wurde auf Signifikanzniveau $\alpha=0{,}05$ bei einseitiger Fragestellung durchgeführt, was einem 10%-Niveau für zweiseitige Fragestellung entspricht (CLAUß & EBNER 1977, S. 211). Dies ist für den F-Test ausreichend (ebd.).

		Kontrollgruppe (K3D-Test)	*Testgruppe (V3D-Test)*
Stichprobendaten	Mittelwert	5,05	6,16
	Varianz	3,61	4,05
	Beobachtungen	74	76
	Freiheitsgrade (df)	73	75
F-Test	**Prüfgröße (F)**	**1,12**	
	P(F<=f) einseitig	0,31	
	Kritischer F-Wert bei einseitigem Test	1,47	

Tabelle 14: Zwei-Stichproben-F-Test

$$t = \frac{\overline{x}_1 - \overline{x}_2}{s} \cdot \sqrt{\frac{n_1 \cdot n_2}{n_1 + n_2}} \ ;$$

mit

$\overline{x}_1$ und $\overline{x}_2$: Rohpunktmittelwerte der Stichproben,

n_1 und n_2 : Anzahl der Probanden der Stichproben und

s : Standardabweichung der Grundgesamtheit, geschätzt über das gewogene Mittel der Stichprobenvarianzen s_1^2 und s_2^2, zu bestimmen über

$$s = \sqrt{\frac{(n_1 - 1)s_1^2 + (n_2 - 1)s_2^2}{n_1 + n_2 - 2}} \ .$$

Die Nullhypothese hierfür lautet, daß die Mittelwerte sich nicht unterscheiden. Ist der t-Wert kleiner als der Wert der t-Verteilung für eine bestimmte Irrtumswahrscheinlichkeit, so muß analog dem Verfahren im F-Test die Nullhypothese angenommen werden. Der Test kann eine ein- oder zweiseitige Fragestellung umfassen. Der einseitige Test entscheidet über die Annahme oder Ablehnung der Alternativhypothese, daß ein Mittelwert einer bestimmten Stichprobe signifikant größer als der einer anderen ist, wie es hier angestrebt ist, da danach gefragt ist, ob die Testgruppe durch den V3D-Test einen Leistungsvorsprung gegenüber der Kontrollgruppe erreicht. Der zweiseitige Test entscheidet nur darüber, ob die Mittelwerte ungleich sind, unabhängig davon, welcher höher ist. Der t-Test wird für die Irrtumswahrscheinlichkeiten von 5%, 1% und 0,1% (oder $\alpha = 0{,}05$, $\alpha = 0{,}01$ und $\alpha = 0{,}001$) durchgeführt, was der gebräuchlichen Einteilung der Verläßlichkeitniveaus in signifikante, sehr signifikante und hochsignifikante Aussagen entspricht (vgl. CLAUß & EBNER 1977, S. 189).

Der berechnete t-Wert von 3,451 (vgl. Tabelle 15) ist auf allen Signifikanzniveaus bei einseitiger (und auch zweiseitiger) Fragestellung größer als der kritische Wert. Die Nullhypothese ist also zurückzuweisen und die Alternativhypothese anzunehmen.

			Testgruppe (V3D-Test)	*Kontrollgruppe (K3D-Test)*
Stichproben-daten	Mittelwert		6,16	5,05
	Varianz		4,05	3,61
	Beobachtungen		76	74
t-Test	Freiheitsgrade (df)		148	
	Prüfgröße (t)		**3,451**	
	P(T<=t) einseitig		0,00036	
	P(T<=t) zweiseitig		0,00073	
	Kritischer t-Wert für $\alpha = 0{,}05$	Einseitig	1,655	
		Zweiseitig	1,976	
	Kritischer t-Wert für $\alpha = 0{,}01$	Einseitig	2,352	
		Zweiseitig	2,609	
	Kritischer t-Wert für $\alpha = 0{,}001$	Einseitig	3,146	
		Zweiseitig	3,357	

Tabelle 15: Zwei-Stichproben-t-Test unter Annahme gleicher Varianzen

Es muß also davon ausgegangen werden, daß die gemessene Differenz der Mittelwerte von V3D- und K3D-Test nicht zufällig ist und aufgrund der oben erwiesenen Testgüte dieser Effekt auf der unterschiedlichen Präsentation der Raumvorstellungsaufgaben gründet. Die Testhypothese wird bestätigt:

Das Raumvorstellungsvermögen wird durch computerunterstützte virtuelle Darstellung von dreidimensionalen Objekten im Vergleich zu zweidimensional präsentierten Objekten positiv beeinflußt.

Diese Aussage ist mit einer Irrtumswahrscheinlichkeit von 0,1% hochsignifikant für Schüler der 7., 8. und 9. Jahrgangsstufen.

3.8.4 Weitere Ergebnisse

Mit den ermittelten Testdaten bieten sich noch weitere Untersuchungen an. So können gruppenspezifische Aussagen über die Leistungen der Schüler im Vergleich von Mädchen und Jungen[48] und im Vergleich der Jahrgangsstufen getroffen werden. Auf Analysen hinsichtlich des Alters der Schüler wird verzichtet, da die Klassenstufe im wesentlichen diese Variable repräsentiert. Aus Tabelle 8 ist ersichtlich, daß die Jahrgangsstufen den ungefähren Altersstufen von 12-13, 13-14 und 14-15 entsprechen. Große Streuungen sind innerhalb der Jahrgangsstufen

[48] Es sei an dieser Stelle erneut darauf hingewiesen, daß es sich beim Begriff „Schüler" um eine Funktionsbezeichnung handelt. Mit „Schüler" sind sowohl Mädchen als auch Jungen gemeint. Bei anschließenden Analysen hinsichtlich des Geschlechts wird hingegen explizit von „Mädchen" und „Jungen" gesprochen.

nicht zu erwarten. Die Standardabweichungen von den Altersdurchschnitten liegen bei $s_{Jhg.7} = 0{,}77$, $s_{Jhg.8} = 0{,}72$ und $s_{Jhg.9} = 0{,}70$ und stützen diese Überlegung.

Die Testdaten können unter zwei Aspekten einer genaueren Betrachtung unterzogen werden. Zum einen können Aussagen über den Einfluß der Variablen Geschlecht und Jahrgangsstufe auf das Raumvorstellungsvermögen der Schüler überhaupt gemacht werden. Hierzu werden die Ergebnisse des V3D- und K3D-Tests zusammengefaßt betrachtet. (Diese Verbindung wird im folgenden als 3D-Test bezeichnet.) Ebenfalls kann hier der RVT analysiert werden. Interessanter im Hinblick auf die Fragestellung der Untersuchung sind jedoch die Auswirkungen dieser Variablen auf die erbrachten Leistungen bei virtueller oder konventioneller Präsentation der Aufgaben, also im Vergleich von V3D- und K3D-Test. Zusätzlich soll hier noch untersucht werden, ob sich Unterschiede zwischen den einzelnen Aufgaben ergeben.

In Tabelle 16 sind zunächst die Rohpunktmittelwerte nach Geschlecht und Jahrgang wiedergegeben.

Mit dem Fokus auf das Raumvorstellungsvermögen ist in den entsprechenden beiden letzten Spalten der Tabelle 16 ein auffallender Trend zu bemerken, und zwar das bis auf einen Wert bessere Abschneiden der Jungen. Inwieweit diese Unterschiede statistisch signifikant sind, soll im folgenden geprüft werden. Hierbei wird analog dem Vorgehen zur Überprüfung der Testhypothese mittels F- und t-Test auf die Signifikanzniveaus 5%, 1% und 0,1% geprüft. Tabelle 17 gibt die so ermittelten Signifikanzen an, wobei die Niveaus durch (*), (**) und (***) symbolisiert werden. Der Test wird aufgrund des allgemeinen Trends der höheren Mittelwerte der Jungen unter einseitiger Fragestellung durchgeführt: Erbringen Jungen höhere Leistungen als Mädchen?

Für den RVT können keine signifikanten Unterschiede der Leistungen von Mädchen und Jungen festgestellt werden. In den Jahrgangsstufen 7 und 8 erzielen Jungen im 3D-Test hingegen bessere Ergebnisse. Im Gesamtergebnis zeigen

	V3D-Test			*K3D-Test*			*V3D- und K3D-Test*			*RVT*		
	w	*m*	*Ges.*	*w*	*m*	*Ges.*	*w*	*m*	*Ges.*	*w*	*m*	*Ges.*
Jahrgangsstufe 7	4,67	6,08	5,40	4,25	4,62	4,44	4,46	5,65	4,92	8,17	9,38	8,80
Jahrgangsstufe 8	5,44	7,40	6,14	4,94	5,33	5,11	5,21	6,27	5,63	9,88	9,64	9,79
Jahrgangsstufe 9	7,07	6,88	7,00	4,67	6,50	5,71	4,46	5,35	6,39	8,17	9,38	9,05
Gesamt	5,78	6,71	6,16	4,65	5,46	5,05	5,27	6,03	5,61	9,07	9,44	9,25

Tabelle 16: Rohpunktmittelwerte nach Geschlecht und Jahrgangsstufen

	V3D- und K3D-Test	*RVT*
Jahrgangsstufe 7	*	–
Jahrgangsstufe 8	*	–
Jahrgangsstufe 9	–	–
Gesamt	*	–

Tabelle 17: Signifikanzen der Rohpunktunterschiede nach Geschlecht

Jahrgangsstufen	*V3D- und K3D-Test*	*RVT*
7 – 8	*	*
8 – 9	*	–
7 – 9	***	–

Tabelle 18: Signifikanzen der Rohpunktunterschiede nach Jahrgangsstufen

Jungen hier ebenfalls signifikant höhere Leistungen. Somit kann festgestellt werden:

Jungen erbringen höhere Leistungen als Mädchen im 3D-Test.

Weiterhin kann untersucht werden, ob sich die Jahrgangsstufen in ihren Leistungen unterscheiden. Hierzu werden die Rohpunkte von jeweils zwei Jahrgangsstufen mittels einseitigem t-Test verglichen. Die Signifikanzen gibt Tabelle 18 wieder.

Es unterscheiden sich auf dem 5%-Niveau nur die 7. von der 8. Klasse im RVT. Für die zusammengefaßten Ergebnisse des V3D- und K3D-Tests sind jedoch die Unterschiede zwischen den Jahrgangsstufen signifikant, bei dem Vergleich der 7. mit der 9. Klasse sogar hochsignifikant.

Für den Vergleich der Jahrgangsstufen kann allerdings auch das Verfahren der einfaktoriellen Varianzanalyse[49] angewendet werden, das gegenüber einer Kombination von t-Tests den Vorteil hat, keine „zufälligen" Signifikanzen zu erzeugen (BORTZ 1989, S. 303 f.).

Es zeigt sich in der Ergebnistabelle der Varianzanalyse (Tabelle 19) eine Bestätigung der mittels t-Test gewonnenen Ergebnisse. Der RVT zeigt keine Unter-

---

49 Auf die statistischen Grundlagen der Varianzanalyse kann hier nicht näher eingegangen werden. Eine ausführliche Beschreibung diese Verfahrens findet sich beispielsweise bei BORTZ (1989, S. 297 ff.). Prinzipiell geben Varianzanalysen die Möglichkeit, „die Unterschiedlichkeit von Versuchspersonen in bezug auf ein Merkmal (abhängige Variable) [hier die Raumvorstellung, Anm. d. Verf.] auf eine oder mehrere unabhängige Variablen [hier die Jahrgangsstufen, Anm. d. Verf.] zurückzuführen" (ebd., S. 298).

	Streuungsursache	*Quadratsummen (SS)*	*Freiheitsgrade (df)*	*Mittlere Quadratsumme (MS)*	***Prüfgröße (F)***
V3D- und K3D-Test	Unterschiede zwischen den Gruppen	50,34	2	25,17	**6,57****
	Innerhalb der Gruppen	563,24	147	3,83	
	Gesamt	613,57	149		
RVT	Unterschiede zwischen den Gruppen	27,31	2	13,65	**1,49**
	Innerhalb der Gruppen	1351,06	147	9,19	
	Gesamt	1378,37	149		

Tabelle 19: Varianzanalyse der Rohpunktunterschiede nach Jahrgängen

schiede zwischen den Jahrgangsstufen, während diese beim 3D-Test sehr signifikant (1%-Niveau) sind. Es kann festgestellt werden:

Schüler höherer Jahrgangsstufen zeigen eine bessere Leistung im Vergleich zu Schülern niedrigerer Jahrgangsstufen im 3D-Test.

Neben diesen allgemeine Feststellungen zum Raumvorstellungsvermögen interessiert jedoch besonders der Vergleich von V3D- und K3D-Test. Fragt man nach der Signifikanz der besseren Leistungen der Schüler im V3D-Test aufgeschlüsselt nach Geschlecht, so ergibt sich das in Tabelle 20 wiedergegebene Bild.

Mädchen sowie Jungen erreichen sehr signifikant bessere Ergebnisse im V3D-Test als im K3D-Test.

Interessant sind die Signifikanzen in bezug auf die Jahrgangsstufe. Jungen der Klassen 7 und 8 erzielen höhere Mittelwerte im V3D-Test, Mädchen jedoch nicht. Dies invertiert sich in der Klasse 9, in der Mädchen hochsignifikant bessere Leistungen zeigen, Jungen jedoch keinen Vorteil aus der virtuellen Präsentation ziehen können. Auf diesen Aspekt wird in der Diskussion der Ergebnisse im nächsten Kapitel noch einzugehen sein.

Jahrgangsstufe	*7*	*8*	*9*	*Ges.*
Mädchen	–	–	***	**
Jungen	*	*	–	**

Tabelle 20: Signifikanzen der Rohpunktunterschiede zwischen V3D- und K3D-Test nach Geschlecht

Jahrgangsstufen	*V3D- vs. K3D-Test*
7	*
8	*
9	*

Tabelle 21: Signifikanzen der Rohpunktunterschiede zwischen V3D- und K3D-Test nach Jahrgangsstufen

Aufgaben	1.1	1.2	1.3	1.4	1.5	1.6	2.1	2.2	2.3	2.4
Signifikanz	–	–	–	–	*	***	–	–	***	**

Tabelle 22: Signifikanzen der Rohpunktunterschiede zwischen V3D- und K3D-Test nach Aufgaben

Nach Jahrgangsstufen getrennt ergeben sich unter einseitiger Fragestellung die in Tabelle 21 aufgeführten Signifikanzen.

Es können hierbei keine Unterschiede der Signifikanzen zwischen den Jahrgängen festgestellt werden:

Schüler aller Jahrgangsstufen erreichen bessere Ergebnisse im V3D-Test als im K3D-Test.

Betrachtet man die erzielten Ergebnisse für jede einzelne Aufgabe, so kann man auch hier die Leistungen im V3D- und K3D-Test vergleichen. Tabelle 22 gibt die Signifikanzniveaus für die Aufgaben wieder.

Es ist auffallend, daß jeweils die letzten beiden Aufgaben jeder Aufgabengruppe bessere Ergebnisse im V3D-Test als im K3D-Test zeigen. Da bei der Testkonstruktion die schwierigen Aufgaben zum Schluß plaziert wurden (diese Stellung wird auch durch die Schwierigkeitsindizes in Tabelle 12 belegt), läßt sich das letzte Ergebnis formulieren:

Schwierige Aufgaben werden im V3D-Test erfolgreicher als im K3D-Test gelöst.

Welche Ursachen dies hat und wodurch überhaupt schwierige Aufgaben gekennzeichnet sind, sowie die Konsequenzen, die aus diesem Ergebnis und den anderen Ergebnissen gezogen werden können, wird im nächsten Kapitel behandelt werden.

3.9 Zusammenfassung der Untersuchung, Diskussion der Ergebnisse und Konsequenzen für den Chemieunterricht

Es soll im folgenden die Untersuchung kurz zusammengefaßt werden.

Die Intention der Untersuchung war die Feststellung von Unterschieden in der Fähigkeit, Aufgaben zur Raumvorstellung erfolgreicher lösen zu können, wenn die Aufgabenobjekte von den Probanden bewegt werden können. Hierdurch soll ein intensiviertes Verständnis der Räumlichkeit der Körper erreicht werden. Es wurde ein Test zum Raumvorstellungsvermögen entwickelt, der sich von herkömmlichen Paper-pencil-Tests dahingehend unterscheidet, daß die Präsentation der Testobjekte mittels Computer erfolgt. Grundlage der Untersuchung bieten die Aufgaben eines bereits veröffentlichten Tests aus dem Bereich der Chemiedidaktik (BARKE 1978). Hieraus wurden aufgrund theoretischer Vorüberlegungen 20 Aufgaben ausgewählt, die unter der Voraussetzung der technischen Umsetzbarkeit auf den Computer geeignet erschienen, die Testhypothese zu überprüfen. Die zu den Aufgaben gehörenden Körper wurden als virtuelle Objekte in VRML programmiert, einem Graphikstandard, der eine pseudorealistische Darstellung mit Licht- und Schatteneffekten, Oberflächen und Texturen sowie eine dreidimensionale Bewegbarkeit der Körper ermöglicht. Diese Objekte wurden in ein Menüprogramm integriert, welches der Navigation zwischen den Aufgaben dient.

Das Programm wurde an einigen ausgewählten Schülern unter individueller Beobachtung getestet und als tauglich befunden. Neben diesem Testprogramm (V3D-Test) wurde ein identisches Programm entwickelt, das allerdings die Objekte nur als Abbildungen zeigt und als Kontrolltest dient (K3D-Test). In einem quantitativen Vortest wurden Daten von 87 Schülern der Klassen 7, 8 und 9 erhoben und analysiert. Die Testgüte wurde als insgesamt gut befunden. Aufgrund der Daten und der gesammelten Erfahrungen bei der Durchführung des Vortests wurde eine Optimierung durchgeführt und der Test in seine zehn Aufgaben umfassende Endform gebracht. In der Hauptuntersuchung wurde eine Stichprobe von 150 Schülern der Klassen 7 und 8 untersucht. Die Stichprobensowie die Testgüte wurden als ausreichend befunden und aus den ermittelten Rohwerten Schlußfolgerungen gezogen, die im folgenden nochmals wiedergegeben und diskutiert werden sollen.

Als primäres Ergebnis folgte aus dem Vergleich der erreichten Mittelwerte ein hochsignifikant besseres Abschneiden der Testgruppe im V3D-Test als der Kontrollgruppe im K3D-Test. Die Testhypothese kann also angenommen werden:

> ***Das Raumvorstellungsvermögen wird durch computerunterstützte virtuelle Darstellung von dreidimensionalen Objekten im Vergleich zu zweidimensional präsentierten Objekten positiv beeinflußt.***

Durch die Eliminierung aller Variablen, die den Vergleich der beiden Gruppen verfälschen können, wie beispielsweise Unterschiede in den Testprogrammen, läßt sich die bessere Leistung der Testgruppe eindeutig auf die Präsentationsart zurückführen.

Die Möglichkeit, dreidimensionale Körper zu drehen und sie von allen Seiten anzuschauen, hilft also Schülern besser, sich diese Körper als Gesamtheit vorzustellen, als dies bei bloßen perspektivischen Abbildungen der Objekte der Fall ist. Das Argument für eine solche holistische Lösungsstrategie, die davon ausgeht, sich das Objekt als Ganzes vorzustellen (HOSENFELD, STRAUSS & KÖLLER 1997), findet sich in Tabelle 22 zur Signifikanz der Unterschiede zwischen V3D- und K3D-Test. Hier sind die Aufgaben 1.5 und 2.4 signifikant besser mit dem V3D-Test zu lösen. Bei diesen Aufgaben wird nach den Bausteinen bzw. Kugeln im Inneren der Körper gefragt. Eine Antwort mittels analytischer Strategie, die sich im allgemeinen auf das Vergleichen von Merkmalen bezieht oder hier analog als das bloße Abzählen der Bausteine interpretiert werden könnte, kann nicht zu einem Ergebnis führen. Außerdem handelt es sich bei diesen Aufgaben um relativ komplexe Körper, die an sich ein Abzählen kaum zulassen. Die richtige Lösung muß also durch das gesamtheitliche Erfassen des Körpers erfolgen. Grundsätzlich betrachtet ist es bei allen Aufgaben schwer, die Lösung durch eine analytische Strategie zu erlangen. Zwar können die Körper gedreht werden und somit ist ein Abzählen der Einzelbausteine rundum möglich, jedoch muß der Ausgangspunkt für die Zählung mental festgehalten werden, da er bei der Drehung irgendwann verschwindet. Zu diesem Zeitpunkt muß also schon ein geistiges Gesamtbild des Körpers vorhanden sein, da ansonsten die Zählung abgebrochen werden müßte. Es kann also davon ausgegangen werden, daß die besseren Ergebnisse im V3D-Test auf das Anwenden der holistischen Strategie zurückgeführt werden können.

Für den Einsatz von Software zur Modelldarstellung im Chemieunterricht bedeutet das Untersuchungsergebnis eine Überlegenheit dieses Mediums gegenüber herkömmlichen perspektivischen Abbildungen in Büchern oder auf Folien. Räumliche Anordnungen von Teilchen sind besser mittels Computer wahrnehmbar. Zudem werden die Objekte, wie oben gezeigt, als Gesamtheit in ihrer räumlichen Struktur wahrgenommen, ein Lernziel, das sicherlich für den Chemieunterricht besondere Bedeutung besitzt. Es sollte allerdings nicht der Fehlschluß gemacht werden, einen ausschließlichen Einsatz des Computers bei der Behandlung von räumlichen Aspekten der Materie zu fordern. Die Transformationsleistung beim Schließen von zweidimensionalen Abbildungen auf die dritte Dimension ist ohne Zweifel eine Technik, die erlernt und eingeübt werden muß, wird sie doch auch außerhalb der Chemie immer wieder benötigt. Es wäre jedoch zu empfehlen, im Einführungsunterricht und bei immer wiederkehrenden Inhalten zur Struktur von Teilchen und Teilchenverbänden zuerst die einsichtigeren Computermodelle zu benutzen, um im Anschluß den abstrahierenden Schritt in die zweidimensionale Projektion zu machen. Dieses Vorgehen „vom Einfachen zum Komplexen" wäre ganz im Sinne der klassischen Methode „vom Leichteren zum Schwereren" zu sehen, die schon von COMENIUS (1992, S. 101) gefordert wird. Und hierbei sollte nicht der Fehler begangen werden, den Computer als den schwierigeren Teil anzusehen, nur weil die zweidimensionalen Abbildungen vermeintlich leichter verständlich, da gewohnter sind. Die Untersuchung hat das Gegenteil bewiesen.

Als sekundäre Ergebnisse können allgemeine Aussagen über das Raumvorstellungsvermögen getroffen werden:

Jungen erbringen höhere Leistungen als Mädchen im 3D-Test.

Die Feststellung, daß Jungen über bessere Fähigkeiten bei der Raumvorstellung als Mädchen verfügen, deckt sich mit häufig gefundenen Ergebnissen in anderen Untersuchungen[50]:

> „Geschlechtsspezifische Leistungsunterschiede im räumlichen Vorstellungsvermögen zugunsten der Männer gelten seit langem als stabiler Befund der psychologischen Geschlechtsunterschiedsforschung." (QUAISER-POHL, S. 9)

> „Der allgemeinen Überlegenheit des weiblichen Geschlechts im Verbalbereich [...] steht eine bessere Leistung des männlichen Geschlechts im logischen Denken [...] und in den Komponenten der Raumvorstellung und Raumorientierung gegenüber." (ROST 1976, S. 55)

> „Die Überlegenheit der Männer findet sich [...] recht regelmäßig bei mehr oder weniger verschiedenen räumlichen Leistungen." (MERZ 1979, S. 138)

BARKE stellte diesen Unterschied ebenfalls für die Klassen 7-9 in der bereits geschilderten Untersuchung fest (1978, S. 59). Eine Analyse der Ursachen für diese Geschlechtsdifferenzen kann im Rahmen dieser Arbeit nicht erfolgen.[51] Hierzu soll nur erwähnt werden, daß der Streit über biologische oder sozialisationsbedingte Gründe noch nicht zu einem Ende gekommen ist. Während einige Autoren beide Gründe annehmen („[...] there is evidence that individual and gender differences in spatial skills are a product of both nature and nurture" (SUBRAHMANYAM & GREENFIELD 1994) oder „Es gibt keine einzelne Ursache der geschlechtsspezifischen Differenzen im räumlichen Vorstellungsvermögen." (MAIER 1996)), tendieren andere mehr zur entwicklungsbedingten Ursache (vgl. ROST 1976, S. 68 ff. und QUAISER-POHL 1998, S. 138 f.). Dies wird besonders auf empirische Befunde gestützt, die darauf hinweisen, daß Differenzen erst ab einem bestimmten Alter auftreten. ROST (1976, S. 68) gibt hierzu an, daß im Vorschulalter noch keine Unterschiede festzustellen sind; MAIER (1996) nennt den Eintritt in die Pubertät als Grenze. Einen Ansatz zur Erklärung der Geschlechtsdifferenzen über die angewendete Lösungsstrategie entwickeln HOSENFELD, STRAUSS und KÖLLER (1997). Sie stellen eine Tendenz dahingehend fest, daß Jungen häufiger als Mädchen die holistische Strategie verwenden. Worin die Ursachen auch zu suchen sind, die besseren Leistungen von Jungen konnten auch in der durchgeführten Untersuchung nachgewiesen werden.

Schüler höherer Jahrgangsstufen zeigen eine bessere Leistung im Vergleich zu Schülern niedrigerer Jahrgangsstufen im 3D-Test.

---

50 Übersichten über die empirischen Befunde geben QUAISER-POHL (1998, S.41 ff.), ROST (1976, S. 55 ff.) und MERZ (1979, S. 137 ff.).

51 Ausführliche Darstellungen von Erklärungsansätzen finden sich bei ROST (1976, S. 68 ff.), QUAISER-POHL (1998, S. 51 ff. und S. 61 ff.), MERZ (1979, S. 137 ff.) sowie bei MAIER (1996).

Die besseren Ergebnisse höherer Jahrgangsstufen sind durch die fortschreitende Entwicklung der Schüler zu erwarten und bieten keine neuen Erkenntnisse. Allerdings ist dies, wie auch bei den höheren Leistungen der Jungen, ein Indiz für die Aussagekraft der Ergebnisse, da sie mit gesicherten Befunden übereinstimmen.

Der Vergleich der beiden Präsentationsarten führt zu den Feststellungen:

> ***Mädchen sowie Jungen erreichen sehr signifikant bessere Ergebnisse im V3D-Test als im K3D-Test.***

Das Ergebnis zeigt, daß Mädchen in gleichem Maße von der virtuellen Präsentation profitieren wie Jungen, also kein Medium vorliegt, das Mädchen stärker benachteiligt. Interessant ist die Entwicklung der Signifikanzen über die Jahrgangsstufen (vgl. Tabelle 20): Mädchen der Testgruppe zeigen in den Jahrgangsstufen 7 und 8 keine besseren Ergebnisse im V3D-Test als die der Kontrollgruppe, während dies bei Jungen der Fall ist, wohingegen die Leistungen in der Jahrgangsstufe 9 hochsignifikant besser sind. Es werden zwei Erklärungsversuche unternommen:

1. Die Schüler der Klassen 9 erhalten regelmäßig Computerunterricht, im Gegensatz zu den niedrigeren Klassen. Obwohl alle Schüler die Kenntnis im Umgang mit Computer und Maus im Testbogen positiv dokumentierten und auch bei der Durchführung keine augenscheinlichen Defizite aufgefallen sind, ist es möglich, daß Jungen niedrigerer Jahrgangsstufen durch private Aktivitäten an den Umgang mit Computern gewöhnter sind als Mädchen. Dies würde sich in Klasse 9 durch die besuchten Computerkurse relativieren.

2. Mädchen befinden sich auf einem niedrigeren Entwicklungsniveau bezüglich der Raumvorstellung. Die virtuelle Darstellung auf dem Computer setzt zwar, wie gezeigt, nicht so viel Abstraktionsfähigkeit bei der Erkennung der Dreidimensionalität wie eine Abbildung voraus, jedoch muß diese in geringem Ausmaße gegeben sein. Bei Mädchen ist dieses Niveau eventuell erst in Klasse 9 vorhanden, während es bei Jungen schon in der Jahrgangsstufe 7 auftritt. Für diese Deutung könnte auch der Befund sprechen, daß die Jungen der Klasse 9 keinen Vorteil aus der Computerpräsentation ziehen können. Es könnte sein, daß sie sich schon, im PIAGETschen Sinne, auf einer formal-operationalen Stufe bezüglich der Raumvorstellung befinden, in der abstrakt-formale Denkoperationen vollzogen werden und der konkretere Umgang mit der Computerpräsentation keine Hilfe mehr darstellt.

Ungeachtet der Ursachen für diese Leistungsunterschiede ist insgesamt festzuhalten, daß Mädchen ebenso wie Jungen einen Vorteil durch die virtuelle Darstellung erlangen. Vielleicht zeigt sich hiermit ein Weg auf, auch im Chemieunterricht die Dominanz der Jungen zu relativieren, indem den Mädchen die Möglichkeit gegeben wird, komplexe räumliche Vorgänge besser zu begreifen und damit die Leistungsdifferenz nicht noch größer werden zu lassen.

Schüler aller Jahrgangsstufen erreichen bessere Ergebnisse im V3D-Test als im K3D-Test.

Dieses Ergebnis zeigt auf, daß ein Einsatz des Computers in allen untersuchten Jahrgangsstufen Vorteile bringt. Dies ist besonders bedeutsam für die unteren Klassen, bei denen das Arbeiten mit Modellen erfahrungsgemäß vorsichtig erfolgen muß, um die Abstraktionsfähigkeit der Schüler nicht zu sehr zu strapazieren. Mit dem Hilfsmittel Computer kann hier dem intensivierten Modelldenken Vorschub geleistet werden.

Schwierige Aufgaben werden im V3D-Test erfolgreicher als im K3D-Test gelöst.

Hier zeigt sich, was sich schon als Beobachtung im qualitativen Vortest ergab. Es wurde dort festgestellt, daß sich Schüler die interaktiven Beobachtungsmöglichkeiten vornehmlich bei komplexen Körpern zunutze machen. Diese Feststellung gibt erneut einen Hinweis auf die angewendete holistische Lösungsstrategie, den Körper als Ganzes erfassen zu wollen. Dies ist bei Körpern schwieriger, die beispielsweise nicht punktsymmetrisch zum Mittelpunkt aufgebaut sind oder deren Seiten durch Flächen verdeckt sind. Dies trifft auf die Körper der Aufgaben 1.5 und 2.4 zu, die im V3D-Test signifikant besser als im K3D-Test zu lösen waren (vgl. Tabelle 22). Für die ebenfalls signifikante Unterschiede zeigenden Aufgaben 1.6 und 2.3 könnte allerdings auch das Abzählen der Seitenflächen bzw. Kugeln durch Drehen des Körpers ausschlaggebend gewesen sein.

In bezug auf den Chemieunterricht lassen sich die Folgerungen ableiten, daß die dort behandelten Modelle meist komplexerer Natur sind als die der Untersuchung zugrundeliegenden einfachen Körper und somit der Computermethode hier besondere Bedeutung zukommt.

Die Tendenz zum Einsatz der Computers als Visualisierungshilfe für komplexe Moleküle ist zudem auch seit längerem in der Fachwissenschaft zu beobachten, wo insbesondere im Bereich der Biochemie der Computer zum alltäglichen Arbeitswerkzeug geworden ist. Hier macht sich im übrigen auch der Vorteil bemerkbar, große Moleküle als Gesamtheit abzubilden, was mit herkömmlichen gegenständlichen Modellen praktisch kaum möglich ist.

Insgesamt ist festzuhalten, daß sich die Darstellung von beweglichen Körpern auf dem Computer als brauchbar erwiesen hat, ein verbessertes räumliches Begreifen der Objekte zu ermöglichen. Dies gilt für alle untersuchten Jahrgangsstufen und Jungen wie Mädchen gleichermaßen, insbesondere für den Umgang mit komplexen Körpern. Der Chemieunterricht kann von diesen Ergebnissen profitieren, da ein vereinfachter Einstieg in die submikroskopische Betrachtungsweise der Materie möglich wird und der Umgang mit räumlichen Modellen im allgemeinen gefördert werden kann. Allerdings ist der Faktor Raumvorstellung nur ein Aspekt der rechnerunterstützten Arbeit mit Modellen und muß sich nicht zwangsläufig auf ein verbessertes Modelldenken auswirken. Somit ist die in diesem Kapitel mittels Raumvorstellungstest evaluierte Flexibilität in der raum-zeitlichen Dimension des Modelldenkens zwar keine hinreichende, aber eine notwendige Voraussetzung für die angestrebte Flexibilität in der Modelldimension.

Die glittigen Tobbs drehn und wibbeln in der Walle.

SIR ARTHUR EDDINGTON
zur Elektronenvorstellung

4 DIE MODELLDIMENSION: ANSÄTZE FÜR EINEN MODELLORIENTIERTEN COMPUTERUNTERSTÜTZTEN CHEMIEUNTERRICHT

Dieses Kapitel beschäftigt sich mit der Modelldimension, dem zweiten Aspekt neben der raum-zeitlichen Dimension der Modellbehandlung im Unterricht, die Gegenstand des vorangegangenen Kapitels war. Die Modelldimension umfaßt, wie beschrieben, den Bereich der bewußten Auseinandersetzung mit dem Modellcharakter der Teilchen- und Bindungsvorstellungen. Dieses Modellbewußtsein wird als Grundvoraussetzung für das Verstehen von Naturwissenschaften im allgemeinen und von der Wissenschaft Chemie im besonderen gesehen. Unterrichtlich erreicht werden kann es durch Flexibilisierung des Modelldenkens, also durch Verknüpfung verschiedener Modellvorstellungen bzw. Modellkonkretisierungen, durch ein Nebeneinander statt einem Nacheinander, durch ein selbsttätiges Arbeiten mit unterschiedlichen Modellen. Wie dies mit Hilfe der Visualisierungsmöglichkeiten des Computers geschehen kann, wird im folgenden nach einem allgemeinen Teil an vier Beispielen für einen modellorientierten computerunterstützten Chemieunterricht gezeigt werden, wobei dem ersten Beispiel besondere Bedeutung zukommt.

4.1 Allgemeine und methodische Überlegungen

Um Mißverständnissen vorzubeugen: „Modellorientierung" meint in diesem Zusammenhang nicht das Konzept eines auf Modelle ausgerichteten Unterrichts, also kein „Modellverfahren", keine „Modellmethode" im Sinne KIRCHERs (1982). Hier soll nicht in erster Linie ein Unterrichtsverfahren entwickelt und untersucht werden, das den Computer als Medium für ein verbessertes Modelldenken nutzt, sondern zuerst grundlegend die Einsatzmöglichkeiten des Mediums geklärt werden, auf denen mögliche Fortführungen und Erweiterungen zu einem umfassenden Unterrichtsgang aufbauen können. Andererseits ist es natürlich unvermeidbar, daß ein Medium wie der Computer mit seinen zahlreichen Facetten unterrichtlicher Einsatzmöglichkeiten sich auch auf eine Veränderung der Lehr- und Lernmethoden auswirkt: Für eine konkrete Unterrichtssituation kann das Medium Computer nicht von der Methode getrennt werden. Diese

Interdependenz sollte bei den folgenden Ausführungen zu Beispielen des Computereinsatzes stets beachtet werden.

Vorweg jedoch einige methodische Überlegungen zum Vorgehen dieser Untersuchung. Wenn, wie hier, die Überlegenheit eines Mediums (computergenerierte Modelle) gegenüber einem anderen (herkömmliche Sachmodelle) angenommen wird, so besteht aus einer wissenschaftlichen Verpflichtung heraus die Notwendigkeit, dies zu belegen. Für den Fall einer Untersuchung des Vorteils von neuen Medien und Methoden liegt eine Evaluation im Praxisbereich nahe. Empirische Untersuchungen zu diesem Thema gestalten sich allerdings äußerst schwierig. Dies hat mehrere Ursachen:

Zum einen stellt sich die Frage, wie denn überhaupt Befunde zu den Fähigkeiten der Schüler im Bereich Modelldenken gewonnen werden können, da es sich dabei um komplexe Denk- und Verständnisprozesse handelt, die nicht einfach durch Testbögen o.ä. „abgefragt" werden können.

> „Vorstellungen und innere Modelle können nicht direkt erfaßt, sondern nur über die Sprache und bildhafte Darstellungen vermittelt und erschlossen werden." (EHLERT 1993)

Somit blieben indirekte Erhebungsmethoden wie Concept-maps, Einzelinterviews oder die interessante, von MASKILL und PEDROSA DE JESUS (1997) angewendete Methode, Schüler ihre Fragen zum Verständnis von Modellen formulieren zu lassen, sowie deren anschließende Auswertung.

Allerdings stellt sich auch mit diesen Methoden das Problem, daß die Entwicklung eines adäquaten Modellbewußtseins kein Lernziel ist, das in einer Unterrichtseinheit erreicht werden kann, sondern das Resultat eines langwierigen Lernprozesses ist, der sich über die gesamte Schullaufbahn zieht. Somit wäre mit dem gängigen Verfahren der Konzeption und Durchführung einer Unterrichtseinheit und der anschließenden Analyse des Lernzuwachses im Vergleich zu einer Kontrollgruppe nichts gewonnen. Hierbei könnten höchstens Tendenzen festgestellt werden.

Weiterhin stellen sich prinzipielle Probleme des Vergleichs von konventionellem und computerunterstütztem Unterricht ein. Hier tritt der „HAWTHORNE- oder Neuigkeitseffekt" (SCHULMEISTER 1996, S.7) auf, der Vorteile der Computermethode allein durch seine motivierende Funktion erbringt und somit die eigentlich zu untersuchenden Parameter verfälscht. SCHULMEISTER führt weitere Probleme auf:

> „Die Typisierungsfähigkeit der Anwendungen ist gering: Es werden Einzelfälle getestet, nicht der Programmtyp einer Anwendung." (SCHULMEISTER 1996, S. 385)

Jede Software ist in ihren Inhalten und ihrem Design individuell und daher sind verallgemeinernde Aussagen fast unmöglich zu treffen.

> „Es werden Fragestellungen in künstlichen Situationen getestet, die nichts über eine mögliche Extrapolation auf reale Lernsituationen aussagen.“ (ebd.)

Das Unterrichtsgeschehen als ein „komplizierter, vielschichtiger Prozeß, in dem sich vor allem pädagogische, logisch-erkenntnistheoretische und psychologische Ebenen überlagern, ergänzen und durchdringen“ (BECKER u.a. 1992, S. 308) ist durch eine künstliche Laborsituation, auch wenn diese die Eliminierung von Störvariablen bewirkt, nicht darzustellen.

> „Die Zahl der real intervenierenden Variablen geht gegen unendlich [...].“ (SCHULMEISTER 1996, S. 386)

Dies ist durch die Vielzahl an Möglichkeiten zur Gestaltung einer Lernumgebung bedingt. Einzelne Elemente zu extrahieren schafft allerdings wieder nur künstliche Laborbedingungen. Zudem ist nicht geklärt, inwieweit sich die in Multimedia-Umgebungen integrierten Medien in ihren Effekten additiv ergänzen oder sogar ein neues Ganzes ergeben (ebd., S. 387), dessen Effekt durch eine Reduktion der Variablen zerstört würde.

> „Wenn die entscheidende Variable für den Lernerfolg der Lehrer und nicht das getestete System ist, dann sorgt das Engagement des Lehrers für den Erfolg und die Bestätigung der Hypothese [...].“ (ebd., S. 386)

Hier tritt wieder die entscheidende Rolle des Lehrers auf, die selbst durch Vergleichsgruppen mit demselben Lehrenden durch den HAWTHORNE-Effekt, dem auch er unterliegt, nicht unterdrückt werden kann.

Diese Reihe wäre fortzusetzen und SCHULMEISTER kommt dementsprechend zu der Schlußfolgerung einer „Nicht-Evaluierbarkeit von Multimedia“ (ebd.).

Somit lassen sich die Auswirkungen der Computervisualisierung auf das Modelldenken weder für das Problemfeld „Modelldenken“ noch für die „Gestaltung einer Softwareumgebung“ im Rahmen einer solchen Arbeit empirisch untersuchen. Vom Ansatz her versteht sich diese Untersuchung aber auch mehr als Grundlegung, als eine erste wegbereitende Analyse der Möglichkeiten und potentiellen Auswirkungen des Computereinsatzes zur Verbesserung des Modelldenkens im Chemieunterricht. Daher soll im folgenden, ausgehend von einer Analyse exemplarischer Beispiele, eine Software konzeptionell entworfen werden, deren Ausgestaltung, Programmierung und Einbettung in einen methodischen Rahmen sowie daran anschließende Evaluation, soweit im Rahmen des oben Gesagten möglich, künftigen Untersuchungen vorbehalten wird. Es werden Möglichkeiten und Anregungen gegeben und exemplarisch das Potential der Computervisualisierung aufgezeigt. Bevor dies angegangen wird, seien jedoch noch einige Anmerkungen gemacht.

Für eine computergestützte Modellbehandlung im Unterricht im Sinne einer prinzipiellen Verbesserung des Denkens in Modellen eignen sich keine herkömmlichen, käuflich zu erwerbende Programme. Das erst in letzter Zeit aufgrund der fortschreitenden Hardwareentwicklung überhaupt für den „Normalanwender" verfügbare Potential an Software zur Darstellung von Modellen auf dem PC ist äußerst gering. Neben einigen speziell für den schulischen Einsatz konzipierten Programmen wie CHEMSITE von CORNELSEN SOFTWARE[52] existiert lediglich Software für den fachwissenschaftlichen Einsatz. Beide Arten von Programmen sind jedoch in erster Linie für das Molecular Modeling konzipiert, also das Erstellen und Berechnen von Molekülen am Rechner. Dieses Anliegen deckt sich nicht mit dem der Untersuchung. Hier soll von Anfang an, also bereits bei der Entwicklung einer ersten Vorstellung vom Aufbau der Materie, Modellbewußtsein durch Computervisualisierungen erzeugt werden. Die verfügbare Software baut jedoch auf fortgeschrittenen Modellvorstellungen auf und ist somit höchstens in der gymnasialen Oberstufe einsetzbar, zumal sie von der Bedienung her hohe Ansprüche stellt. Der primäre Aspekt soll zudem nicht auf der durch Schüler durchführbaren Erstellung von Modellen, sondern auf der Visualisierung von vorgegebenen, allerdings mit individuellen Möglichkeiten variierbaren Modellen liegen. Daher bietet sich ein Konzept wie das in Kap. 2.4.5 beschriebene VRML an, welches eine hohe räumliche Interaktivität mit mannigfaltigen Darstellungsmöglichkeiten bietet. Hiermit können vorgegebene Modelle in einem interaktiven Prozeß ausgewählt, dreidimensional angezeigt und betrachtet werden.

Weiterhin sei nochmals auf die Bedeutung der computergestützten Visualisierung in der Fachwissenschaft hingewiesen. Hier ist das Gebiet der theoretischen Chemie mit ihren Computermodellen nicht mehr wegzudenken. Die Kraft der Visualisierung in diesem Bereich ist zu einem unentbehrlichen Handwerkszeug nicht zuletzt im Bereich der Pharmazeutik (Stichwort: Drug-Design) geworden. Zur Darstellung von hochkomplexen Molekülen und der möglichen Wechselwirkung mit Viren, Enzymen etc. ist nur der Computer geeignet. Welche Kraft die Visualisierung für das Grundlagenverständnis besitzen kann, wurde in Kap. 2.4.1 gezeigt. Es stellt sich die Frage, warum solche Inhalte in angemessener Form nicht auch im Chemieunterricht behandelt werden sollten, wo doch sonst immer über mangelnden Bezug zur aktuellen Forschung geklagt wird. Hier bestünde die Möglichkeit, Schüler teilhaben zu lassen am Fortschritt der Wissenschaft.

[52] http://www.cornelsen.de

Zuletzt sei erneut die Abgrenzung gegenüber der im vorigen Kapitel behandelten Raumvorstellung betont. War diese eine Voraussetzung für den interaktiven Einsatz von Software für eine Entwicklung der Modelldimension, so geht es im folgenden weniger um das Visualisieren von dreidimensionalen Strukturen, wenn auch dies beispielsweise bei Kugelpackungen zum Teilchenmodell angewendet werden kann, sondern mehr um ein Selbstgestalten von Modellen, also um Interaktivität mit Virtualität statt reiner Virtualität. Daß alle im weiteren behandelten Visualisierungsmöglichkeiten eine dreidimensionale Darstellung und Exploration ermöglichen, versteht sich von selbst. Die Grundlegungen für die verbesserte räumliche Wahrnehmung wurden im letzten Kapitel vorgenommen. Im folgenden handelt es sich wesentlich um eine Betrachtung der Möglichkeiten des Computers in der beschriebenen Modelldimension, dem Aspekt der Computervisualisierung von Modellen, der einen Wechsel zwischen den Modellvorstellungen und damit eine Flexibilisierung des Modelldenkens behandelt.

4.2 Die Behandlung des Teilchenmodells im Chemieunterricht als Beispiel für den Einsatz neuer computergestützter Visualisierungskonzepte

Ausgehend von einer kurzen Charakterisierung wird im folgenden eine Sachanalyse[53] des Teilchenmodells durchgeführt. Diese beruht auf der in Kap. 2.3 besprochenen Dreiteilung des Erkenntniskonstituentengefüges der M-O-S-Relation: Die Eigenschaften des Modells, der Anwendungsbereich des Modells bzw. die Erklärungsmächtigkeit im Objekt sowie die Voraussetzungen des Subjekts werden so nacheinander erarbeitet. Auf Grundlage der in Kap. 2.2 behandelten Fundamente der Erkenntnis, die im Rahmen der Evolutionären Erkenntnistheorie besonders durch die Konzepte des Beginns jeder Erkenntnis im Mesokosmos und der Anschaulichkeit ausgezeichnet sind, wurde in Kap. 2.3.3 eine erweiterte Fassung des M-O-S-Schemas entwickelt. Dieses zeichnet sich insbesondere dadurch aus, daß dem Modell die Teilhabe sowohl am originären Modellbereich als auch am Realitätsbereich durch Veranschaulichungen zugesprochen wird. Auf dieser Basis wird eine Zuordnung der Konstituenten des Teilchenmodells zum Modell- und Realitätsbereich erfolgen. Daraus werden sich Anschauungseigenschaften ergeben, die ohne eine Veränderung der theoretischen Modellvorstel-

[53] Der Begriff der Sachanalyse, wie er hier verwendet wird, bezieht sich auf eine Analyse von Modellvorstellungen. Damit erfolgt eine Einschränkung der Sachanalyse oder des Sachüberblicks über einen fachwissenschaftlichen Gegenstand mit seinen Strukturen, Verflechtungen und entscheidenden Wissenselementen, wie er im allgemeinen verstanden wird (BECKER u.a. 1992, S. 468 f.). Durch die wechselseitige Bedingtheit von Modell, Objekt und Subjekt im Lernprozeß, wie sie in Kap. 2.3 dargestellt wurde, ist allerdings auch eine Aufweitung in Richtung einer Strukturanalyse im Sinne von SCHULZ (1965) gegeben, da auch andere Momente wie anthropogene Voraussetzungen (z.B. Schülervorstellungen) oder Medien (Computer) in die Analyse einfließen.

lung durch computervisualisierte Alternativen erweitert werden können. Diese Möglichkeiten werden geschildert und der Versuch unternommen, ein Softwarepaket zu konzipieren, das die entwickelten Alternativen adäquat umsetzen kann.

4.2.1 Sachanalyse des Themenbereichs

Die unterrichtliche Einführung einer ersten Modellvorstellung zum Aufbau der Materie geschieht im allgemeinen über ein Erklärungsmodell zu den Aggregatzuständen.[54] Das Modell, welches die wahrgenommenen Phänomene „fest“, „flüssig“ und „gasig“ als Zustandsformen von Stoffen am einfachsten erklärt, ist das sogenannte „undifferenzierte Teilchenmodell“. Die Teilchen werden als letzte nicht mehr teilbare Einheiten über den Gedankenversuch zur mechanischen Zerkleinerung von Feststoffen entwickelt, oder als erste Aufbausteine der Materie aufgefaßt, je nach Sichtweise. PFUNDT (1981) plädiert für die letztere Auffassung:

> „Entscheidend ist weniger die Vorstellung, daß Stoffportionen nicht beliebig weit teilbar sind, daß es also kleinste Teilungsstücke gibt. Entscheidend ist vielmehr die Vorstellung, daß diese Stückchen nicht erst durch eine Teilung entstehen, sondern daß sie in den Stoffen bereits vorgebildet sind, – daß sie diskrete Bausteine der Stoffe sind.“

Durch diese Perspektive der Betrachtung, „Stoffe als Systeme unveränderlicher Teilchen“ (ebd.) anzusehen, soll der Diskontinuumscharakter der Materie einsichtiger werden. In diesem Zusammenhang ist es wichtig für den Lehrenden, sich stets zu vergegenwärtigen, daß mit dem Teilchenmodell das Verhalten von Molekülen, Atomen und Ionen beschrieben wird, die alle gleich als Teilchen aufgefaßt werden (undifferenziertes Modell).

---

[54] Aussagen dieser allgemeinen Art gründen sich hier und im folgenden im wesentlichen auf Lehrpläne, Unterrichtsmaterialien und Schulbücher, von denen hier eine Auswahl wiedergegeben wird:

CHRISTEN, H. R.: Chemie: Vom Experiment zur Theorie. Teil 2. Frankfurt a.M.: Diesterweg, 1986.

FICHTNER, E.; LIENING, B.; THOMAS, W.: Lehrbuch der Chemie: S I. Frankfurt a.M.: Diesterweg, 1994.

FRÜHAUF, D.; TEGEN, H. (Hrsg.): Blickpunkt Chemie. Hannover: Schroedel, 1993.

GEIGER, W. u.a.: Chemie in 7: Nordrhein-Westfalen. Berlin: Cornelsen, 1987.

HEINEN, W. u.a.: Wege in die Physik und Chemie 7/8: Nordrhein-Westfalen. Stuttgart: Klett, 1987.

KELLER, G.; FREYTAG, K.: Stoffe und Modelle: Arbeitsbuch für den Chemieunterricht Sekundarstufe I. Frankfurt a.M.: Diesterweg, 1982.

SCHUPHAN, D.; KNAPPE, M.: Chemiebuch. 3. Aufl. Frankfurt a.M.: Diesterweg, 1993.

THOMAS, W.; QUANTE, U.; HEFELE, G.: Lehrbuch der Chemie: Sekundarstufe I. Frankfurt a.M.: Diesterweg, 1989.

Das Teilchenmodell wird mitteilend eingeführt, da „auch eine noch so geschickte Unterrichtsplanung es nicht möglich macht, daß die ‚Kleinste-Teilchen-Hypothese' von der Mehrzahl der Schüler selbständig erarbeitet oder gar logisch abgeleitet werden kann" (SCHMIDTKUNZ & HÄUSLER 1994, S. 16). Experimente zur Diffusion oder zum Lösen von Stoffen können nur unterstützend wirken, jedoch das Teilchenmodell nicht „herleiten". Dies wäre im übrigen auch kontraproduktiv in bezug auf ein angemessenes Wissenschaftsverständnis, da kein positivistisches „Entdecken" von Theorien sondern ein „Erfinden" von Modellvorstellungen angestrebt werden sollte. Allerdings kann vom Schüler kaum erwartet werden, daß die gebräuchlichen Modelle „nacherfunden" werden, in dem Sinne, wie sie im Unterricht benötigt werden:

> „Modelle werden nicht gefunden, sondern erfunden – und mit äußerst geringer Wahrscheinlichkeit nacherfunden." (NÖDING & FLOHR 1979, S. 108)

Somit bleibt die Mitteilung einer Erfindung „Teilchenmodell" als einzige praktikable Lösung dieses Dilemmas. Zu beachten ist jedoch gerade hier, wo tradiertes Wissen weitergegeben wird, daß nicht der Eindruck des „So-Seins" der Materie entsteht, sondern das konstruktive Element im Erkenntnisprozeß, das „Gemacht-Sein", das „Erfunden-Sein", hervorgehoben wird. Möglichkeiten hierzu, die sich durch die Computervisualisierung ergeben, werden weiter unten dargelegt.

4.2.1.1 Modellbereich: Eigenschaften der kleinsten Teilchen

Unabhängig von dem Weg der Einführung des Teilchenmodells werden den Teilchen Eigenschaften zugeschrieben:[55]

1. Die Teilchen besitzen eine **Kugelgestalt**.

Dieses Merkmal ist als Resultat der klassischen Mechanik zu sehen, die für die Idealisierung der Teilchen zum Gebrauch in der kinetischen Gastheorie eben diese Form benötigt, um zentrale Stöße behandeln zu können. Daß diese Annahme von den Vorstellungen der Schüler abweicht, hat PFUNDT (1981) gezeigt. Sie stellte fest, daß die erste Annahme würfel- oder quaderförmiger Teilchen bei Schülern vorherrscht. Die Kugelform weist auch auf später zu behandelnde Atommodelle hin, allerdings unter der falschen Voraussetzung der Gleichheit von Atomen und Teilchen.

2. Die Teilchen sind ständig in **Bewegung**.

[55] Die aufgeführten Eigenschaften der Teilchen sind als Zusammenfassung der Beschreibungen zu sehen, wie sie die in Kap. 2.1 behandelten Quellen, Schulbücher (vgl. Fußnote 54) sowie NAUMER (1976) und für den Physikunterricht FISCHLER und LICHTFELDT (1997) sowie FISCHLER (1997) geben.

Im Feststoff schwingen sie um ihre Ruhelage, im Gas besitzen sie hohe mittlere freie Weglängen. Die Bewegung ist mit der Größe „Temperatur“ in direktem Zusammenhang zu sehen, wiederum als Resultat der Gastheorie.

3. Die Teilchen haben eine **homogene Massenverteilung**.

Dies vereinfacht die idealisierte Betrachtung der Teilchen als Massenpunkte. Problematisch ist diese Eigenschaft allerdings im Hinblick auf die Diskontinuumsproblematik zu werten, denn hier werden den Teilchen Eigenschaften zugeschrieben, die Schülern von makroskopischen Körpern allzu bekannt sind. So wird auch selten diese Teilcheneigenschaft explizit erwähnt, die Annahme wird eher stillschweigend vorausgesetzt.

4. Die Teilchen einer Teilchensorte haben eine einheitliche **Masse** und **Größe**.

Auf den Aspekt der Masse wird im allgemeinen weniger eingegangen, diese erfährt erst Bedeutung beim DALTON-Atommodell und der Einführung des Atomgewichts. Die unterschiedliche Größe der Teilchen wird häufig über den Versuch zur Mischung von Alkohol und Wasser entwickelt. Die resultierende Volumenverringerung soll über einen Modellversuch erklärt werden, wobei meist Senfkörner und Erbsen gemischt werden. Durch die unterschiedliche Größe der Körper besitzt die Mischung ein geringeres Volumen als die Summe der beiden Einzelvolumina.

Die Diskussion über diesen strittigen Modellversuch, wie sie u.a. von KULLMANN (1994), MÜLLER (1995a) und BAUMBACH (1995) geführt wird, mündet in die Feststellung, daß der Versuch ungeeignet ist, das Phänomen der Volumenkontraktion zu erklären, da die Ursache hierfür in den Wechselwirkungen der Teilchen (hier Dipol-Dipol-Wechselwirkungen) und nicht in ihrer Größe zu suchen ist. Bei anderen Mischungen (beispielsweise Hexan und Aceton) sind auch Volumenexpansionen festzustellen. Es ist ungeachtet dieser erweiterten Erklärungsversuche dennoch unangebracht, von „falschen Modellvorstellungen“ (BAUMBACH 1995) zu sprechen. Das Modell von Kugeln verschiedener Größe ist nicht falsch, nur ungeeignet, dieses Phänomen zu erklären. Zudem ist die unterrichtliche Funktion des Versuchs zur Volumenkontraktion methodologisch problematisch, denn er dient eigentlich nur als „Bestätigungsexperiment“ für die Annahme verschiedener Größen der Teilchen und nicht als Ausgangspunkt für die Entwicklung dieser Modellvorstellung.

Somit wird ein Phänomen dazu genutzt, eine Modellannahme zu bestätigen, die eigentlich nicht nötig ist: Das Teilchenmodell benötigt die Annahme unterschiedlicher Größe der Teilchen nicht für den Erklärungsbereich, für den es konzipiert ist (siehe weiter unten), ebensowenig wie eine unterschiedliche Masse. Die Einführung dieser beiden Eigenschaften kann lediglich sinnvoll sein für eine spätere Erweiterbarkeit der Modellvorstellung zur Deutung chemischer Reaktionen auf atomarer Ebene, bei denen Masse und Größe (der Atome!) wesentliche Faktoren sind.

5. Zwischen den Teilchen wirken **Kräfte**.

Diese anziehenden Kräfte sind die Ursache für die geschlossene Anordnung der Teilchen im Feststoff. Sie werden kompensiert durch die Eigenbewegung der Teilchen, so daß im gasigen Zustand diese Kräfte vernachlässigt werden können, eine Annahme, die für die kinetische Gastheorie fundamental ist. Über die Art der Kräfte wird nichts ausgesagt: Es sind anziehende Kräfte, die die Teilchen eben besitzen. Diese Kräfte sind bei unterschiedlichen Teilchensorten verschieden stark, obwohl dies, wie auch das Auftreten von Kräften überhaupt, mit dem Teilchenmodell nicht erklärt werden kann.

4.2.1.2 Objektbereich: Die Erklärungskraft des Teilchenmodells

Die Erklärungskraft des undifferenzierten Teilchenmodells wird über die **Aggregatzustände und ihre Änderungen** deutlich gemacht. In einer Stoffportion im festen Zustand sind die Teilchen stark geordnet, sie bilden Kugelpackungen. Mit zunehmender Temperatur erhöht sich die Teilchenbewegung und die Stoffe gehen in den flüssigen bzw. gasigen Zustand über. Hierbei nimmt die Ordnung ab: In einer Flüssigkeit liegen die Teilchen noch eng nebeneinander, allerdings ohne Ordnung, in einem Gas haben sie großen Abstand und sind vollkommen ungeordnet. Darstellungen wie in Abbildung 31 sind in ähnlicher Form in jedem

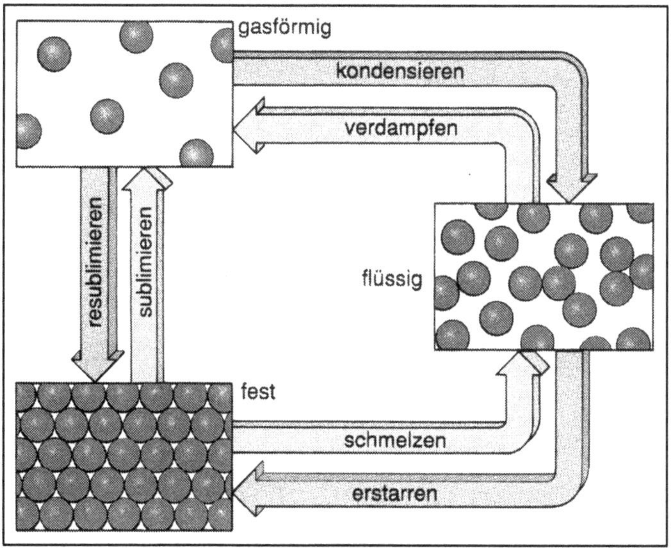

Abbildung 31: Aggregatzustände im Teilchenmodell (aus FRÜHAUF, D.; TEGEN, H. (Hrsg.): Blickpunkt Chemie. Hannover: Schroedel, 1993. – S. 24.)

Lehrbuch zu finden und verdeutlichen die Übergänge zwischen den Aggregatzuständen.

Weiterhin kann mit dem Teilchenkonzept die unterschiedliche **Dichte** von Gas, Flüssigkeit und Feststoff über die Anzahl der Teilchen pro Raumeinheit gedeutet werden. Hierbei wird modellhaft der zuvor bereits eingeführte Begriff interpretiert und dadurch die Bedeutung dieser Modellvorstellung belegt. Die Annahme der Bewegung der Teilchen erlaubt eine Erklärung von **Lösevorgängen** und der **Diffusion** durch Betrachtung der Vorgänge an Phasengrenzen sowie der **BROWNschen Molekularbewegung**. Diese wird allerdings auch viel zu oft als „Beweis" der Teilchenbewegung dargestellt und bewirkt so erneut eine Verwischung des Modellcharakters.

4.2.1.3 Subjektbereich

In dem Bereich, der das beim Schüler vorhandene und entwickelte Verständnis umfaßt, werden zuerst allgemein die Vorstellungen der Schüler behandelt. Aus diesen werden die beiden Problembereiche des Diskontinuumdenkens und der Verwechslung von Modell und Realität gewonnen, die dann gesondert behandelt werden.

4.2.1.3.1 Schülervorstellungen

> „Vorstellungen bestimmen die Deutung neuer Erfahrung durch Selektion und Transformation der Daten, und sie bestimmt die Produktion neuer Erfahrung durch Steuerung von Erwartungen, die aus den Vorstellungen folgen." (JUNG 1981)

Dieser nicht zu gering zu achtenden Rolle von Schülervorstellungen im Lernprozeß wird sich im folgenden eingehender gewidmet.

Inwieweit decken sich nun die oben beschriebenen und zu vermittelnden Eigenschaften der Teilchen mit den Vorstellungen, die Schüler vom Aufbau der Stoffe haben? Hierzu sind in der Chemie- und Physikfachdidaktik umfangreiche Untersuchungen durchgeführt worden. Es kristallisierten sich folgende Punkte heraus: Wie bereits erwähnt, ist die Kugelgestalt der Teilchen durchaus nicht naheliegend, vielmehr werden aufgrund vorherrschender Kontinuumsvorstellungen ebenfalls würfelförmige Teilchen angenommen (PFUNDT 1981). Dies weist auf die „Angst vor dem leeren Raum" hin, auf den „horror vacui":

> „Bis auf wenige Ausnahmen akzeptieren Schüler am Ende der Klasse 6 keine leeren Räume zwischen Teilchen. 40% der Befragten nahmen bei festen Stoffen (entsprechend ihrer Vorstellung vom Zerteilungsvorgang) Würfelform oder andere geometrische Formen der Teilchen mit ebenen Flächen und deren lückenlose Packung an. 60% gingen zwar von einer Kugelgestalt der Teilchen aus und anerkannten dementsprechend Lücken auch bei deren dichter Packung in festen Stoffen und noch eher bei Gasen. Nur in seltenen Fällen ließ sich die Einsicht erken-

> nen, daß diese Lücken leer sind [...]. Bei festen Stoffen wurden Luft oder andere Gase als ‚Füllstoffe' angenommen, bei Flüssigkeiten Wasser oder eine Durchdringung der Wasserteilchen (weil diese ja nicht fest sind), und bei Gasen herrschte eine entsprechende Vorstellung von sich überlagernden Gasteilchen in Form kleiner Wölkchen." (FRITSCH & EHLERT 1990)

In ihrer Untersuchung benennen FRITSCH und EHLERT (1990) drei Grundeinsichten, die die Schüler für den Umgang mit einem Teilchenmodell besitzen sollten:

> „1. Teilchen [...] sind immer vorhandene, vorgebildete Bausteine der Stoffe und nicht ihre Teilungsstücke. [...]
> 2. Zwischen den Teilchen wirken Kräfte, die sie in Flüssigkeiten und festen Stoffen zusammenhalten.
> 3. Einzelne Teilchen als Bausteine der Stoffe haben keine Stoffeigenschaften." (ebd.)

Der erste Punkt verdeutlicht die Problematik, die sich für Schüler ergibt, wenn der Teilchenbegriff durch Extrapolation der Teilbarkeit makroskopischer Körper in den Bereich des Submikroskopischen gewonnen wird.

Die zwischen den Teilchen wirkenden Kräfte (zweiter Punkt) stellen keine unüberwindliche Verständnisbarriere dar, hierüber „äußern sich die Schüler nur selten, in der Regel nur nach der Aufforderung, Zusammenhänge zwischen Aggregatzuständen und dem Bau gasförmiger, fester und flüssiger Stoffe herzustellen [...]" (ebd.). Auch die Art der Kraft wird selten problematisiert. Vermutlich sind (vor)wissenschaftliche Konzepte wie ein diffuser Magnetismusbegriff („alles, was sich anzieht, ist magnetisch") durchaus ausreichend als Erklärung für den Zusammenhalt der Teilchen.

Weit verbreitet ist jedoch die im dritten Punkt benannte Vorstellung, Teilchen besäßen die gleichen Eigenschaften wie die Stoffe, die sie bilden.

> „Diesem Standpunkt entsprechend übertragen viele Schüler Eigenschaften von Stoffproben, vor allem ihre Form, aber auch die Farbe, Härte, Verformbarkeit, Schmelz- und Siedetemperaturen und den Geruch auf einzelne Teilchen. [...] Auch auf die Anordnung der Teilchen wird die Form der Stoffprobe mechanistisch übertragen. So werden Eisenteilchen in Eisenwolle als sehr locker, im Pulver und in Spänen als unregelmäßig, relativ lose und im Blech als dicht gepackt angenommen." (ebd.)

Die Abstraktionsprobleme, die Schüler beim Übergang von alltäglichen Beobachtungen im Makrokosmos zu Vorstellungen im Submikrokosmos[56] besitzen, ver-

[56] Im folgenden wird zwischen Makrokosmos, dem direkt erfahrbaren Bereich, und dem Submikrokosmos, dem nur über Modellvorstellungen zugänglichen Bereich des Unanschaubaren unterschieden. Der hierfür häufig synonym benutzte Begriff des Mikrokosmos bleibt dem Bereich des

deutlicht eine Studie von MASKILL und PEDROSA DE JESUS (1997). 357 portugiesische Schüler wurden hierbei gebeten, ihre grundlegenden Fragen zum Teilchen- und Atommodell aufzuschreiben.[57] Typische Fragen der Schüler waren:

> „What are Atoms made of?"
> „Does all matter have atoms?"
> „Why is it that atoms have a round shape and not a different one?"
> „What is the colour of atoms?"
> „Is the atom solid?"
> „Why do empty spaces exist between particles?" (ebd.)

Ebenso wird deutlich, daß die Unterscheidung von Modell und Realität nicht vollzogen wird. Dies ist das zweite Problemfeld: „The idea of ‚a model vs. reality' – the pupils found it difficult to deal with the abstract nature of a model" (ebd.). MASKILL und PEDROSA DE JESUS geben Schülerfragen zum Problemfeld „model vs. reality" wieder:

> „How can people know that atoms exist if they cannot be seen or felt?"
> „How was the atom discovered?"
> „Why is it that the notion of an atom has been changing until recently?"
> „What is the standard atomic model?"
> „What is the reason for such a variety of atomic models?" (ebd.)

Das Problem der Verquickung von Modell und Realität stellen auch HARRISON und TREAGUST (1996) fest:

> „Modelling is a powerfull skill that defines much of the scientific method; however, most younger science students have difficulty separating models from reality."

Mehr als die Hälfte der von ihnen untersuchten 48 australischen Schüler der Klassen 8-10 meinten, daß Atome unter einem Mikroskop sichtbar seien, daß sie Kugelform besitzen und meistens eine harte Oberfläche haben (ebd.). Die Vorstellung von verschiedenen „Härtegraden" der Teilchen verdeutlicht der folgende Interviewauszug mit Melissa, Klasse 9:

> „Int: Do you think atoms are hard or soft?
> Melissa: . . . they could be either.
> Int: Sometimes hard, sometimes soft?
> Melissa: Yep . . . it depends on what it´s making really, whether it´s a metal or a liquid.

---

mittels Mikroskops Beobachtbaren vorbehalten, um eine Unterscheidung zu der in diesem Sinne u.a. in der Biologie benutzten Bezeichnung zu gewährleisten.

[57] Die meisten Schülerfragen beziehen sich hierbei auf Atome, sind aber in bezug auf das Verständnis des Teilchenmodells als Modell ebenso aufschlußreich.

> Int: So we talked about a metal, what would you say?
> Melissa: Probably hard.
> Int: A liquid?
> Melissa: Probably be softer . . ." (ebd.)

Die Schülerin verbindet also offensichtlich die stoffliche Eigenschaft der Härte mit der Konstitution der Teilchen nach einem einfachen Ursache-Wirkungs-Prinzip: Wenn die Teilchen hart sind, ist der Stoff hart. Dies läßt sich auf andere angesprochene Fehlvorstellungen übertragen: Wenn Schwefel gelb ist, müssen die Teilchen gelb sein; wenn Eisenwolle locker ist, müssen die Teilchen locker angeordnet sein, wenn Eis bei 0 °C schmilzt, müssen die Wasserteilchen schmelzen, etc.

In ihrer Studie ordnen HARRISON und TREAGUST (ebd.) die Schüler, ausgehend von einer von GROSSLIGHT u.a. (1991) entwickelten Einteilung, drei Gruppen zu. 28 Schüler besitzen kein Verständnis für den Modellcharakter („level 1 modeler"), sie fassen die Modelle als Spielzeug oder einfache Kopien der Wirklichkeit auf. 20 Schüler zeigen ein erweitertes Verständnis („level 2 modeler"). Auf dieser Ebene wird eingesehen, daß Modelle nicht mit der Realität übereinstimmen müssen und daß verschiedene Modelle für unterschiedliche Aspekte eines Phänomens genutzt werden können, jedoch werden Modelle noch als Repräsentationen der Wirklichkeit und nicht einer Vorstellung aufgefaßt. Kein Schüler erreichte ein Modellverständnis auf Ebene 3, das folgendermaßen charakterisiert wird:

> „Level 3 modelers recognize that the model serves the development and testing of ideas, not the depiction of reality." (HARRISON & TREAGUST 1996)

Dieses mangelnde Modellbewußtsein der Schüler wird auch durch andere Untersuchungen belegt. So stellt KNOTE (1974) bei 1432 Schülern der Klassen 8, 9, 10 fest:

> „Im übrigen ‚erlernen' nur etwa 10 % von ihnen, daß der Aufbau (das ‚Aussehen') eines Atoms nur eine Modellvorstellung ist. Diese Prozentzahl spiegelt jedoch nur die Erwähnung des Wortes Modell wider. Soweit aus der Antwort-Analyse auf eine Verständnis für den Modellbegriff geschlossen werden kann, ergaben sich hierfür höchstens 3 %; beim Rest (7 %) lag mit großer Wahrscheinlichkeit nur eine auswendiggelernte, verständnislos gehandhabte Ausdrucksweise vor."

KULLMANN (1992, S. 455 f.) untersuchte die Modellvorstellungen von 225 Schülern der Klassen 7, 9, 10, 11 und 12 und zieht den Schluß:

> „Zusammenfassend ist [...] festzuhalten, daß ein (Atom-)Modell, auf dessen Modellcharakter nicht immer wieder hingewiesen wird, von Schülerinnen und Schülern im Laufe der Zeit als Original aufgefaßt wird. Darüber hinaus ist zu bemerken, daß die erste Einführung eines Modells (z. B. des BOHR-Modells) sich offensichtlich sehr stark in das Gedächtnis einprägt und auch durch später erfolgte Verfeinerungen oder gar Abänderungen nicht mehr besonders beeinflußt wird."

Gerade dieses Beharren auf den ersten Vorstellungen stellt ein deutliches Indiz für die Auffassung von einer fest existierenden Realität dar. Dem kann nur entgegenwirkt werden, indem von Anfang an eine Flexibilisierung des Modelldenkens angestrebt wird, so daß sich erst gar keine festen und starren Anschauungen ausbilden.

Alle diese Vorstellungen lassen sich unter zwei Bereiche fassen, die die Entwicklung adäquater Modellvorstellungen behindern: Das Problem des Diskontinuums und das Problem der Äquivalenz von Modell und Realität.

4.2.1.3.2 Diskontinuumsproblematik

Das Denken des Diskontinuums an sich ist nicht das Problem. Hierauf weist REINERS (1992) hin, ausgehend von einer Fallstudie:

> „Die Studie liefert somit einen Anhaltspunkt dafür, daß der Rückgriff auf eine Teilchenvorstellung in dieser Jahrgangsstufe durchaus möglich ist. Die Vorstellung von Entitäten ist den Kindern aus gemachten Erfahrungen mit Baukästen, Puzzles etc. geläufig und offensichtlich ebenso naheliegend wie das Denken in unstrukturierten, inhomogenen Unendlichkeiten."

Vielmehr ist entscheidend, *wie* das Diskontinuum gedacht wird. Vorherrschend sind hier, wie gezeigt, Vorstellungen, die aus dem Kontinuum des Phänomenologischen in die submikroskopische Ebene transformiert werden. Die Überwindung dieser Vorstellungen stellt die eigentliche Herausforderung der Diskontinuität dar. Es müssen sich diskontinuierliche Vorstellungen entwickeln lassen. Eine vollkommene Loslösung von den Vorstellungen, die wir haben, ist sicherlich nicht möglich, denn, wie gezeigt, beginnt alle Erkenntnis im Mesokosmos, hier sind unsere Vorstellungen verankert, mit seinen Bildern als Bausteinen erzeugen wir Vorstellungen. Diese vollständige Loslösung ist auch nicht nötig, denn wie REINERS (ebd.) durch eine etymologische Analyse zeigt, bezeichnet Diskontinuum nicht das Gegenteil von Kontinuum, sondern „lediglich einen irgendwie gearteten Mangel an Kontinuität" (ebd.).

> „Der Begriff ‚Diskontinuum' legt somit die Art der Vorstellung über die Abweichung von einem Kontinuum noch in keiner Weise fest. Er ermöglicht vielmehr eine Reihe verschiedener gedanklicher Konstrukte, mit denen sich der Zugang zum Submikrokosmos eröffnen läßt." (ebd.)

Es werden Vorstellungen aus dem alltäglich erfahrenen Alltag benötigt, da es die einzigen sind, die wir besitzen (und überhaupt besitzen können). Wir brauchen anschauliche Bilder. Jedoch dürfen diese Vorstellungen nicht kontinuierlich auf den Submikrokosmos übertragen werden, sondern müssen in Form „verschiedener gedanklicher Konstrukte" (siehe Zitat) ein anderes Bild des Submikrokosmos erzeugen, das von der Andersartigkeit der Welt der kleinsten Teilchen zeugt. Diese „Andersartigkeit" oder „Andersweltlichkeit" (FLADT & BUCK 1996) hat immer wieder zu den Überlegungen geführt, anschauliche Modelle als ungeeignet anzusehen. Für BUCK (1994) ist die Teilchenvorstellung ein „Unmodell", es sei, neben anderen Vorwürfen, zu anschaulich und damit „falsch schülernah", da es falsche Vorstellungen erzeugt.[58] FLECHSIG (1975) stellt die Frage, „ob man überhaupt in jedem Fall auf derartige [anschauliche, Anm. d. Verf.] Modelle im Unterricht angewiesen ist" und legt eine abstrakte Behandlung des Submikrokosmos nahe. Die Autoren stehen auf dem Standpunkt, daß quantenmechanische Modelle die atomaren Vorgänge am besten beschreiben, womit sie natürlich recht haben. Quantenmechanik sei allerdings unanschaulich und alle Bilder, die wir uns darüber machen, notwendigerweise falsch. Daraus folgern sie, daß wir nicht mit Bildern arbeiten sollten.

Einerseits wird hier der Fehlschluß begangen, Eigenschaften des quantenmechanischen Modells auf andere Modelle zu übertragen, wie die prinzipiell unendliche Raumerfüllung der Atome im quantenmechanischen Modell als Argument für die Inkorrektheit des Kugelmodells zu nutzen, welches einen begrenzten Raum für Teilchen annimmt. Wenn auch wissenschaftsgeschichtlich betrachtet das Quantenmodell als aktueller Stand ein später entwickeltes Modell mit einem größeren Anwendungsbereich ist als das Kugelmodell, so ist dieses dennoch ein brauchbares Modell innerhalb seiner eigenen Grenzen.

Andererseits wird selbst von FLECHSIG (1975) eingeräumt:

> „Zunächst einmal scheint es so, als hätten wir ein gewisses Bedürfnis, naturwissenschaftliche Phänomene in den uns direkt zugänglichen Erkenntnisbereich abzubilden, um sie vollständig zu verstehen [...]. Auch der naturwissenschaftliche Unterricht baut darauf auf, ja es besteht geradezu ein traditioneller Zwang zur Veranschaulichung."

Dem ist in Übereinstimmung mit der Evolutionären Erkenntnistheorie zuzustimmen, da alle Erfahrung im Mesokosmos beginnt, eben in jenem „uns direkt zugänglichen Erkenntnisbereich". Der „traditionelle Zwang" in der Methode ist insofern traditionell, als er durch die Evolution bedingt dem Menschen eigen ist, nicht dem Unterricht. Es besteht somit keine erfolgversprechende Möglichkeit, ohne Veranschaulichung auskommen zu können. Nur darf diese nicht dazu führen, daß eine Kontinuität in den Vorstellungen über Makro- und Submikrokosmos beim Schüler auftritt.

---

[58] Auf den Positionenstreit über das Für und Wider der Behandlung des Teilchenmodells im Unterricht kann hier nur hingewiesen werden. Dieses Problem ist letztlich eine Grundsatzfrage, die nicht entschieden werden kann. Siehe hierzu BUCK (1994), BAARS und CHRISTEN (1995), MÜLLER (1995b), FLADT und BUCK (1996) sowie SEILNACHT (1998).

4.2.1.3.3 Modell und Realität

Das Problem der Gleichsetzung von Modell und Realität durch den Schüler ist eng verknüpft mit der Diskontinuumsproblematik. Werden Modelle nicht als entdecktes So-Sein aufgefaßt, sondern als von jemandem für etwas Gemachtes, dann wird die Andersartigkeit des Submikrokosmos deutlich. Hier kommt dem Selbstentwickeln von Modellen durch den Schüler eine besondere Bedeutung zu. Kann er sich, allerdings im Rahmen des modelltheoretisch Korrekten und unterrichtlich Sinnvollen, ein eigenes Bild, eine eigene Vorstellung vom Unanschaubaren machen, so erfährt er Modelle zwangsläufig als etwas, das dem Verstand, hier sogar seinem eigenen, entsprungen ist. Hat der Schüler zudem immer ein Reservoir an Modellen zur Verfügung, und wenn sie sich selbst nur in Kleinigkeiten der Darstellung wie einer selbst zuzuweisenden Farbe oder Oberfläche unterscheiden, so muß ihm bewußt werden, daß alle diese Möglichkeiten nur verschiedene Konkretisierungen einer Modellvorstellung sind und nicht ein Abbild eines Originals.

Ist ein solcher Modellcharakter erst klar geworden, ergibt sich auch das Problem des Denkens in Kontinuitäten nicht mehr. Wenn Schüler handelnd erfahren, daß beispielsweise das Modell eines Schwefelteilchens nicht gelb, kugelförmig und hart ist, sondern daß sie ihm selbst ein anderes Aussehen geben können, je nach individuellen Vorlieben und unterrichtlichen Problemstellungen, zu dem das Modell genutzt werden soll, dann wird klar, daß Teilchen nicht die Eigenschaften ihrer Stoffportion besitzen. Durchaus können dann dem Teilchen die Attribute gelb, kugelförmig, hart zugeschrieben werden, wenn dies für den Schüler einfacher und anschaulicher ist. Dies geschieht allerdings aus freien Stücken mit dem Bewußtsein, es könnte auch anders sein, und nicht durch ein vorgegebenes Modell, das unveränderlich ist und das So-Sein repräsentiert.

Mittels eines derartigen Vorgehens wird eine explizite Behandlung des Modellbegriffs im Unterricht nicht überflüssig, aber erleichtert. HARRISON und TREAGUST (1996) kommen in ihrer Untersuchung zu dem Schluß:

> „An implication from the study is the need for teachers to discuss with students their conceptions of scientific models, metaphors, and analogies. These can be direct, content-specific discussions, or they can be metacognitive reflections on the nature of science itself."

Eine solche verlangte Diskussion über den Modellcharakter anhand konkreter Inhalte scheint hierbei der gangbarere Weg zu sein, da eine Unterrichtseinheit „Wissenschaftspropädeutik" oder ähnliches ohne Bezug zum noch nicht behandelten Inhalt stehen würde und eine kritische Reflexion bereits erarbeiteter Modelle die schon gefestigten Vorstellungen kaum ändern könnte. Bei dem Einsatz und der Entwicklung von Modellen muß eine kritische Hinterfragung ihrer Bedeutung anhand einfacher Probleme erfolgen („Warum kann ich mir die Farbe des Schwefelteilchens aussuchen?"). Hierzu bieten sich um so mehr Möglichkeiten, als unterschiedliche Modelle im Unterricht behandelt werden.

Mit mehreren Modellen zu arbeiten, stellt für den Schüler kein unüberwindliches Hindernis dar, da er von sich aus schon zwischen Vorstellungen wechselt, beispielsweise zwischen Kontinuums- und Diskontinuumsvorstellungen, wie KIRCHER (1986) zu diesen berichtet:

> „Die Mehrzahl der Untersuchungen deutet darauf hin, daß diese Vorstellungen instabil sind. [...] Jung nennt solche Vorstellungen ‚vagabundierende ad-hoc-Vorstellungen'."

Wenn verschiedene Konzepte in den Köpfen der Schüler unreflektiert nebeneinander existieren können, besteht kein Grund zur Annahme, daß dies mit reflektierten Modellvorstellungen nicht der Fall sein könnte. Nur so kann eine Flexibilität im Modelldenken durch ein Nebeneinander von verschiedenen Modellvorstellungen erreicht werden, welche als Voraussetzung für angemessenes Modellbewußtsein im Sinne einer Reflexion über die Methode der Konstruktion von Modellen als Erkenntnismittel angesehen wird.

Auch die „Malenter Empfehlungen" fordern, wie in Kap. 2.1.1.1 beschrieben, ein „Arbeiten mit mehreren Modellen" (WENINGER & BRÜNGER 1976), allerdings durch ein methodisches Nacheinander der Modellvorstellungen im Rahmen einer genetischen Entwicklung. In der Einführung (Kap. 1) wurden die dabei für den Schüler auftretenden „Sprünge" beim Übergang von einem Modell zum nächsten bereits thematisiert. Ungeachtet der dabei auftretenden Schwierigkeiten ist es durch diese Vorgehensweise in der Unterrichtspraxis de facto so, daß immer nur ein Modell gerade „angesagt" ist. Daß hieraus fast zwangsläufig Probleme bei der Trennung von Modell und Realität auftreten, dürfte durch die vorangegangenen Überlegungen deutlich geworden sein. Nun kann und soll aber kein neues Curriculum entwickelt werden, welches ein Nebeneinander von verschiedenen Modellen ermöglicht. Grundsätzlich ist die Abfolge von Modellen wie sie die „Malenter Empfehlungen" nahelegt und wie sie in den Lehrplänen auch angewendet wird, durchaus sinnvoll. Nur soll deutlich gemacht werden, daß hier Modellvorstellungen als theoretische Konstrukte gemeint sind und nicht konkretisierte Modellvorstellungen im Sinne von Sachmodellen oder Veranschaulichungen durch Bilder etc. Dennoch ist es der Fall, daß bei der unterrichtlichen Behandlung der Modellvorstellungen jeweils immer nur *eine* anschauliche Auslegung erfolgt. Modellvorstellung und Modellkonkretisierungen werden dadurch gleichgesetzt und damit eine Vorstellung von der Identität von Modell und Realität erzeugt.

Aus diesem Grund werden im folgenden Kapitel die oben beschriebenen Eigenschaften des Teilchenmodells dahingehen analysiert, ob sie zu der zugrundeliegenden Modellvorstellung gehören oder ob sie eigentlich in den Bereich der Modellkonkretisierungen fallen.

4.2.1.4 Trennung von Modellbereich und Realitätsbereich des Teilchenmodells

Bei der Entwicklung des fachdidaktischen Modellbegriffs (Kap. 2.3) wurde ein Wirkungsgefüge von Subjekt, Objekt und Modell entwickelt, welches zwischen der Modellvorstellung (dem eigentlichen Modell M) und der Modellkonkretisierung (dem Anschauungsmodell M_A) unterscheidet. Wesentlich hierbei waren die erkenntnistheoretischen Folgerungen aus Kap. 2.2, die nahelegten, daß sämtliche Erkenntnis und somit auch das Lernen im Mesokosmos, dem direkten Anschauungsraum, beginnt. Zwangsläufig gehört damit zu jeder Modellvorstellung ein Anschauungsmodell, welches im Mesokosmos angesiedelt ist, der wiederum im Realitätsbereich liegt (vgl. Abbildung 7). Dieses Anschauungsmodell ist nicht notwendig identisch mit gegenständlichen, symbolischen oder ikonischen Modellen, den Modellkonkretisierungen, sondern kann auch jene Ausprägungen der theoretischen Modellvorstellung betreffen, also spezielle Modellannahmen im Sinne BUNGEs, die anschaulich sind und Bezüge zum Mesokosmos besitzen (vgl. Kap. 2.3.3).

Im folgenden soll nun das undifferenzierte Teilchenmodell, wie es üblicherweise mit den in Kap. 4.2.1.1 aufgeführten Eigenschaften im Chemieunterricht behandelt wird, dahingehend untersucht werden, welche dieser Eigenschaften der Modellvorstellung und welche der Modellanschauung dienen. Ähnliche Überlegungen hat TOUCHÉ (1989), ohne Berücksichtigung der Massenerfüllung, für die Eigenschaften der Teilchen angestellt. Hierbei werden die Eigenschaften als „notwendig“ und „nicht notwendig“ eingestuft. An dieser Stelle soll allerdings eine differenziertere Analyse erfolgen.

Die zugrundeliegende Modellvorstellung ist eine rein mechanistische, die ihre Anfänge und Bedeutung in den Gasgesetzen und der kinetischen Gastheorie hat. Hierin „werden die Atome und Moleküle als kleine, gleichmäßig mit Masse erfüllte Kugeln betrachtet, für deren Bewegung die früher behandelten Gesetze der klassischen Mechanik gelten sollen“ (HÖFLING 1987, S. 300). Für die Behandlung der Gase wird das „Modell des idealen Gases“ eingeführt. Dieses besitzt die Eigenschaften:

> „1. Die mittleren Abstände der Gasteilchen voneinander sind sehr viel größer als die Durchmesser der Teilchen.
> 2. Solange keine Zusammenstöße zwischen den Gasteilchen erfolgen, üben diese keine Kräfte aufeinander aus.
> 3. Bei Zusammenstößen von Gasteilchen untereinander [...] gelten die [...] Gesetze des elastischen Stoßes [...].“ (ebd.)

In der klassischen Mechanik werden bei der Translationsbewegung die Körper als Massenpunkte betrachtet:

> „Unter einem Massenpunkt versteht man einen Körper, der so klein ist, daß seine Lage hinreichend genau durch einen geometrischen Punkt angegeben werden kann.“ (GOBRECHT 1974, S. 28)

In den Massenpunkten wird „die Masse der durch sie beschriebenen physikalischen Objekte (Körper, Moleküle, Atome) vereint gedacht“ (HÖFLING 1987, S. 29). Dies hat die Vorteile, daß die Ortsangabe des Körpers eindeutig durch einen Punkt festgelegt ist, daß Drehungen, Verformungen und innere Schwingungen nicht auftreten und daß am Körper angreifende Kräfte zu einer resultierenden Kraft zusammengefaßt werden können, die am Massenpunkt angreift.

Die für das Teilchenmodell festgestellten Eigenschaften der translatorischen **Bewegung** und der einer Teilchensorte zugehörigen **Masse** sind eindeutig Komponenten des mechanistischen Modells. Ebenso gehört die Annahme von zwischen den Teilchen wirkenden **Kräften** zu den unabdingbaren Voraussetzungen der Modellvorstellung, im idealen Gas werden sie nur vernachlässigt. Ohne sie wären keine Flüssigkeiten oder Festkörper denkbar.

Die anderen beschriebenen Eigenschaften hingegen sind nicht zwangsläufig notwendiger Bestandteil der Modellvorstellung. So ist die **Kugelform** der Teilchen lediglich Ausdruck eines Wunsches zur Veranschaulichung. Die Modellvorstellung verlangt Massenpunkte ohne Ausdehnung. Diese sind jedoch nicht darstellbar und vorstellbar, gerade deshalb, weil sie Masse besitzen. Masse ist in unserer Vorstellung untrennbar mit der Existenz von Materie verbunden und diese besitzt eine räumliche Ausdehnung, eine Form. VON WEIZSÄCKER (1977) schreibt hierzu:

> „Es gibt also im Bereich des Konkreten keine Form ohne Materie. Ebensowenig gibt es Materie ohne Form.“

Zur Abmilderung dieses Dilemmas erfolgt der Vorgang der dreidimensionalen „Vergrößerung“ eines Punktes zu einer Kugel, um die Punkte sichtbar zu machen. So wird ein irgendwie geformter Körper zuerst auf einen Punkt „geschrumpft“, um dann zu einer Kugel „aufgebläht“ zu werden. Damit stellt sich auch nicht mehr das Problem, wie denn eigentlich Punkte als Konstituenten eines Gases zusammenstoßen können, da sie doch keine Ausdehnung und somit Angriffspunkte besitzen. Ebenso ist bei einer angenommenen Kugelform der zentrale Stoß besser vorstellbar als bei einem unregelmäßig geformten Körper. Damit taucht wieder das Bild stoßender Billardkugeln auf, die ja als besonders elastisch gelten und somit die Impuls- und Energieerhaltung als Charakteristika des elastischen Stoßes erfüllen, wie er für Teilchenzusammenstöße im idealen Gas gelten soll. Der Schluß auf eine harte Oberfläche der Teilchen liegt also nahe, unterstützt durch harte gegenständliche Modelle wie Tischtennisbälle.

Modellbereich (Modellvorstellung)	Bewegung	Masse	Kräfte
Realitätsbereich (Anschauungsmodell)	Kugelform	Größe	Massenerfüllung

Abbildung 32: Zuordnung der Teilcheneigenschaften zu Modellbereich und Realitätsbereich

Aus diesen Überlegungen ergibt sich auch, daß die Eigenschaft der **Größe** oder Ausdehnung der Teilchen nicht konstitutionell für die theoretische Modellvorstellung ist. Vielmehr ist sie durch das Konstrukt der Massenpunkte ursprünglich negiert worden. Anschaulich korreliert sie allerdings gut mit der konkreten Masse eines Teilchen bestimmter Sorte: Eine größere Masse benötigt oberflächlich durch Schüleraugen gesehen ein größeres Volumen. Dies gilt aber nur für makroskopische Stoffe, hier hingegen kann nicht mehr von Stoffdichte gesprochen werden. Es stellt sich die Frage, ob dies durch die Eigenschaft der Größe nicht nahegelegt wird. So plädiert BUCK (1982), da „diesen ‚Teilchen' die Eigenschaft eines klar definierten und meßbaren Volumens nicht zukommt", für einen vollständigen Verzicht auf die Behandlung dieser Eigenschaft. Daß dieser Verzicht nicht notwendig ist und dennoch das Bild des klar definierten Volumens aufgelöst werden kann, wird weiter unten gezeigt.

Die gleichmäßige **Massenerfüllung**, die den Teilchen zugesprochen wird, ergibt sich als Resultat aus den anschaulichen Zugaben der Kugelgestalt und Größe. Wenn das Teilchen eine Ausdehnung besitzt, so muß auch die Masse verteilt sein, da Materie und Form untrennbar verbunden sind. Da die Masse aber als Idealisierung im Mittelpunkt zusammengefaßt gedacht werden kann, ist eine gleichmäßige konzentrische Massenverteilung notwendig, die sich durch die Kugelform der Teilchen ergibt. Somit ist die Massenerfüllung ebenfalls in den Bereich des Anschauungsmodells zu setzen.

Die Aufteilung der Eigenschaften des Teilchenmodells zum Modellbereich und zum Realitätsbereich wird in Abbildung 32 nochmals zusammenfassend dargestellt.

4.2.1.5 Folgerungen

Da keine Veränderung des Teilchenmodells als Modellvorstellung an sich angestrebt ist, müssen die Eigenschaften der Bewegung, der Masse und die Kräfte als konstituierende Elemente beibehalten werden. Der theoretische Unterbau der Modells bleibt somit erhalten. Hingegen bieten sich die im Anschauungsbereich stehenden Elemente der Kugelform, Größe und Massenerfüllung an, durch alternative Darstellungsformen in den Anschauungsbereich transformiert zu werden und so die Andersartigkeit der submikroskopischen Teilchen anschaulich nahezulegen.

Wie bei der Diskussion vorherrschender Schülervorstellungen gezeigt wurde, liegen die Ursachen für mangelndes Modellbewußtsein in der Problematik des Denken im Kontinuum und der Identifizierung von Modell und Realität. Es wurde deutlich, daß diese Probleme durch die Anschauung bedingt sind: Durch die Behandlung von nur einem Anschauungsmodell mit den oben beschriebenen Eigenschaften wird dem Schüler eine Entsprechung von Modell und Wirklichkeit suggeriert. Die dadurch bedingte mangelnde Problematisierung des Modellcharakters fördert ein Denken in kontinuierlichen Kategorien: Stoffeigenschaften werden auf Teilcheneigenschaften übertragen. Die resultierenden Konzepte sind eindimensional und anschaulich und zeichnen sich somit durch eine hohe Beharrungskraft aus: Die Schüler sind in ihren Vorstellungen in einer Sackgasse festgefahren.

Diese Entwicklung zu durchbrechen erfordert unterschiedliche Zugänge zu einer Modellvorstellung durch verschiedene Anschauungsmodelle und nicht den vollständigen Verzicht auf diese, wie ihn BUCK (1982) fordert. Das Modelldenken muß flexibilisiert werden. Wie dies mittels der Visualisierungsmöglichkeiten des Computers geschehen kann, sollen die Erörterungen im nächsten Kapitel zeigen.

4.2.2 Möglichkeiten der Computervisualisierung

Es werden in diesem Kapitel nach einer Schilderung alternativer Darstellungen diese auf ihre Anwendbarkeit hin untersucht und in einem Entwurf einer Software zusammengeführt. Im Hinblick auf ihre Einsatzfähigkeit in anderen Themenbereichen bilden Betrachtungen zur Erweiterbarkeit den Schluß.

4.2.2.1 Alternativen zu herkömmlichen Darstellungsformen

Zu den oben besprochenen Teilcheneigenschaften werden im folgenden Alternativen aufgezeigt, wie sie nur durch den Computer realisiert werden können. Hierbei wird sich u.a. zeigen, daß das Visualisierungspotential des Computers besonders dynamische Darstellungen unterstützt, die gut geeignet sind, makroskopisch erlangte Vorstellungen vom statischen Aufbau der Materie zu durchbrechen und damit zu der Auffassung eines anders gearteten Submikrokosmos führen können.

4.2.2.1.1 Zur Kugelform

Kleinste Teilchen als Kugeln suggerieren Billardkugeln mit einer harten Oberfläche. Diese Vorstellung aufzubrechen durch die Einführung anderer geometrischer Formen wie Würfel scheint sinnlos, da dadurch die Vorstellung der Teilchen als letztem Teilungsstück unterstützt und die Andersartigkeit der submikroskopischen Welt nicht deutlich wird.

Es bietet sich aber mit dem Computer die Möglichkeit, die Teilchen mit amorphen Formen darzustellen. Diese können durch dynamische Darstellungen auch veränderlich sein. Es entstehen so Gebilde, die permanent ihre äußere Form

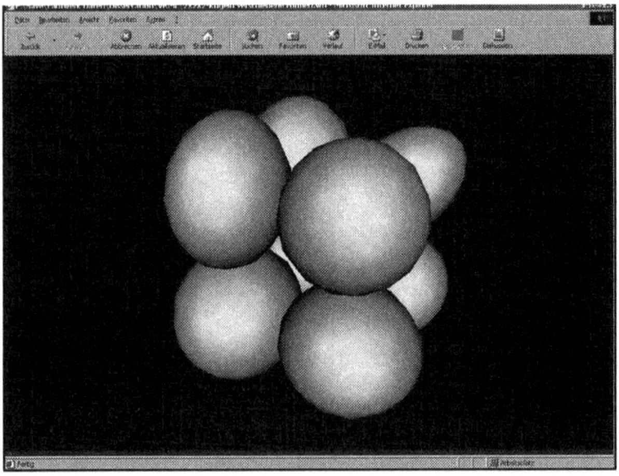

Abbildung 33: Teilchen mit unterschiedlicher Form

ändern. Dadurch wird die Vorstellung einer harten unverformbaren Kugel hinfällig, die Teilchen „wabbeln" in sich. Ungeachtet dessen können die Teilchen weiterhin als vollkommen elastisch angesehen werden. JOB (1997) beschreibt die Übertragung der Vorstellung von Inkompressibilität von Materie in die Teilchendimension als eine „Altlast":

> „Was wir als Elastizität makroskopischer Körper beobachten, ist Ausfluß einer ähnlichen Eigenschaft der Atomverbände, aus denen sie bestehen. Ein Atom ist kompressibel und reagiert mit Abstoßungskräften auf eine Verdichtung."

Somit stellt sich die Annahme veränderlicher Formen und weicher Oberflächen nicht der Behandlung des elastischen Stoßes als Grundlage des Teilchenmodells entgegen, vielmehr unterstützt es die Vorstellung einer Andersartigkeit der Teilchen: Sie sind verformbar (wie beispielsweise Knetgummi) aber dennoch hochelastisch (wie beispielsweise Billardkugeln). Auch die Bedeutung der Kugelform für die Vorstellung vom idealisierten Massenpunkt im Zentrum (siehe oben) ist hinfällig, nimmt man nur an, daß die fluktuierende Oberfläche im statistischen Mittel eine Kugel bildet. Ein Beispiel, das hier natürlich nicht den dynamisch veränderlichen Aspekt berücksichtigen kann, gibt Abbildung 33.

4.2.2.1.2 Zur Größe

Die Ausführungen zu Alternativen zur Kugelgestalt der Teilchen erbrachten zwar einen Wechsel in der Gestalt der Teilchen, die wie auch immer geformte Oberfläche wurde jedoch als gleichbleibend groß betrachtet. Daß dies nicht zwangsläufig der Fall sein muß, legt die dort beschriebene Kompressibilität der Teilchen nahe. Es ist durchaus vorstellbar, daß sich die Größe der Oberfläche ständig ändert, einem unregelmäßigen Pulsieren gleich. Dies widerspricht nicht den mechanischen Grundannahmen, da das Massenpunktkonzept unabhängig von der Größe

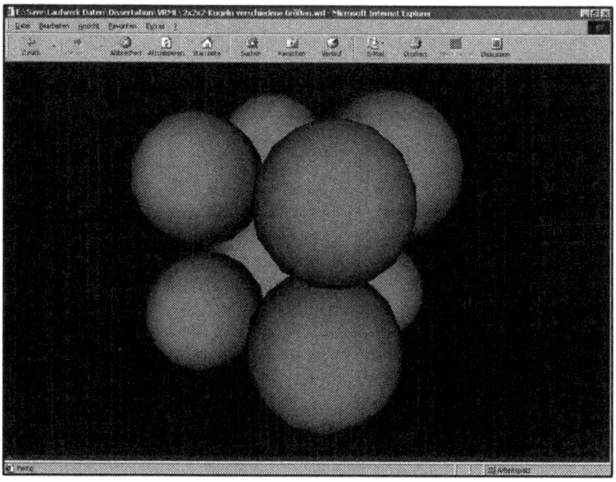

Abbildung 34: Teilchen mit unterschiedlicher Größe

des Körpers ist. Es kann auf Planeten ebenso wie auf Atome angewendet werden. Von Vorteil kann diese Betrachtungsweise sein, wenn im späteren Unterricht Modellvorstellungen behandelt werden, die die prinzipiell unendliche Raumerfüllung der Atome annehmen, eine Eigenschaft, die BUCK (1994) als wesentlich für die Andersartigkeit der Teilchen ansieht. Der Übergang von nicht festen Grenzen zu keinen Grenzen wird besser verständlich.

Die unterschiedliche Größe von Teilchen eines Stoffes ist für das Teilchenmodell nicht wesentlich. Sie ist mehr als Vorbereitung für die spätere Behandlung von Atomen und Ionen insbesondere bei der Gitterstruktur der Salze zu sehen. Dennoch steht eine veränderliche Größe von Teilchen im Teilchenmodell nicht der Annahme unterschiedlicher Volumina bei Teilchen verschiedener Sorten entgegen: Die Teilchengröße, wie sie beispielsweise über den Ölfleckversuch bestimmbar ist (vgl. z.B. FISCHLER & ROTHENHAGEN 1997), muß nur als die mittlere Ausdehnung des Teilchens betrachtet werden.

Abbildung 34 stellt eine Momentaufnahme von sich zeitlich in der Größe ändernden Teilchen dar.

4.2.2.1.3 Zur Massenerfüllung

Die gleichmäßige Ausfüllung der Teilchen mit Masse legt die Fehlvorstellung eines Stoffes nahe, aus dem das Teilchen besteht. Somit muß der Vorstellung der Solidität entgegengewirkt werden. Dies kann mittels Computerdarstellungen hervorragend geschehen. Die Teilchen können transparent, durchscheinend gezeichnet werden (vgl. Abbildung 35) oder als Ansammlung von locker verteilten Punkten, die die Erfüllung und Raumausdehnung nur andeuten. Diese Punktwolken sind ähnlich den diffusen Elektronenwolken zu denken, womit auch eine

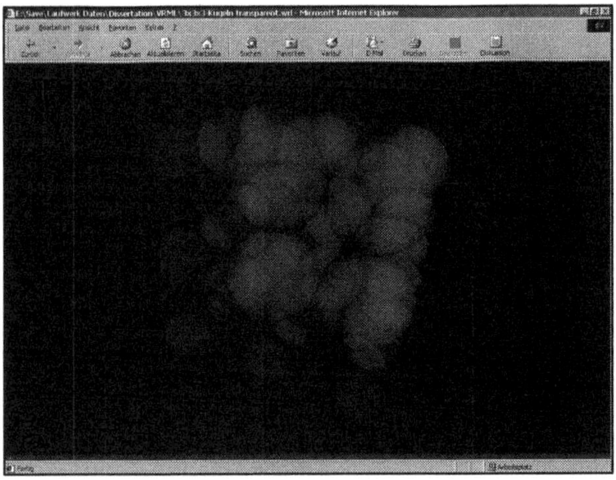

Abbildung 35: Teilchen mit transparenter Oberfläche

spätere Überleitung zu ihnen leichter fällt. Zudem verlieren die Teilchen dadurch ihre feste Oberfläche und eng umrissene Ausdehnung: zwei wesentliche Punkte, die gegen eine Übertragung von stofflichen Vorstellungen in den Submikrokosmos stehen.

4.2.2.1.4 Zur Bewegung

Die translatorische Bewegung ist im Gegensatz zu den bisher aufgeführten Eigenschaften eine in der Modellvorstellung verankerte. Durch den Computer bieten sich aber gerade hier Visualisierungsmöglichkeiten an, die eine Abbildung nicht haben kann, da der Computer in der Lage ist, Bewegung darzustellen. Die gängigen Abbildungen zur Verdeutlichung der Bewegung müssen auf Ersatzkonstrukte wie eingezeichnete Schwingungsbereiche oder Schwingungsbögen, Federn zwischen den Teilchen, verwaschene Konturen oder Bewegungspfeile als Analogien zurückgreifen, wie BLEICHROTH (1989) in einer Studie zu bildhaften Darstellungen des Teilchenmodells in Schulbüchern zeigt (vgl. Abbildung 36).

Solche Abbildungen werden hinfällig, wenn der Bewegungsablauf als zeitlicher Vorgang auf dem Monitor dargestellt werden kann. Und hierbei sind nicht nur die Vorgänge in Gasen gemeint, die schon seit Jahren durch einige Computerprogramme[59] verdeutlicht werden sollen, in denen „Scheibchen" wirr über den Bildschirm flitzen, sondern dreidimensionale perspektivische Bewegungen raumerfüllender Teilchen sowohl im Gas als auch mit geringeren freien Weglängen in

59 Hier sind Programme wie SCHEIBCHEN-PC vom INSTITUT DR. FLADT oder SIMULATIONEN MIT DEM TEILCHENMODELL des DEUTSCHEN INSTITUTS FÜR FERNSTUDIEN (DIFF) angesprochen, die Gasgesetze oder die Vorgänge bei Diffusion, Osmose etc. behandeln.

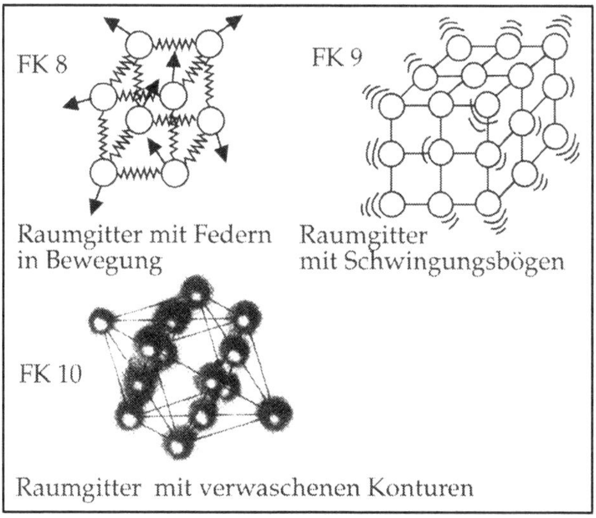

Abbildung 36: Dynamische Modelle von Festkörpern (aus BLEICHROTH 1989)

Flüssigkeiten und Festkörpern. Gerade bei letzteren ist es für den Schüler, auch bedingt durch den Einsatz gegenständlicher Kugelpackungsmodelle, sehr schwer, sich die Bewegung der Teilchen vorzustellen, da die makroskopischen Körper eben fest sind und auf keinerlei dynamische Vorgänge in ihrem Inneren schließen lassen.[60] (Zu diesem Punkt kann verständlicherweise keine beispielhafte Abbildung gezeigt werden.)

4.2.2.2 Anwendungsbereiche

Für ein Modell mit verändertem Anschauungsmodell, wie es hier durch alternative Darstellungsmöglichkeiten geschaffen wurde, ist es nicht nur notwendig, zu prüfen, ob die Voraussetzungen der zugrundeliegenden Modellvorstellung erhalten bleiben, sondern ebenfalls, inwieweit es in der Lage ist, den Erklärungsbereich abzudecken, den das ursprüngliche Modell einnahm.

Die in Kap. 4.2.1.2 genannten Anwendungsbereiche „Darstellung der Aggregat-

[60] Auch für den Stoffbegriff entwickeln sich in den letzten Jahren Ansätze, von einer statischen Sichtweise zu einer dynamischen zu wechseln. So unterscheidet SCHUMMER (1995) zwischen einem vorherrschenden substantialistischen Ansatz, der eine Ordnung voneinander unabhängiger Substanzen schafft, und einem Ansatz, der auf dynamische Relationen zwischen Stoffportionen abzielt. Letzterer sei für die Chemie erkenntnisträchtiger, da sie sich ja insbesondere um die Beschreibung von Wechselwirkungen und Veränderungen bemüht. Wenn auch die in dieser Untersuchung betrachtete Ebene (Teilchen) eine andere als bei SCHUMMER (Stoffe) ist, so kann doch eine Parallele bezüglich der Intention festgestellt werden, von einer statischen, beharrenden Perspektive zu einer dynamischen, veränderlichen Auffassung von Materie zu gelangen.

zustände", „Übergänge zwischen Aggregatzuständen", „Dichte", „Lösungsvorgänge" sowie „Diffusion" sind im Prinzip unabhängig von der Darstellung der einzelnen Teilchen. Sie können also mit in der Erscheinung geänderten Teilchen ebenso gut erklärt werden. Hierbei unterstützen die dynamischen Eigenschaften der Teilchen wie veränderliche Form und Größe sowie die nicht-solide Darstellungsart allerdings die Vorstellung der Andersartigkeit des Submikrokosmos, da besonders bei Festkörpern die Teilchen eben nicht die gleichen Eigenschaften „Festigkeit" und „Solidität" wie der Stoff aufweisen, sondern ständig veränderlich und bewegt sind. Dies kann mit herkömmlichen Sachmodellen nicht erreicht werden.

Es ergeben sich auch erhebliche Vorteile durch die Visualisierung der Bewegung. So ist vorstellbar, die Übergänge vom festen bis zum gasigen Zustand durch permanent verstärkte Teilchenbewegung entsprechend einer Temperaturerhöhung fließend darzustellen. In einem Feststoff bewirkt dabei die verstärkte Bewegung die Auflösung des Gitters; die Teilchen besitzen keinen festen Ort mehr, der Stoff wird flüssig. Durch weitere Temperaturerhöhung werden einzelne Teilchen so schnell, daß sie dann auch den Teilchenverband verlassen können und in die Gasphase übergehen. Hierbei kann auch sehr gut das dynamische Gleichgewicht an den Phasengrenzen beobachtet werden. Die Diffusion entspricht dem letztgeschilderten Phasenübergang, die Lösungsvorgänge können ebenfalls gut über die Bewegung visualisiert werden.

4.2.2.3 Verknüpfung der Alternativen und Konzeption eines Softwarepaketes

Als Zusammenfassung und zur besseren Übersichtlichkeit sind in Abbildung 37 die drei Eigenschaften des Anschauungsmodells „Form", „Größe" und „Massenerfüllung", die „Bewegung" als Ausdruck der Translationsgeschwindigkeit sowie das graphische Darstellungselement der „Farbe" aufgeführt und ihnen die herkömmlichen und die durch den Computer ermöglichten Visualisierungsformen zugeordnet. Ebenso wird die bisher nicht mehr erwähnte Möglichkeit zur virtuellen dreidimensionalen Ansicht der Modelle im Gegensatz zu zweidimensionalen Abbildungen aufgeführt. Hier gehen die ausführlich in Kap. 3 zur raum-zeitlichen Dimension der Computernutzung behandelten Überlegungen und Ergebnisse der empirischen Untersuchung ein, die, wie dort gezeigt, enorme Vorteile für das räumliche Verständnis von dreidimensionalen Objekten durch virtuelle und interaktive Darstellung aufzeigen konnte.

Aus diesen dreizehn möglichen herkömmlichen und neuen Darstellungsformen ergeben sich 96 Alternativen zur Darstellung und Beobachtung von Teilchen im Teilchenmodell. Diese hohe Variabilität im Anschauungspotential kann durch herkömmliche Abbildungen oder Sachmodelle nicht erreicht werden. Es steht ein größeres „Informationsreservoir" (REINERS 1989, S. 19) zur Verfügung, aus dem

Form	Kugel	Amorph veränderlich
Größe	Konstant	Unregelmäßig „pulsierend"
Massenerfüllung	Solide	Transparenz / Punktwolke
Bewegung	Keine	Frei bestimmbar
Farbe	Vorbestimmt	Frei wählbar
Räumlichkeit	Zweidimensional	Virtuell dreidimensional

Abbildung 37: Visualisierungsalternativen der Teilcheneigenschaften

der Schüler schöpfen kann. Er kann in die Lage versetzt werden, sich „sein" Modell, entsprechend seinen Vorstellungen oder der gegebenen Problemstellung, auszuwählen. Zudem hilft diese Vielzahl an Visualisierungsmöglichkeiten der Fehlvorstellung von nur einem existierenden „wahren" Modell, das der Realität gleichgesetzt wird, vorzubeugen.

Wie können nun diese Möglichkeiten in eine lernunterstützende Software integriert werden? Es sollen im folgenden Überlegungen dazu erfolgen, unter welchen Voraussetzungen ein solches Programm entwickelt werden könnte. Damit sollen Hinweise für eine zukünftige Realisierung gegeben werden.

Wesentlich scheint für die Konzeptionierung einer Software unter der oben beschriebenen Prämisse des Ziels einer Flexibilisierung des Modelldenkens zu sein, daß dem Schüler jederzeit die Auswahlmöglichkeiten für unterschiedliche Darstellungsformen auf der Grundlage der Modelltheorie zur Verfügung stehen. Ebenso sollte das Darzustellende inhaltsspezifisch sein, also konkrete Unterrichtsinhalte, wie sie durch die Anwendungsbereiche des Teilchenmodells festgelegt sind, behandeln.

Somit bietet sich ein modularer Aufbau der Software an. Hierbei sollte das **Benutzerinterface**, also die Programmoberfläche, einheitlich und einfach gestaltet sein, um auch jüngeren und im Umgang mit Computern unerfahrenen Schülern die Bedienung zu ermöglichen. Unter Beachtung der Gestaltungskonventionen einer graphischen Benutzeroberfläche wie WINDOWS 95 von MICROSOFT[61] ist ein Programmfenster vorstellbar, das über eine Symbolleiste verfügt, in der die Darstellungsalternativen vom Benutzer bestimmt werden können. Diese sollten ebenfalls über die Menüleiste anwählbar sein.

Für die dreidimensionale Navigation im virtuellen Raum bei der Beobachtung der Teilchen sind ebenfalls Optionen notwendig. Zusätzlich muß eine Möglichkeit

[61] http://www.microsoft.com

geschaffen werden, über die Symbolleiste und das Menü das Modul auszuwählen, das behandelt werden soll. Ebenso muß eine Möglichkeit zur zeitlichen Navigation vorhanden sein, um bei Animationssequenzen, wie sie bei der Darstellung des Übergangs zwischen Aggregatzuständen nötig ist, ähnlich wie bei einem Videorecorder den Ablauf beeinflussen zu können. Für die eigentliche Visualisierung steht der gesamte innere Bereich des Fensters (client window) zur Verfügung.

Die Visualisierung kann über den in Kap. 2.4.5 beschriebenen VRML-Standard erfolgen. Mit den neueren Versionen sind alle oben beschriebenen Eigenschaften realisierbar. Neben der dreidimensionalen Darstellung und der virtuellen Beobachtung können sowohl solide als auch durchscheinende Körper oder Punktwolken dargestellt werden. Translatorische Bewegung durch den virtuellen Raum ist ebenso möglich wie eine Eigenbewegung der Objekte in sich betreffend Form und Größe. Diese Bewegungen sind steuerbar: Die Szenen, die im Prinzip Animationen sind, können angehalten und rückwärts betrachtet werden, während weiterhin eine dreidimensionale Navigation im Raum möglich ist. Dadurch können die Abläufe aus allen Richtungen und Entfernungen betrachtet werden.

Die **Module** würden verschiedene Themen zum Inhalt haben. So sind zur Erarbeitung der Aggregatzustände die Module

- **Der Festkörper**
- **Die Flüssigkeit**
- **Das Gas**

notwendig, für die Aggregatzustandsänderungen die Module

- **fest – flüssig**
- **flüssig – gasig**
- **fest – gasig**

zu entwickeln. Ebenso muß ein Modul zur Veranschaulichung des Lösens eines Feststoffes existieren:

- **Der Lösungsvorgang**.

Diese Module würden aus einer Reihe VRML-Dateien bestehen, die den jeweils vom Schüler ausgewählten Alternativen in der Darstellung entsprechen. Da keine Änderung der VRML-Dateien und der Ansicht möglich ist, wäre es notwendig, für jede Möglichkeit eine eigene Datei zu erstellen. Dies wäre ein nicht zu unterschätzender Arbeitsaufwand, der allerdings unumgänglich wäre. Alternativ könnten auch Module zu Meta-Modulen zusammengefaßt werden, wobei VRML die Möglichkeit gibt, über dreidimensionale Hyperlink-Objekte andere Dateien anzuzeigen. Damit ließe sich zwischen den Modulen wechseln. Die wesentliche Bedienung bestände aber für den Schüler nur aus der Auswahl der Darstellung und dem Navigieren im dreidimensionalen Raum zur Erkundung der angezeigten Szene, also ohne großen Aufwand zu erlernende Fähigkeiten.

Mittels eines solchen Softwarepaketes, welches sieben Module zur Behandlung des Teilchenmodells der Materie beinhaltet, sowie einer einheitlichen Benutzeroberfläche könnten herkömmliche und die vorgeschlagenen alternativen Darstellungen von Teilchen und Teilchenverbänden mit vertretbarem Aufwand verwirklicht werden.

4.2.2.4 Erweiterbarkeit der Software

Bedingt durch den modularen Aufbau eines so gearteten Programmpaketes ist eine Anpassung und Erweiterung problemlos möglich. So könnten beispielsweise für spezielle Aspekte des Teilchenmodells wie die Betrachtung des dynamischen Gleichgewichts an Phasengrenzen eigene Module entwickelt werden. Eine andere Möglichkeit wäre die graphische Einbindung einer Temperaturanzeige zum Vergleich von Temperatur und Teilchengeschwindigkeit.

Wesentlich ist auch der Vorteil der modularen Struktur im Hinblick auf die Erweiterbarkeit des Teilchenmodells. Ohne gravierende Veränderungen in der Benutzerführung ist durch die Entwicklung entsprechender Module zu Materie- und Bindungsmodellen eine kontinuierliche Weiterführung einer modellorientierten Unterrichtskonzeption zu erweiterten Modellen möglich. So ließe sich der, auf dem grundlegenden Teilchenmodell aufbauende, beschrittene Weg zur Entwicklung eines angemessenen differenzierten und reflektierten Modelldenkens beim Schüler nahtlos fortsetzen. Mögliche Weiterentwicklungen sollen im folgenden Kapitel beispielhaft angesprochen werden.

4.3 Weiterführende Beispiele

Nach der ausführlichen Analyse des Teilchenmodells als grundlegendem und erstem Berührungspunkt des Schülers mit naturwissenschaftlichen Denkmodellen sollen im weiteren beispielhaft einige Themenbereiche betrachtet werden, denen erweiterte Modellvorstellungen zugrunde liegen. Hierbei wird, entsprechend dem Vorgehen im vorigen Kapitel, zuerst eine Sachanalyse des Themenbereichs bezogen auf die Komponenten Modell-, Objekt- und Subjektbereich der Modellvorstellung vorgenommen, aus der Möglichkeiten zur Computervisualisierung gewonnen werden.

4.3.1 Die Stoffumwandlung

4.3.1.1 Sachanalyse des Themenbereichs

Neben der Beschäftigung mit den Eigenschaften der Stoffe ist eine Betrachtung der Stoffumwandlungen Hauptaufgabe der Chemie. Dies äußert sich in gängigen

Definitionen der Chemie als Wissenschaft, wie sie beispielsweise PAULING (1969, S. 1) gibt:

> „Die Chemie ist die Lehre von den Stoffen, von ihrem Aufbau, ihren Eigenschaften und von den Umsetzungen, die andere Stoffe aus ihnen entstehen lassen."

Für die Erklärung von chemischen Reaktionen sind Modellvorstellungen unabdingbar. Experimentell lassen sich neben wenigen Größen wie dem Energieumsatz oder der zeitlichen Änderung der Konzentrationen beteiligter Stoffe nur die Edukte und die Produkte erfassen. Das Geschehen auf submikroskopischer E-bene zwischen Anfangs- und Endzustand einer Umwandlung ist hingegen nur über Modelle zugänglich, sei es symbolisch durch Reaktionsschemata oder durch gegenständliche Modelle bzw. deren Abbildung. Neben den Modellen zum Aufbau der Materie sind hierbei auch Modelle der chemischen Bindung hinzuzuziehen.

Durch diese zentrale Stellung der Stoffumwandlung in der Chemie sowie durch die Notwendigkeit von Modellvorstellungen zu ihrer Deutung kommt der chemischen Reaktion als Inhalt des Chemieunterrichts eine wesentliche Bedeutung zu. Ihre Einführung kann auf der Grundlage von zwei Materiekonzepten erfolgen: dem undifferenzierten Teilchenmodell wie es im letzten Kapitel beschrieben wurde oder dem DALTON-Modell als erstem Atommodell, das stöchiometrische Betrachtungen ermöglicht.

Schüler besitzen im wesentlichen zwei Vorstellungen oder innere Modelle von der Stoffumwandlung, wie EHLERT (1993) beschreibt:

- „Das innere Modell der Vernichtung der Stoffe: Die Schüler nehmen an, daß die Stoffe im Verlauf der chemischen Reaktion völlig verschwinden oder zumindest irreversibel bis auf ‚unbrauchbare Reste' zerstört werden.
- Das innere Modell der Erhaltung der Stoffe: Hier sind Vorstellungen einzuordnen, denen der Grundgedanke der Erhaltung der Ausgangsstoffe in der chemischen Reaktion zugrundeliegt."

Ihre Studie belegt, daß die Vorstellungen über die Stoffvernichtung relativ schnell beim Übergang in die Mittelstufe fast vollständig durch ein Konzept ersetzt wird, bei dem die Stoffe in ihren Eigenschaften erhalten bleiben (ebd.). Diese Problematik bei der Unterscheidung von Gemisch und Verbindung wird durch Schüleräußerungen belegt, die JUST (1985) wiedergibt:

> „‚Aber das Kupfer ist doch noch da, das ist doch nur eine besonders intensive Mischung.'"

> „‚Wieso ändern sich die Eigenschaften so total, obwohl nichts dazukommt bzw. verschwindet?'"

Solche Vorstellungen ließen sich verhindern, wenn dem Schüler deutlich gemacht würde, daß die stofflichen, wahrnehmbaren Eigenschaften „nur auf der gegenseitigen Beeinflussung (wie gegenseitige Anziehung und Sich-gegenseitig-ein-wenig-durchdringen) in den Teilchenverbänden“ (ebd.) beruhen, wobei sich gleichartige Teilchen anders beeinflussen als ungleichartige Teilchen, und damit unterschiedliche Eigenschaften der Stoffportionen resultieren. Es wäre also auf einer Stufe, auf der Schüler noch über kein differenziertes Atommodell verfügen, eine Art „Vorkonzept zur chemischen Bindung“ einzuführen. Daß diese Vorstellung durchaus auch von Schülern angenommen wird, zeigt GENSEBERGER (1987):

> „Daß Atome einander auch durchdringen können, empfanden die Schüler als eine ganz selbstverständliche Möglichkeit [...] Es stellte sich heraus, daß sie [...] ein A-tom [...] auch als eine Art diffuser Materie begreifen konnten.“

Hierbei ist allerdings zu beachten, daß die später zu behandelnde Ionenbindung nicht von einem Konzept sich durchdringender Teilchen ausgeht. Dennoch kann ein solches „undifferenziertes Bindungsmodell“ nützlich sein, auf eine ganzheitliche Sichtweise der Bindungsarten, die nur Grenzfälle darstellen, vorzubereiten.

DEMUTH (1989) versucht diese Sichtweise über die Behandlung von Elektronendichtekarten zu erreichen, die aufzeigen, daß die Elektronendichteverteilung zwischen den Atomen von einer hohen Dichte auf der Verbindungsachse über eine kugelsymmetrische um die Atome herum bis zu einer Dichte von Null nur als Grenzformen der kovalenten, metallischen oder ionischen Bindung anzusehen sind, abhängig von den an der Verbindung beteiligten Atomen.[62] BOLAY (1981) entwickelt ein Beziehungsgeflecht zwischen Komplex-, Ionen-, Molekül- und Metallbindung, welches es ermöglicht, Verbindungen ihrem Bindungscharakter entsprechend auf den Linien zwischen den Bindungsarten anzuordnen. Einen ähnlichen Ansatz vertritt REINERS (1998a). Ausgehend von der Bindung zwischen Metallen zeigt sie auf, „daß die zwischen ihnen möglichen Wechselwirkungen je nach Perspektive und Bedingungsumfeld eine Vielzahl an Facetten und Bezügen aufweisen, die die Abgrenzung verschiedener Bindungstypen zwar nicht überflüssig, jedoch durchlässiger machen“ (ebd.). Auf einem Tetraeder, an dessen Ecken die metallische, ionische und kovalente und die van-der-Waals-Bindung stehen, werden Metalle und Metallverbindungen entsprechend ihrem Anteil an der jeweiligen Bindungsart angeordnet. Eine solche Betrachtungsweise unterstützt den Übergang von einer fachlich-systematischen zu einer systemischen Denkweise „und damit den Zugang zum Ganzen [...], das sich auch hier als mehr als die Summe seiner Teile erweist“ (ebd.). Durch ein undifferenziertes und unspezifisches erstes Bindungskonzept, welches mittels des Computers visualisiert

---

62 Ausführlichere Beschreibungen von Elektronendichtekarten sind bei DÄMMGEN & DEMUTH (1989) und SCHMIDKUNZ & HÄUSLER (1994) zu finden.

werden kann, könnte ein Schritt in Richtung eines systemischen Denkens erfolgen.

Ein Übergang von der Vorstellung, die einzelnen Teilchen würden die Eigenschaften des Stoffes bestimmen und sich in einer Reaktion verändern, wie sie Abbildung 38 verdeutlicht, zu einer Vorstellung, die die Art des Zusammenhaltes und die Wechselwirkungen zwischen den Teilchen als wesentlich für die makroskopischen Eigenschaften ansieht, bedingt, daß Teilchenverbände in den Mittelpunkt des Interesses gerückt werden.

Diesen Aspekt als das Konstituierende einer Stoffumwandlung hebt WENINGER (1982) deutlich hervor:

> „Wenn im Augenblick einer Stoffumbildung die Anfangsstoffe aufhören, als Stoffe zu existieren, so ist dies gleichbedeutend mit dem Zusammenbruch der Beziehungen zwischen den Atomen der Anfangsstoffe, also mit dem Zusammenbruch der Aggregatstruktur der Anfangsportionen; und wenn die Endstoffe beginnen, als Stoffe zu existieren, so ist dies gleichbedeutend mit der Ausbildung neuer Beziehungen zwischen den Atomen, also mit der Ausbildung neuer Aggregatzustände."

Die chemische Reaktion dagegen nur als Reaktion einzelner Teilchen zu betrachten, wie es beispielsweise durch einen Unterrichtsgang nahegelegt wird, der nach der Beschreibung einer Umsetzung durch Wortgleichungen direkt Symbolgleichungen einführt, führt zu Verständnisschwierigkeiten (vgl. DANIELS & HENNING 1979). Wird so die beliebte Verbrennung von Magnesium als Einführungsversuch zur chemischen Reaktion durch das Schema

$$Mg + O \rightarrow MgO$$

auf der Grundlage eines undifferenzierten Teilchenmodells oder mit der Vorkenntnis des DALTON-Modells durch

$$2\,Mg + O_2 \rightarrow 2\,MgO$$

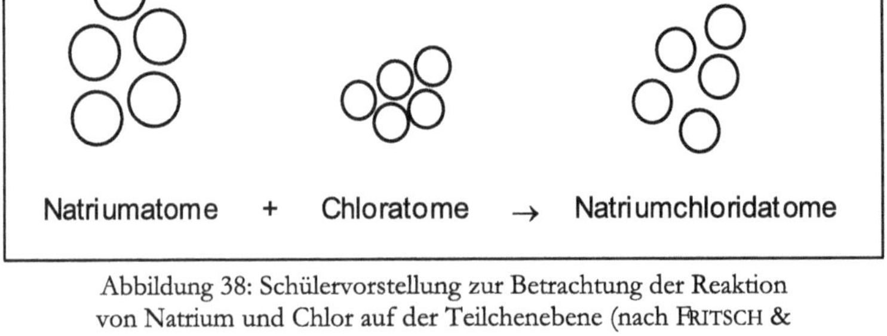

Abbildung 38: Schülervorstellung zur Betrachtung der Reaktion von Natrium und Chlor auf der Teilchenebene (nach FRITSCH & EHLERT 1990)

beschrieben, so wird dem Schüler suggeriert, daß allein die neu gebildeten Teilchen die neuen Eigenschaften des Produktes bestimmen. BARKE (1988) empfiehlt daher als Überbrückung zwischen Wort- und Symbolgleichung strukturelle Betrachtungen auf der Modellebene.

Ein solches Vorgehen wird auch im Konzept des „Strukturorientierten Chemieunterrichts" nahegelegt, dessen Grundzüge in den Arbeiten von GROSSER (1975), HAUPT (1982), GROSSER (1985) und SCHMIDT (1985) beschrieben und von SCHMIDT (1987) im Überblick dargestellt werden.

> „Unter ‚strukturorientiertem Chemieunterricht' wird Unterricht verstanden, der an die Anordnung der Teilchen im Raume anknüpft." (GROSSER 1978)

Der Ansatz geht davon aus, daß „Beobachtungen und Experimente gleichgewichtig und eng verzahnt mit Hilfe von Diskontinuums-Vorstellungen zu deuten" sind (SCHMIDT 1987, S. 8), welches durch ein intensives Arbeiten mit gegenständlichen Modellen erreicht wird:

> „Das Modellbauprinzip sind Kugelpackungen, die später entsprechend den Erfordernissen und dem Lernfortschritt der Schüler verfeinert werden." (ebd.)

Eine an der geschichtlichen Entwicklung orientierte Herleitung der Atomhypothese sowie Experimente zum „Nachweis" oder zur Unterstützung der Teilchenstruktur der Materie werden abgelehnt:

> „Meines Erachtens gibt es keinen einzigen Versuch, der sich im Anfangsunterricht im Hinblick auf die vorhandenen Kenntnisse der Schüler in einer Klasse 8 oder 9 durchführen ließe, um ‚Umgruppierungen von Atomen' einsichtig zu machen. Voraussetzung dafür sind Modelle der Kristallgitter [...]" (GROSSER 1975)

Zudem wird angestrebt, möglichst schnell im Unterricht zum „Wesentlichen" zu gelangen, der submikroskopischen Erklärungsebene:

> „Den herkömmlichen Konzepten ist vorzuwerfen, daß sie darauf nicht von Anfang an eingehen, sondern erst, nachdem die Themen Atombau, Chemische Bildung usw. behandelt worden sind." (GROSSER 1985)

Der setzende Charakter bei der Einführung von Modellen sowie das ausgiebige Arbeiten mit Kugelpackungen sind unter anderem Gegenstand reichhaltiger und berechtigter Kritik am Strukturorientierten Unterricht.[63] Ungeachtet dessen ist die Beschreibung von chemischen „Reaktionen als Umordnung von Teilchenkollektiven" (SCHMIDT 1985) ein wichtiges Element zur Verhütung oben beschriebener Schülerfehlvorstellungen.

---

[63] Vgl. hierzu die Ausführungen von BARKE (1983b), BERGERHOFF, BERGERHOFF und KRUMM (1983), BERGERHOFF, BERGERHOFF und KRUMM (1983), FLADT (1984) und GROSSER u.a. (1986).

> „Die Modelle von Teilchenaggregaten sind bei der Deutung von Reaktionen unverzichtbar. Hier erbringen sie den Hauptnutzen. Ohne sie bleibt das wichtigste Gebiet des Chemieunterrichts auf dem Niveau einer ‚Black-Box'." (SCHMIDT 1987, S. 13)

Bei einer angestrebten modellhaften Visualisierung der chemischen Reaktion durch den Computer ist also das Konzept der Umlagerung von Teilchenverbänden besonders zu beachten.

Bleibt man bei einer Deutung über das undifferenzierte Teilchenmodell, so gilt das in Kap. 4.2 zur Teilchenvorstellung über die Darstellungsmöglichkeiten der Teilchen Gesagte. Zusätzlich kann hier noch mit Rückgriff auf die von JUST (1985) geforderte Einführung einer vorwissenschaftlichen Bindungsvorstellung die Darstellungsform von sich teilweise überschneidenden Teilchen herangezogen werden. Dies kann für alle Teilchendarstellungen von der festen Kugel bis zur dynamischen Punktwolke geschehen.

Wird ein differenzierteres Teilchenmodell, ein erstes Atommodell, als Grundlage genutzt, so muß ein wesentliches Anliegen darin bestehen, dieses in das Teilchenmodell zu integrieren. Hierbei sind Darstellungen denkbar, die den inneren Aufbau der Teilchen durch Atome zeigen. Wird so beispielsweise ein Wasserteilchen dargestellt, können bei der Wahl einer transparenten Darstellung im Inneren zwei Wasserstoff- und ein Sauerstoffatom dargestellt werden (vgl. hierzu Abbildung 40 weiter unten).

In einem zweiten Schritt können die „Umhüllungen", die das Teilchen als ganzes begrenzen, weggelassen werden; es werden nur noch Atome und Moleküle betrachtet.

Die Darstellung von Atomen sollte der bekannten Darstellung der undifferenzierten Teilchen entsprechen. Dies geschieht auf der Grundlage, daß sowohl das undifferenzierte Teilchenmodell als auch das DALTON-Atommodell auf der gleichen mechanistischen Modellvorstellung aufbauen. Das bereits dazu Gesagte kann vollständig übernommen werden. Zudem erleichtert es den Zugang zu Teilchen, die auch schon im Teilchenmodell eigentlich Atome darstellten, wie dies z.B. für Metallatome gilt. Somit erweist sich, daß einige, aber nicht alle Teilchen durch das neu eingeführte DALTON-Modell eine innere Struktur besitzen.

Zusätzlich kann mit dem DALTON-Modell eine unterschiedliche Größe der Atome eingeführt werden. War dies für das undifferenzierte Teilchenmodell nicht notwendig, da diese Eigenschaft in den Bereich der realisierungbezogenen Komponenten des Modells fiel, so ist es beim DALTON-Modell hilfreich, eine unterschiedliche Größe von Atomen einer Sorte anzunehmen, um strukturelle Merkmale wie die Besetzung von Lücken in Kugelpackungen durch kleinere Atome erörtern zu können.

> „Ist das DALTON-Modell eingeführt und damit der Begriff Atom und Atommasse, so ist es sinnvoll, als Modelle für die Atome unterschiedlicher Elemente Kugeln unterschiedlicher Größe – also auch unterschiedlicher Masse – zu verwenden." (BARKE 1985)

Aus dem bis hierher Besprochenem lassen sich entsprechend der analytischen Vorgehensweise in Kap. 4.2 folgende Aspekte einer modellhaften Darstellung der chemischen Reaktion zusammenfassen:

Der **Modellbereich** umfaßt für eine Behandlung auf der Grundlage des undifferenzierten Teilchenmodells die bereits dort besprochenen Eigenschaften der Teilchen. Wird das DALTON-Modell vorausgesetzt, so werden diese Eigenschaften dadurch ergänzt, daß Teilchen aus einem oder mehreren Atomen aufgebaut sind. Die Atome des DALTON-Modells besitzen die gleichen Eigenschaften wie die Teilchen im Teilchenmodell.

Der **Objektbereich** oder die Erklärungskraft eines Modells der chemischen Reaktion zeichnet sich dadurch aus, daß Stoffumwandlungen als Umordnung von Teilchenverbänden gedeutet werden. Hierdurch werden die unterschiedlichen Stoffeigenschaften der Edukte und Produkte erklärbar.

Der **Subjektbereich** ist geprägt durch Schülervorstellungen zur Vernichtung von Stoffen in einer chemischen Reaktion oder zur Erhaltung der Ausgangsstoffe in den Reaktionsprodukten.

Die **Trennung von Modellbereich und Realitätsbereich** erfolgt wie bei der Behandlung des Teilchenmodells, da auch das DALTON-Modell die gleichen Eigenschaften wie dieses aufweist. Lediglich der Wechsel zwischen den Vorstellungen erfordert die Eigenschaft, daß Teilchen aus Atomen bestehen. Diese Komponente ist eindeutig dem Modellbereich zuzuordnen, da sie unabdingbar für die Atomhypothese ist. Die optionale Eigenschaft der Überlappung zweier Teilchen hingegen dient nur der Veranschaulichung und ist somit dem Realitätsbereich zuzuordnen. Sie besitzt auch keine Grundlage in der Modellvorstellung.

4.3.1.2 Möglichkeiten der Computervisualisierung

Aus diesen Überlegungen ergeben sich Folgerungen für die Computervisualisierung:

- Neben die bereits für das Teilchenmodell besprochenen Visualisierungsalternativen tritt die Möglichkeit, Teilchen überschneidend darzustellen, um einen ersten Eindruck der chemischen Bindung zu vermitteln. Dies dient dazu, die veränderten Stoffeigenschaften der Produkte als Resultat der Wechselwirkungen der Teilchen und nicht als durch die Zusammensetzung bedingt anzusehen. Abbildung 39 zeigt einen Übergang von sich berührenden (l.) über transparente (m.) zu sich überschneidenden Teilchen (r.).

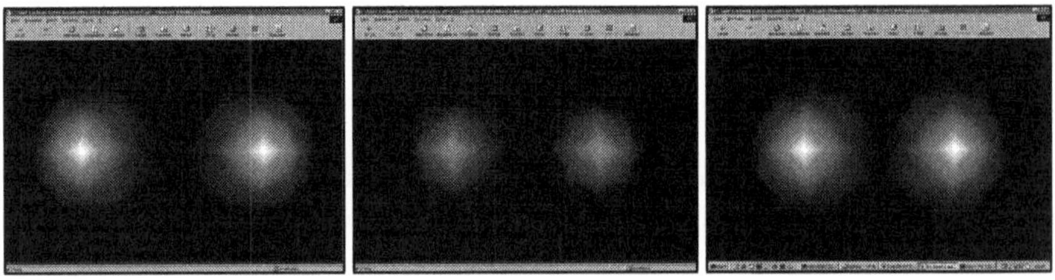

Abbildung 39: Übergang zu sich überschneidenden Teilchen

- Beim Übergang vom Teilchen- zum DALTON-Modell können die Teilchen mit einer inneren atomaren Struktur dargestellt werden. Dadurch ist ein weniger abrupter Wechsel zwischen den Vorstellungen möglich. Abbildung 40 verdeutlicht dies anhand eines Wasserteilchens.
- Zudem können optional die Atome mit unterschiedlichen Größen dargestellt werden, um verschiedene Kugelpackungen und Kristallgitter bilden zu können. In Abbildung 41 ist ein einfaches Beispiel hierzu wiedergegeben.

Diese Möglichkeiten können konkret umgesetzt werden durch die Einbettung neuer Module in den in Kap. 4.2.2.3 konzeptionierten Softwareentwurf.

Das dort beschriebene **Benutzerinterface** müßte dahingehend erweitert werden, daß in die Symbol- und Menüleiste Optionen zur Darstellung der inneren Struktur von Teilchen, zur Darstellung der Überlappung sowie der unterschiedlichen Größen integriert werden. Weitere Änderungen wären nicht nötig.

Es sind verschiedene **Module** zur Unterstützung des Lernprozesses denkbar. Grundsätzlich erscheinen Module, die als Grundlage im Unterricht durchgeführte

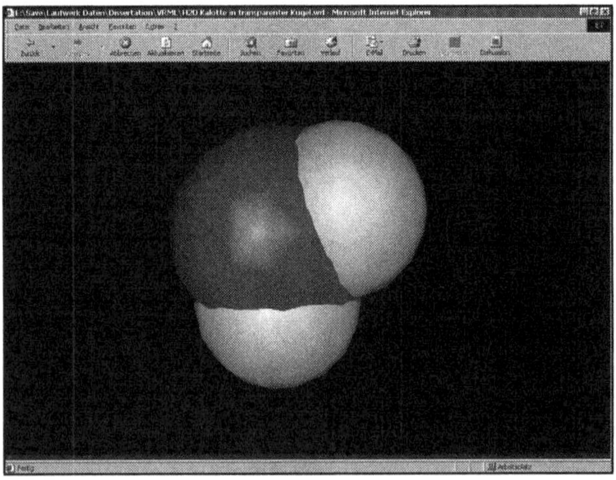

Abbildung 40: Wasserteilchen mit innerer Struktur

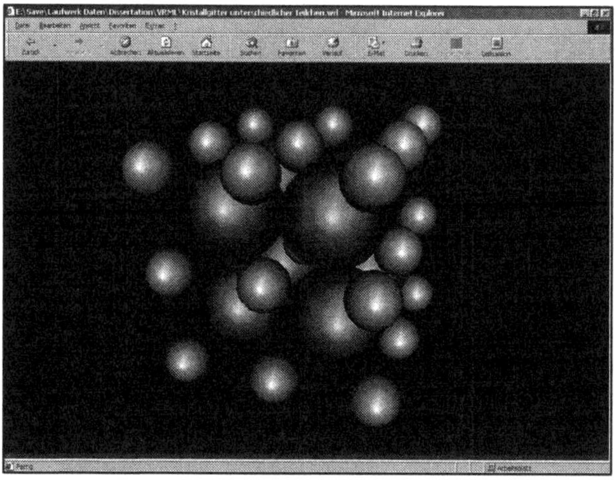

Abbildung 41: Kugelpackung mit Teilchen unterschiedlicher Größe

Experimente besitzen, als sinnvoll. Dies könnten beispielsweise sein:

- **Verbrennung** (Korrespondierend zu einer „klassischen Verbrennungsreaktion" wie die Reaktion von Magnesium und Sauerstoff.)
- **Salzbildung** (Bildung von Kochsalz aus metallischem Natrium und Chlorgas.)
- **Reaktion in der Gasphase** (Knallgasreaktion: Wasserbildung durch Wasserstoff und Sauerstoff.)

Durch die Möglichkeit, Reaktionen mit Partnern in beliebigen Aggregatzuständen darzustellen, ist diese Reihe nach Wunsch erweiterbar. Die Darstellung der unterschiedlichen Aggregatzustände erfolgt analog der Module zu eben diesen.

Die Vorgänge während einer Reaktion wären entsprechend den Modulen zu den Aggregatzustandsänderungen als Animationen konzipiert. Somit bestünde die Möglichkeit, die Vorgänge im Raum zu verfolgen, sie zu verlangsamen, ganz anzuhalten oder rückwärts zu betrachten, während stets eine freie Wahl der Betrachterposition möglich ist.

Zusammenfassend wäre mit einer solchen Möglichkeit der Betrachtung der Edukte und Produkte sowie der Vorgänge bei der Stoffumwandlung, die nur mittels Film oder Computer, nicht jedoch mit herkömmlichen Sachmodellen visualisiert werden können, mit dem Computer allein jedoch interaktiv in der Darstellungsform geändert werden können, ein weiterer Schritt in Richtung eines flexibleren Modelldenkens getan.

4.3.2 Einführung der kovalenten Bindung

4.3.2.1 Sachanalyse des Themenbereichs

Dieses Themengebiet wird im unterrichtlichen Verlauf meist relativ spät in den Klassen 9 oder 10 behandelt. Dies bedingt durch die verschiedenen Lehrpläne und Unterrichtsgänge, die genutzt werden, daß im Vorfeld bereits unterschiedliche Materie- und Bindungsmodelle behandelt wurden. Somit sind für allgemeine Betrachtungen, wie sie hier erfolgen, keine einheitlichen Voraussetzungen gegeben. Bei der Behandlung der chemischen Reaktion im letzten Kapitel waren die zugrundegelegten Modellvorstellungen lediglich zwei, das undifferenzierte Teilchenmodell und das DALTON-Modell. Nun sind allerdings viele Voraussetzungen denkbar, die eine analytische Vorgehensweise bei der Behandlung des Themenbereichs, wie sie bisher erfolgt ist, unmöglich machen. Daher wird sich im folgenden die Betrachtung auf mögliche Darstellungen zur Modellvorstellung der kovalenten Bindung beschränken, ohne vorausgesetzte Modellvorstellungen im Vorfeld aufzuarbeiten. Dies soll lediglich auf einer pragmatischen Ebene erfolgen: Es werden gängige Schulbücher auf ihre Behandlungsweise bei der Darstellung des Modells untersucht und daraus Implikationen für eine computergestützte Visualisierung abgeleitet.

Die Schulbuchanalyse zur Vorgehensweise bei der Einführung der Elektronenpaarbindung ergibt eine Einteilung in vier Verfahren.[64]

1. Die Oktettregel oder das Bestreben der Atome nach einer vollständig gefüllten äußeren Schale wird als gegeben vorausgesetzt und darauf aufbauend die Bil-

[64] Die hierbei untersuchten Schulbücher sind:

(1) HEINEN, W. u.a.: Wege in die Physik und Chemie 7/8: Nordrhein-Westfalen. Stuttgart: Klett, 1987. – S. 103 f.

(2) GROTHE, K.-H.: Chemie. Hannover: Schroedel, 1976. – S. 57 ff.

(3) BOTSCH, W. u.a.: Chemie in Versuch, Theorie und Übung. 2. Aufl. Frankfurt a.M.: Diesterweg, 1984. – S. 152 f.

(4) CHRISTEN, H. R.: Chemie. Vom Experiment zur Theorie. Teil 2. Frankfurt a.M.: Diesterweg, 1986. – S. 49 f.

(5) GROTHE, K. H.; JÄCKEL, M.: Chemie heute. Hannover: Schroedel, 1982. – S. 76 ff.

(6) GEIGER, W. u.a.: CVK Chemie für Realschulen 7/8: Nordrhein-Westfalen. Berlin: Cornelsen, 1988. – S. 142.

(7) FISCHER, W.; DEIßENBERGER, H.: C_2. Stoffe – Reaktionen – Energie. Bamberg: Buchners, 1987. – S. 1 ff.

(8) KELLER, G.; FREYTAG, K.: Stoffe und Modelle: Ein Arbeitsbuch. Frankfurt a.M.: Diesterweg, 1982. – S. 153 ff.

(9) HÄUSLER, K.: Elementare Chemie 1. München: Oldenbourg, 1980. – S. 66 f.

(10) CHRISTEN, H. R.: Struktur – Stoff – Reaktion. Frankfurt a.M.: Diesterweg, 1987. – S. 164 ff.

(11) KRUG, H.: Chemie: Experiment und Erkenntnis. Stuttgart: Metzler, 1980. – S. 191 f.

(12) JANSEN, W.: Chemie in unserer Welt 7/8. Stuttgart: Metzler, 1979. – S. 106 f.

dung eines gemeinsamen Elektronenpaares zur Erfüllung der Oktettregel oder Auffüllung der äußeren Schale vorgeschlagen. Hierdurch wird eine stabilere (energiearme) Elektronenanordnung erreicht. Der Zusammenhalt erfolgt durch die Anziehung beider Kerne durch die zwischen ihnen befindlichen E-lektronen. (1)[65], (6), (8), (9), (12)

2. Formal wird ein gemeinsames Elektronenpaar postuliert, freie Elektronenpaare eingeführt, Doppel- und Dreifachbindungen beschrieben und aus dem Problem der Bindungszahl die Oktettregel abgeleitet. (2), (5)

3. Die Entstehung der Bindung wird über Orbitale, Elektronenwolken oder -hüllen erklärt. Durch Überlappung entstehen Molekülorbitale oder gemeinsame Elektronenwolken, wobei sich die Elektronen am häufigsten zwischen den Atomkernen befinden. Dies erklärt den Zusammenhalt. (3), (4), (7), (10)

4. Die Bindung wird formal über Redox-Reaktionen, bei denen sich die Oxidationszahlen, aber nicht die Ladungen ändern, eingeführt. Sie wird ausschließlich durch die LEWIS-Schreibweise dargestellt. (11)

Zusammenfassen lassen sich die Verfahren 1, 2 und 4 zu einer formalen Methode, die ihren Ausgangspunkt in Regeln oder Setzungen hat. Die anschauliche Methode (Verfahren 3) geht hingegen von vorgestellten Bildern der Elektronenhüllen aus.

Unabhängig von der Methode führen fast alle Schulbücher formal-abstrakt in die LEWIS-Schreibweise ein, teilweise unterstützt durch Kreise, die acht Elektronen bzw. vier Elektronenpaare umschließen zur Verdeutlichung der Edelgaskonfiguration. Lediglich in einem Schulbuch (1) wird der Weg gewählt, ausgehend von diffusen Elektronenwolken über im Atom lokalisierte Elektronen zu der formalen Schreibweise zu gelangen (vgl. Abbildung 42).

Gerade diese Vorgehensweise scheint jedoch für einen im Mesokosmos beginnenden Erkenntnisprozeß besonders geeignet zu sein. Zur Hinführung auf abstrakte „symbolische Modelle“ (VOSSEN 1979, S. 84) ist eine anschauliche Grundlage wichtig. Eine solche ist auch mit den theoretischen Voraussetzungen des zugrundeliegenden Konzepts der Valenzelektronenpaare von LEWIS vereinbar, da die hierauf aufbauende Schreibweise eben Elektronen symbolisiert, also eine materielle Basis besitzt, im Gegensatz zu anderen Denkmodellen wie den Oxidationszahlen. Es würde sich also eine computergestützte Visualisierung empfehlen, die den Übergang von einem diffusen Elektronenwolkenbild zu der LEWIS-Schreibweise analog der Abbildung 42 veranschaulicht.

[65] Die Nummern entsprechen den in Fußnote 64 aufgeführten Schulbüchern.

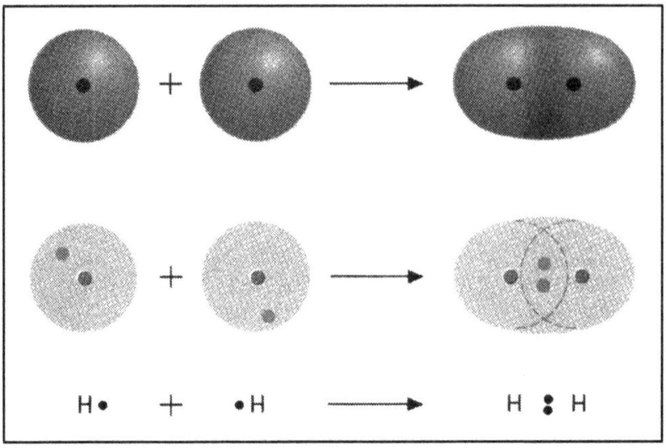

Abbildung 42: Herkömmliche Darstellung des Übergangs von Elektronenhüllen zur LEWIS-Schreibweise (aus HEINEN, W. u.a.: Wege in die Physik und Chemie 7/8: Nordrhein-Westfalen. Stuttgart: Klett, 1987, S. 103.)

Die in den Schulbüchern beschrittene anschauliche Methode der Bildung einer kovalenten Bindung über die Überlappung von Elektronenwolken ist einer formalen Methode vorzuziehen, da sie vom Einfachen zum Komplexen führt, und nicht abstrakt Elektronenpaare definiert und erst im Anschluß veranschaulicht. Hierzu ist nochmals zu erwähnen, daß davon ausgegangen wird, daß Computervisualisierungen zu einer Reduktion des Abstraktionsniveaus führen, da unanschauliche Vorstellungen wie Elektronenwolken durch Transformation in den Anschauungsbereich des Mesokosmos begreifbarer werden und somit als weniger abstrakt als die hier behandelten Symbolismen der LEWIS-Formeln anzusehen sind. Zudem könnte durch die im vorigen Kapitel beschriebene Darstellungsalternative der Überschneidung von Teilchen als „Vor-Modell“ einer Bindung eine Grundlage gelegt worden sein, die ein besseres Verständnis der Vorgänge bei der Überlappung von Elektronenwolken ermöglicht. Solche Darstellungen von Teilchen sind ja ebenfalls bekannt, da sie schon beim Teilchenmodell in Form von Punktwolken auftraten. Diese Punktwolken können im hier behandelten Zusammenhang ihre Bedeutung als Elektronenwolken erhalten. Bei der Überlappung ist jedoch zu beachten, daß die Wolken im Gegensatz zum Überschneiden von Teilchen hierbei ihre Form dahingehend ändern, daß eine erhöhte Ladungsdichte, eine dichtere Elektronenwolke zwischen den Atomen entsteht. Dies kann zusätzlich durch intensivierte Farbgebung unterstützt werden.

4.3.2.2 Möglichkeiten der Computervisualisierung

Somit würde sich für eine Visualisierung mittels Computer die Darstellung der Überlappung von Elektronenwolken sowie eine Möglichkeit zur Darstellung von Verbindungen in der LEWIS-Schreibweise anbieten.

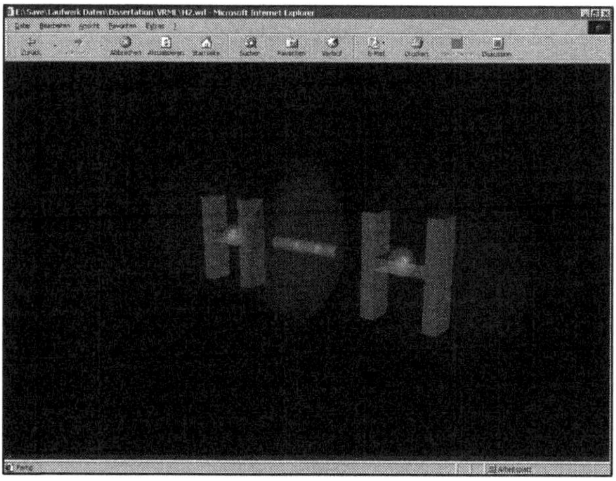

Abbildung 43: Verknüpfung von Elektronenwolken und LEWIS-Schreibweise

Das dem konzipierten Programmpaket zugrundeliegende **Benutzerinterface** müßte dahingehend erweitert werden, daß eine Darstellungsalternative der Teilchen als Kern-Hülle-Modell zur Beschreibung von Elektronenwolken sowie eine Alternative zur Darstellung in der formalen LEWIS-Schreibweise vorhanden wäre. Zudem wäre eine Kopplung dieser beiden möglich, wie es Abbildung 43 veranschaulicht.

Denkbar ist zusätzlich eine Hilfsoption, die es ermöglicht, die Erfüllung der Oktettregel durch einzuzeichnende Kreise um die Atome zu veranschaulichen. Weitergehende Änderungen zur Auswahl der Darstellungsalternativen wären abhängig von den jeweils zuvor behandelten Modellvorstellungen. Hierzu können aus den oben behandelten Gründen keine Empfehlungen gegeben werden. An dieser Stelle sei darauf hingewiesen, daß nach wie vor alle anderen Alternativen zur Darstellung der Teilchen verfügbar sind, wie sie es seit dem ersten unterrichtlichen Einsatz der Software sind. Form, Farbe, Größe etc. sind nach wie vor frei wählbar. Nur so kann erreicht werden, daß keine „Ablösung eines alten Modells" erfolgt, sondern ein feinstufiger Übergang zwischen Modellvorstellungen, die sich ständig erweitern. An jeder Stelle können und sollen Alternativen verfügbar sein, um ein flexibleres Modelldenken zu bewirken.

Als inhaltlich orientierte **Module** wären denkbar:

- **Bindung in Wasserstoffmolekülen** als einfachste Bindung,
- **Bindung in Chlormolekülen** als Erweiterung zur Verdeutlichung der Oktettregel,
- **Bindung in Sauerstoffmolekülen** und

- **Bindung in Stickstoffmolekülen** als Beispiele für die Doppel- und Dreifachbindung,
- **Bindung in Chlorwasserstoffmolekülen** als Beispiel für eine polare Bindung sowie
- **Bindung in Kohlenstoffdioxidmolekülen** und
- **Bindung in Wassermolekülen** zur Darstellung von Molekülen mit mehreren Atomen.

Diese Reihe entspricht im wesentlichen den gängigen im Unterricht behandelten Verbindungen. Sie sollte möglichst durch weitere Beispiele ergänzt werden.

Da es sich bei der Bindungsbildung um einen zeitlichen Vorgang handelt, sind auch hier wieder Animationen zu entwickeln, die analog zu den im letzten Kapitel behandelten visualisiert und beobachtet werden können. Durch einen mittels solcher Software unterstützten Unterrichts wäre eine anschauliche Einführung in die kovalente Bindung und eine visuell orientierte Entwicklung der formalen LEWIS-Schreibweise möglich, wie sie kein anderes Medium bieten kann.

4.3.3 Der Säure-Base-Begriff nach BRÖNSTED

4.3.3.1 Sachanalyse des Themenbereichs

Abschließend soll als letztes Beispiel für die mittels Computer realisierbaren Visualisierungsmöglichkeiten die Säure-Base-Reaktion betrachtet werden. Hierbei handelt es sich nicht wie in den vorangegangenen Beispielen um eine Modellvorstellung im eigentlichen Sinne, sondern um ein Konzept, welches zuerst der Einteilung chemischer Reaktionen dient. Inwieweit jedoch die Behandlung auch solcher Themengebiete durch Computerdarstellungen unterstützt werden kann, wird im folgenden behandelt werden. Hierbei wird sich auf den Übergang von der Begriffsbestimmung nach ARRHENIUS zu der von BRÖNSTED beschränkt. In der auf Stoffeigenschaften beruhenden ARRHENIUS-Definition stellen Säuren Teilchen dar, die Wasserstoff-Ionen abgeben, und Basen Teilchen, die Hydroxid-Ionen abspalten. Das allgemeinere, auf einem Donator-Akzeptor-Prinzip aufbauende Konzept von BRÖNSTED beruht auf der Protolyse. Hierbei sind Säuren Protonendonatoren und Basen Protonenakzeptoren. Da Protonen nicht frei existent sind, treten Säuren und Basen nur als korrespondierende Paare auf.

Die Behandlung dieser Säure-Base-Definition erfolgt in der Mittelschule laut Lehrplänen nur im Gymnasium und optional in der Realschule (KM NRW 1993a und 1993b). Durch die Stellung am Ende der Mittelstufe lassen sich ebenso wie bei der Erörterung der kovalenten Bindung keine allgemeingültigen Voraussetzungen feststellen, die die Schüler zu diesem Zeitpunkt besitzen. Daher muß eine intensive Analyse der zugrundeliegenden Modellvorstellungen entfallen. Es wird somit lediglich ein Beispiel aufgezeigt, wie eine Unterstützung durch den Computer erfolgen kann, wenn die dafür nötigen Voraussetzungen vorhanden sind.

Wesentliche Bedeutung erfährt dieses Themengebiet durch die Behandlung eines universellen Donator-Akzeptor-Prinzips, wie es beispielsweise auch bei Redox-Reaktionen auftritt. Im Gegensatz zu ARRHENIUS kommt hierbei dem Reaktionspartner und insbesondere dem Lösungsmittel Wasser besondere Bedeutung zu:

> „Zu dem Standortwechsel trug insbesondere bei, daß BRÖNSTED im Unterschied zu ARRHENIUS den dynamischen Aspekt der Übertragung von Partikeln in den Vordergrund rückte, wobei das Wasser von einem Verteilungsmittel zu einem Reaktionspartner avancierte und gleichsam seine Einzigartigkeit einbüßte." (REINERS 1997)

Daß Schüler selber die neue Rolle des Wassers erarbeiten können, zeigt ein Beispiel für einen Unterrichtsgang von GRÄBER und STORK (1984b). Schüler untersuchen eine Reihe wäßriger Lösungen auf ihr saures oder alkalisches Verhalten. Neben bekannten Säuren und Laugen werden auch Salzlösungen untersucht. Hierbei zeigt sich, daß beispielsweise Natriumacetat alkalisch reagiert, ein Befund, der mit der ARRHENIUS-Definition nicht zu erklären ist. Dieser kognitive Konflikt kann durch Schülerübungen mit Modellen von Natriumacetat und Wasser gelöst werden. Es sollte den Schülern einsichtig werden, „daß die Hydroxid-Ionen hier nicht durch bloßes ‚Aufspalten' eines Stoffes entstehen können, sondern nur durch eine chemische Reaktion" (ebd.). Dieses Vorgehen klärt allerdings nur das „Wie" der Entstehung, ein „Warum" des Protonenaustausches wird nicht angesprochen. GRÄBER und STORK geben nur an, daß die Kenntnis der positiven Teilladung der Wasserstoffatome des Wassers die Aufmerksamkeit auf die Wechselwirkung dieser Atome mit dem Acetat-Ion lenken *mag* (ebd.), es scheint jedoch nicht unbedingt der Fall sein zu müssen.

Dies kann allerdings durch Computerdarstellungen unterstützt und nahegelegt werden. So sind Programme wie PC-SPARTAN von WAVEFUNKTION, INC.[66] oder CACHE von OXFORD MOLECULAR[67] in der Lage, elektrische Potentialoberflächen bzw. Elektronendichteoberflächen von Molekülen zu berechnen und graphisch auszugeben.[68] Hierbei werden den Potentialen entsprechend die Atome farbig gezeichnet.[69] Die Größe des elektrischen Potentials wird

[66] http://www.wavefun.com

[67] http://www.oxmol.com

[68] Vgl. zu den Möglichkeiten der Software STEINER (1997) und OPHARDT (1996).

[69] Einer Konvention im wissenschaftlichen Molecular-Modeling entsprechend werden negative Potentiale rot und positive blau dargestellt. Aus didaktischen Gründen sollten die Farben hierbei

durch die Intensität der Farbe wiedergegeben. Eine solche Darstellung auf dem Hintergrund von Teilladungen und entsprechendem Bestreben der Teilchen, sie auszugleichen, ermöglicht einen anschaulichen Zugang zu den Wechselwirkungen zwischen ihnen. Ansonsten bleibt nur der formale Weg über die pK_S- und pK_B-Werte und einer Diskussion der Gleichgewichtslage, um zu zeigen, warum Wassermoleküle Protonen abgeben. Aus dem optischen Vergleich der Teilladungen der beteiligten Verbindungen ergibt sich dieses jedoch direkt.

4.3.3.2 Möglichkeiten der Computervisualisierung

Der Einbindung solcher Potentialdarstellungen in das zuvor konzipierte Programmpaket steht nichts entgegen. Die **Benutzeroberfläche** würde lediglich eine Option zur Anzeige der Oberflächen hinzubekommen, wobei allerdings anzumerken ist, daß diese nicht auf beliebig ausgewählte Teilchenoberflächen projiziert werden können, da es sich um aus externen Programmen konvertierte Objekte handelt. VRML als Graphikstandard wird von vielen Molecular-Modeling-Programmen als Exportformat unterstützt. Somit könnten in diesen Programmen Moleküle mit Elektronendichteoberflächen erstellt, zu VRML-Dateien umgewandelt und in das Programmpaket eingebunden werden. Dies bedingt allerdings, daß die Art der Darstellung von den Molecular-Modeling-Programmen abhängt und in VRML nicht geändert werden kann.

Dennoch wäre diese Möglichkeit der Darstellung von Molekülen eine Bereicherung für eine anschauliche Modellbehandlung im Unterricht. Besonders für die modellhafte Deutung der Vorgänge bei einer BRÖNSTED-Säure-Base-Reaktion gewinnt sie an Gewicht, wie die Ausführungen zeigen sollten.

Die inhaltlich orientierten **Module** bestünden aus einer Reihe von Modellen mit Elektronendichteoberflächen. Welche Säuren und Basen dargestellt werden könnten, hinge im wesentlichen von den Voraussetzungen der Schüler ab. Hier sind keine Empfehlungen zu geben. Beachtet werden sollte jedoch, daß eine Gegenüberstellung von mehreren Molekülmodellen möglich ist, gerade um die Rolle eines dynamischen Säure-Base-Konzeptes auf der Grundlage des Donator-Akzeptor-Prinzips hervorzuheben, das eben die Wechselwirkungen mehrerer Moleküle umfaßt.

Hiermit wäre nun ein letztes Beispiel der vielfältigen Einsetzbarkeit des Mediums Computer zur Visualisierung von Vorgängen und Modellen auf der submikro-

vertauscht werden (wenn auf eine feste Farbgebung Wert gelegt wird), um eine Konsistenz in der Farbgebung zu bewahren, da im allgemeinen im Physik- und Chemieunterricht die Konvention blau = Minuspol = negativ und rot = Pluspol = positiv genutzt wird, z.B. bei Spannungsquellen und Kabeln in Versuchsaufbauten.

skopischen Ebene geschildert. Zum Ende dieses Abschnitts soll ein zusammenfassender Überblick erfolgen.

4.4 Diskussion und Ausblick

Im Rahmen der Beschäftigung mit der Modelldimension der computergestützten Modellbehandlung im Unterricht sollten Ansatzpunkte für eine Flexibilisierung und somit Verbesserung des Modelldenkens gefunden werden. Ausgehend von dem ersten im Unterricht zu behandelnden Modell, dem undifferenzierten Teilchenmodell, wurde eine Analyse des Modell-, Objekt- und Subjektbereichs vorgenommen.

Für den Modellbereich wurden sechs für die Teilchen typische Eigenschaften festgestellt: Die Kugelform der Teilchen, eine permanente translatorische Bewegung, die sie ausführen, die Masse, die sie besitzen und die für jede Teilchenart typisch ist, ebenso wie die Größe der Teilchen, ihre Massenerfüllung (d.h., daß die Massenverteilung innerhalb des Teilchens homogen ist) und Kräfte, die die Teilchen im festen und flüssigen Stoffzustand zusammenhalten.

Der Objektbereich des Teilchenmodells zeichnet sich dadurch aus, daß die Aggregatzustände sowie deren Übergänge gedeutet werden können. Weiterhin sind gängige Anwendungsfelder in der Erklärung der Dichte, von Lösungsvorgängen, Diffusion und der BROWNschen Molekularbewegung zu sehen.

Im Subjektbereich ergab eine Betrachtung der Schülervorstellungen, daß diese sich unter zwei Problemfelder subsumieren lassen: das Diskontinuumsdenken und die Vermischung von Modell und Realität. Für ersteres zeigte sich, daß das Problem nicht darin liegt, daß das Diskontinuum gedacht werden kann, sondern wie es gedacht wird, nämlich als Transformation makroskopischer Erfahrungen und Anschauungen in den Bereich des Submikrokosmos. Dabei wird das zweite Problemfeld berührt, indem die nicht vollzogene Trennung von Modell und Realität dazu führt, daß den Modellen Stoffeigenschaften zugesprochen werden, Modelle also als Abbildungen der Realität, als Vergrößerungen aufgefaßt werden.

Im weiteren Verlauf der Untersuchung wurden die Eigenschaften der Teilchen dahingehend analysiert, ob sie, ausgehend von der in den Grundlegungen vorgenommenen Unterteilung eines Modells, dem Modellbereich (der Bereich, der die theoretische Modellvorstellung umfaßt) oder dem Realitätsbereich (der Bereich der Anschauung) zuzuordnen sind. Als zugrundeliegende Modellvorstellung ist hierbei das mechanistische Modell der kinetischen Gastheorie anzusehen. Es konnte gezeigt werden, daß die Eigenschaften der Kugelform, Größe und Massenerfüllung nicht konstituierend für die Modellvorstellung sind, sondern lediglich der Anschauung dienen. Damit ergibt sich für sie die Möglichkeit alternativer Darstellungsformen, ohne das Teilchenmodell in seinen Grundannahmen zu verändern.

Mittels Verfahren der Computervisualisierung ergeben sich neue Darstellungsmöglichkeiten, die mit herkömmlichen Medien nicht zu verwirklichen sind. So können statt der Kugelform dynamische amorphe Gebilde, statt einer definierten Größe veränderliche Rauminhalte und statt einer auf Solidität der Teilchen hinweisenden Massenerfüllung transparente Darstellungen oder Punktwolken realisiert werden. Dazu kommt die Möglichkeit, Bewegungsabläufe darstellen zu können.

Es wurde auf diesen Überlegungen aufbauend ein Konzept für eine Software entwickelt, welche es ermöglicht, zwischen den neuen und herkömmlichen Darstellungsweisen für jede Teilcheneigenschaft zu wechseln. Diese sich ergebende Vielfalt kann dazu beitragen, einer Fixierung auf ein Anschauungsmodell vorzubeugen und Modelle als etwas (selber) Gemachtes aufzufassen, also einer Verwischung von Modell und Realität entgegenzuwirken. Dies entspricht der geforderten Flexibilisierung des Modelldenkens und Förderung des Modellbewußtseins.

Die konzeptionierte Software besitzt einen modularen Aufbau, der es ermöglicht, die Modellkonkretisierungen abhängig vom behandelten Unterrichtsgegenstand schrittweise zu erweitern. Aufbauend auf den Überlegungen zum Internet-Standard VRML scheint dieser geeignet, die gestellten Anforderungen an die Darstellung erfüllen zu können. Weiterhin wird hierdurch der raum-zeitlichen Dimension der Computernutzung Rechnung getragen, die, wie gezeigt, erhebliche Vorteile für das Denken im Raum und somit für das „Begreifen" der Modelle besitzt. Es bietet sich ein Softwaredesign an, das eine einheitliche Benutzeroberfläche zur Auswahl der Darstellungsoptionen und eine graphische Ausgabefläche besitzt, in der VRML-Dateien angezeigt werden und räumlich betrachtet werden können. In Anlehnung an die unterrichtlich zu behandelnden Inhalte wurden einige mögliche Module vorgeschlagen.

Zur Verdeutlichung des Potentials einer solchen Software wurden weiterhin exemplarisch die Anwendungsmöglichkeiten in den Themenbereichen „Chemische Reaktion", „Kovalente Bindung" und „Säure-Base-Reaktion" betrachtet. Hierbei wurde, jeweils ausgehend von einer Sachanalyse, die Software schrittweise erweitert, sowohl um Darstellungsmöglichkeiten als auch um inhaltliche Module. Die behandelten Themengebiete sollen lediglich Beispiele darstellen, für andere ließen sich ähnliche Überlegungen durchführen und Alternativen der Darstellung finden.

Insgesamt zeigt sich, daß eine auf dem in Kap. 2.3.3 entwickelten M-O-S-Schema fußende Analyse der Eigenschaften eines Modells zweckmäßig ist, notwendige Eigenschaften von Eigenschaften zu trennen, die lediglich der Anschauung dienen. Diese sind tradiert und werden daher unreflektiert auch als konstituierende Eigenschaften angesehen. Daß dies nicht der Fall ist, wurde gezeigt und somit die Möglichkeit eröffnet, diesen Anschauungseigenschaften alternative Darstellungsarten, wie sie durch den Computer erst möglich geworden sind, zur Seite zu stellen.

Gleichzeitig eröffnet die Computernutzung die Möglichkeit zur Interaktivität in einem Maße, wie sie mit herkömmlichen Sachmodellen nicht möglich ist. Es kann dem Schüler ein Werkzeug an die Hand gegeben werden, das es ihm ermöglicht, sich vielfältig und selbstbestimmt den Zugang zum Submikrokosmos zu schaffen, und somit das beschriebene „Fenster ins Unanschaubare“ weit zu öffnen. Die Auswahl „seines“ Modells aus einer Vielzahl möglicher beugt, unterstützt durch den prinzipiell simulierenden Charakter von Computermodellen, der Überzeugung vor, das Modell bilde lediglich das So-Sein der Materie ab. Einem flexibleren, bewußteren und somit verbesserten Modelldenken wäre damit Vorschub geleistet.

Es ist mit dem Konzept der Software ein Entwurf vorgelegt worden, der künftigen Untersuchungen zur Realisierung, Vervollständigung und zur unterrichtlichen Erprobung als Anhaltspunkt und Grundlage dienen kann. Hierbei ist zu beachten, daß die Entwicklung einer Software ein umfangreiches Unternehmen ist, das effizient nur unter Einbeziehung von Programmierern, Designern und Praktikern durchgeführt werden kann, nicht zuletzt des Umfangs der hier konzipierten Software wegen. Dieser muß jedoch so weit gefaßt werden, da es sich gerade im Bereich des Modelldenkens um langwierige Lernprozesse handelt, die nicht zuletzt eine Evaluation aufwendig machen. Dennoch ist durchaus vorstellbar, nur einzelne Module umzusetzen, deren Erprobung zumindest Hinweise geben könnte auf die Praktikabilität und Effizienz der Software. Die hier vorgenommene Grundlegung soll Anstöße zu solchen Überlegungen und Untersuchungen geben.

5 ZUSAMMENFASSUNG

Ausgehend von der zunehmenden Bedeutung moderner Computertechnologie und der abzusehenden verbesserten Verfügbarkeit im schulischen Bereich wurde das Potential dieser Technik zur Verbesserung des „Denkens in Modellen“ untersucht. Diese Fähigkeit wird als grundlegend für ein adäquates Verständnis von Chemie angesehen. Im herkömmlichen Unterricht treten bei der Behandlung von Modellen jedoch Schwierigkeiten auf, die ein solches Verständnis erschweren. So wird durch einen kategorialen, spiralcurricular bedingten Wechsel von Teilchen- und Bindungsmodellen beim Lernenden häufig der Eindruck von einer jeweils verbesserten „Wahrheit“ im Sinne eines „So-Seins“ der Materie erzeugt. Damit wird allerdings der Wechsel zwischen Vorstellungen vom Schüler zum kaum nachzuvollziehenden „Sprung“ von einem Modell zum nächsten, da „Wahrheiten“ vollständig aufgegeben und durch neue ersetzt werden müssen. Die vorherrschende Gleichsetzung von Modell und Realität wird unterstützt durch die Verwendung von sächlichen Anschauungsmodellen, die als bloße Vergrößerungen oder Idealisierungen von Submikroskopischem angesehen werden. Um dieser Verwechslung vorzubeugen und damit die Grundlage für ein Verständnis der Rolle von Modellen zu schaffen, kann der Einsatz von Computervisualisierungen sinnvoll sein. Zur Klärung der Zusammenhänge von Modell und Visualisierung wurden zunächst vier Grundlagenfelder untersucht:

Im ersten Grundlagenfeld diente eine **Analyse von fachdidaktischen Empfehlungen und Lehrplänen** als erste Annäherung an den Themenbereich. Hierbei zeigte sich ein weiter Bereich von Inhalten, Funktionen, Bedeutungen und Hinweisen für die chemieunterrichtliche Modellbehandlung. Diese lassen sich jedoch im wesentlichen dahingehend zusammenfassen, daß als oberstes Ziel das Denken in Modellen geschult werden soll. Voraussetzung dazu ist ein Verständnis der methodologischen Stellung von Modellen.

Die hierfür notwendigen grundlegenden **erkenntnistheoretischen Betrachtungen** führten im zweiten Grundlagenbereich zur Sichtweise der „Evolutionären Erkenntnistheorie“ im Sinne VOLLMERs. Dieses Forschungsprogramm gibt insbesondere durch die Konzepte des Mesokosmos und der Anschaulichkeit Hinweise auf die Problematik der unterrichtlichen Modellbehandlung. Anschaulichkeit wurde hierbei definiert als Eigenschaft von Strukturen und Objekten, die durch Überführung in den Mesokosmos durch quantitative Transformation von Maßgrößen und dem didaktischen Prozeß der qualitativen Veranschaulichung gewonnen werden. Einerseits wurde deutlich, daß der Mesokosmos als direkter Erfahrungsbereich des Menschen notwendigerweise die erste Erkenntnisinstanz darstellt und somit der Anschaulichkeit von Erkenntnis- bzw. Lerngegenständen eine hohe Relevanz zukommt. Andererseits bedingt die mesokosmische Erfahrung eine naiv-realistische Perspektive und fördert damit die Gefahr der Verwechslung von Modell und Realität. Ein konstruktionistischer Ansatz zur Evolutionären Erkenntnistheorie von ENGELS unter Einbezug von Überlegungen PIAGETs explizierte diese Problematik. Hierbei wurden drei Erkenntnisperspektiven formuliert: Eine subjektive, wie sie der mesokosmischen Erfahrung entspricht, eine objektive, die der wissenschaftlichen Erkenntnis entspricht und eine Metaperspektive, die die beiden anderen reflektiert. Es wird deutlich, daß eine methodologische Bestimmung von Modellen nur über die letzte Perspektive möglich ist. Dennoch kann bereits aus den anderen Sichtweisen heraus propädeutisch auf eine solche Reflexion hingeführt werden.

Im dritten Grundlagenfeld wurden zur **Konkretisierung des Modellbegriffs** nach einer Schilderung der Bedeutung im Alltag, in der Modelltheorie und in der Naturwissenschaft die Beziehungen zwischen Modell, Objekt und Subjekt nach KIRCHER diskutiert. Hierbei zeigten sich Schwächen durch die analytische Trennung von Erkenntnis- und Lernprozeß sowie die undifferenzierte Behandlung von theoretischer Modellvorstellung und Anschauungsmodell bzw. Modellkonkretisierung. Unter Einbeziehung des Ansatzes von STEINBUCH zur Modellbildung wurde ein M-O-S-Schema entwickelt, das insbesondere die für den Unterricht wesentliche Stellung des Anschauungsmodells im Erkenntnisprozeß berücksichtigt, indem jedem Modell eine theoretische Komponente (Modellvorstellung) und eine Anschauungskomponente (Modellkonkretisierung) zukommt. Dabei zeigte sich, daß ein direkter Zugang vom Anschauungsmodell zum Objekt nicht möglich ist. Dieser kann nur über die Einbeziehung einer zugrundeliegenden theoretischen Modellvorstellung erfolgen. Weiterhin wurde durch die Stellung der Modellkonkretisierung im Realitätsbereich, also dem Mesokosmos, die Nähe und die damit verbundene Gefahr der Identifikation von Modell und Objekt deutlich. Damit sind primär die Anschauungsmodelle für diese Verwechslung verantwortlich.

Das vierte Grundlagenfeld **Computervisualisierung** schloß die ersten Betrachtungen ab. Durch die fortgeschrittene Entwicklung der Computertechnologie ist es heutzutage möglich, neue, graphisch anspruchsvolle Formen der Datenaufbereitung und Interaktion zu nutzen, um durch Veranschaulichung Zugänge zu komplexen Daten zu finden und im Lernprozeß vermehrt und verbessert visuelle Lerntypen anzusprechen. Insbesondere durch Animationen und Elemente der virtuellen Realität können naturalistische Umgebungen erzeugt werden, die einen einzigartigen Weg zur anschaulichen Annäherung an theoretische Modellvorstellungen darstellen, sowohl im Erkenntnis- als auch im Lernprozeß. Visualisierungen sind Modellkonkretisierungen und lassen sich im entwickelten M-O-S-Schema entsprechend einordnen: Sie weisen keinerlei direkte Bezüge zum Original auf sondern basieren auf einer Modellvorstellung. Obwohl sie hochgradig naturalistisch sind, besteht durch das durch sie erzeugte Gefühl der Telepräsenz weniger die Gefahr, daß sie mit der Realität gleichgesetzt werden, als dies bei physisch präsenten herkömmlichen Sachmodellen der Fall ist. Dadurch und aufgrund des hohen interaktiven Potentials des Mediums Computer sind Visualisierungen geeignet, eine hervorragende Rolle bei der unterrichtlichen Modellbehandlung einzunehmen. Welche Möglichkeiten sich für den Chemieunterricht ergeben, wurde konkret am Beispiel des Softwarestandards VRML aufgezeigt.

Aus den Betrachtungen der Grundlagenfelder ergeben sich verschiedene **Folgerungen**. So ist deutlich geworden, daß ein Denken in Modellen nur durch die Schaffung eines Modellbewußtseins erreicht werden kann, also durch die Reflexion der methodologischen Stellung von Modellen. Das größte Hindernis einer solchen Bewußtwerdung stellt die häufig auftretende Verwechslung von Modell und Realität dar. Diese erwächst nicht zuletzt aus der Anschaulichkeit der Modellkonkretisierungen, da die aus einer subjektiven Erkenntnisperspektive heraus gewonnenen Erfahrungen in mesokosmischen Dimensionen auf einer unreflektierten naiv-realistisch geprägten Weltsicht basieren. Andererseits ist Anschaulichkeit unabdingbar für einen Zugang zum Submikroskopischen. Dieses Dilemma ist nur durch eine metaperspektivische Reflexion der eigenen Erkenntniswege aufzulösen. Eine solche Reflexion stellt aber aufgrund mangelnden Abstraktionsvermögens der Lernenden gerade im Anfangsunterricht ein unüberwindbares Hindernis dar, obwohl hier schon von Anfang an einer später kaum korrigierbaren falschen Auffassung des Verhältnisses von Modell und Original vorgebeugt werden muß.

Es wurde hierzu ein **Problemlösekonzept** entwickelt. Abhilfe kann dadurch erreicht werden, daß dem Lernenden ein Reservoir verschiedener Anschauungsmodelle zu einer Modellvorstellung zur Verfügung gestellt wird. So wird der Fixierung auf ein Modell vorgebeugt und das Bewußtsein geschaffen, daß Anschauungsmodelle lediglich Konstruktionen sind. Dieses leitet zum Modellbewußtsein und somit zum Denken in Modellen hin. Durch eine Flexibilisierung von Anschauungen wird eine Flexibilisierung von Vorstellungen erreicht. Zur Präsentation eines flexiblen Modellreservoirs sind Computervisualisierungen bestens geeignet: Erstens aufgrund der Möglichkeit, schnell und einfach verschiedenste Visualisierungen nebeneinander zu stellen und interaktiv nutzbar zu machen, zweitens durch die Unterstützung des Prinzips der Anschaulichkeit und somit der mesokosmischen Nähe durch graphisch anspruchsvolle pseudorealistische Darstellungen und drittens wegen des Entgegenwirkens einer Gleichsetzung von dargestelltem Modell und der prinzipiell unanschaubaren submikrokosmischen Realität durch die generierte Telepräsenz. So tritt bei Computervisualisierungen der einmalige, sich ansonsten ausschließende Effekt auf, daß der Modellcharakter verstärkt wird und der Abstraktionsgrad abnimmt. Damit ist dieses Medium geeignet, bereits bei der unterrichtlichen Behandlung erster Modelle ein

Modellbewußtsein zu erzeugen und eine Reflexion der methodologischen Funktion von Modellen zu erleichtern.

Der beschriebene Einsatz von Visualisierungen zur Verbesserung des Modelldenkens wird als Modelldimension der Computernutzung bezeichnet. Voraussetzung für einen solchen Einsatz ist die Angemessenheit des Mediums für das räumliche Explorieren von dreidimensionalen virtuellen Welten, die Raum-Zeit-Dimension der Nutzung.

Den Kern der Betrachtungen zur **Raum-Zeit-Dimension** bildet eine empirische Untersuchung zur Frage nach den Vorteilen virtueller räumlicher Darstellungen gegenüber herkömmlichen zweidimensionalen perspektivische Abbildungen. Nach einer Klärung der Konzepte zur Raumvorstellung wurde die Entwicklung und Durchführung eines computergestützten Tests zum Raumvorstellungsvermögen beschrieben. Es wurden 150 Schüler der Klassen 7, 8 und 9 mit einem Kontrollgruppendesign untersucht. Das Ergebnis zeigte eine hochsignifikant höhere Leistung der Schüler, denen die Aufgaben virtuell präsentiert wurden. Weiterhin wurden keine geschlechtsspezifischen Differenzen in bezug auf das Medium festgestellt und signifikant nachgewiesen, daß schwierige Aufgaben mittels virtueller Darstellung besser gelöst werden. Insgesamt ist festzuhalten, daß die virtuelle Präsentation große Vorteile bietet und somit die Voraussetzung des interaktiven Umgangs mit dreidimensionalen Objekten in der Raum-Zeit-Dimension der Computernutzung zur angestrebten Verbesserung des Modelldenkens erfüllt ist.

Die Betrachtungen zur **Modelldimension** zeigten Ansätze auf, wie spezielle Themengebiete des Chemieunterrichts aufgrund der vorangegangenen Überlegungen bezüglich des Umgangs mit Modellen verbessert werden können. Am Beispiel des Teilchenmodells wurde eine Sachanalyse des Modellbereichs (Modelleigenschaften), des Objektbereichs (Erklärungsbereich des Modells) und des Subjektbereichs (Schülervorstellungen) durchgeführt. Auf der Grundlage der im entwickelten M-O-S-Schema vorgenommenen Trennung von theoretischen und anschaulichen Komponenten eines Modells ließen sich nun die Eigenschaften des Teilchenmodells, die tradiert als allein der Modellvorstellung eigen angesehen werden, dem Modellbereich der theoretischen Modellvorstellung sowie dem Realitätsbereich der Anschauungsmodelle zuordnen. Damit wird es möglich, alternative Visualisierungen von Eigenschaften, die auf Anschauung gründen, zu finden, ohne die zugrundeliegende Modellvorstellung zu verändern. So konnte ein gefordertes Reservoir von Anschauungsmodellen entwickelt werden. Aufbauend auf diesen Überlegungen wurde ein Konzept einer Software entwickelt, die unterschiedliche Darstellungsmöglichkeiten unterstützt und modular aufgebaut ist, so daß die Einbindung unterrichtlich benötigter Inhalte und Modelle sukzessiv erfolgen kann. Als weitere Beispiele für die potentiellen Einsatzmöglichkeiten der Computervisualisierung wurden die Themengebiete Stoffumwandlung, kovalente Bindung und Säure-Base-Reaktionen betrachtet. Auch hier zeigte sich eine Vielzahl an Möglichkeiten zur Erweiterung des Reservoirs von Anschauungsmodellen durch den Computer, die inhaltlich und technisch in das konzipierte Softwarepaket integriert werden könnten.

Durch die vorgenommenen Überlegungen wird das Potential zur Verbesserung des Denkens in Modellen deutlich: Mittels Computervisualisierungen kann ein neuartiger Zugang zu theoretischen Modellvorstellungen erlangt werden. Die Verfügbarkeit einer Vielzahl von hochgradig anschaulichen Modellkonkretisierungen dient einerseits dem erleichterten und weniger abstrakten Zugang zu Modellvorstellungen und andererseits einer Flexibilisierung von Vorstellungen des Submikroskopischen und somit der Schaffung eines erhöhten Modellbewußtseins beim Lernenden. Es bleibt zu hoffen, daß dieses Potential in Zukunft verstärkt genutzt wird und dem Chemieunterricht neue Impulse zur Überwindung seiner Krise gibt.

The power of the visible is the invisible.

M. MOORE

ABBILDUNGSVERZEICHNIS

Abbildung 1: Stufen der Erkenntnis ... 45
Abbildung 2: Formale Darstellung der Relationen des Modells M zum Modellobjekt O und zum Modellsubjekt S ... 61
Abbildung 3: Verkürzungsmerkmal von Modellen ... 63
Abbildung 4: „Abbildung" der Realität mit Hilfe von Experimenten ... 63
Abbildung 5: Erweitertes M-O-Schema ... 64
Abbildung 6: Schema zum Denken in Modellen ... 66
Abbildung 7: Erweitertes M-O-S-Schema ... 67
Abbildung 8: Visualisierung der Aufenthaltswahrscheinlichkeit eines Quantenteilchens ... 78
Abbildung 9: Repräsentationen von computergenerierten Molekülmodellen am Beispiel des Morphins ... 80
Abbildung 10: 3-D-Visualisierungen der Elektronen-Lokalisierungsfunktion von Benzol ... 81
Abbildung 11: VRML-Code der Körper des Logos ... 87
Abbildung 12: VRML-Logo ... 87
Abbildung 13: Kristallgittermodell eines kubischen Perowskits ... 89
Abbildung 14: 3dz2-Orbital ... 90
Abbildung 15: Kugel-Stab-Modell von o-Nitrophenol ... 90
Abbildung 16: Kalottenmodell von o-Nitrophenol ... 91
Abbildung 17: Stab-Modell von o-Nitrophenol ... 91
Abbildung 18: Cytochrome P450 ... 92
Abbildung 19: Beispiel eines VRML-Objektes ... 121
Abbildung 20: Grundbildschirm der Menüoberfläche ... 121
Abbildung 21: Histogramm des V3D-Tests (Testvorform) ... 127
Abbildung 22: Histogramm des RVT der Testgruppe (Testvorform) ... 127
Abbildung 23: Histogramm des K3D-Tests (Testvorform) ... 128
Abbildung 24: Histogramm des RVT der Kontrollgruppe (Testvorform) ... 128
Abbildung 25: Schwierigkeit-Trennschärfe-Diagramm der gewichteten Mittel (Testvorform) ... 136
Abbildung 26: Histogramm des V3D-Tests ... 141
Abbildung 27: Histogramm des K3D-Tests ... 141
Abbildung 28: Histogramm des RVT der Testgruppe ... 142
Abbildung 29: Histogramm des RVT der Kontrollgruppe ... 142
Abbildung 30: Schwierigkeit-Trennschärfe-Diagramm der gewichteten Mittel . 144
Abbildung 31: Aggregatzustände im Teilchenmodell ... 167
Abbildung 32: Zuordnung der Teilcheneigenschaften zu Modellbereich und Realitätsbereich ... 178
Abbildung 33: Teilchen mit unterschiedlicher Form ... 180

Abbildung 34: Teilchen mit unterschiedlicher Größe ... 181
Abbildung 35: Teilchen mit transparenter Oberfläche ... 182
Abbildung 36: Dynamische Modelle von Festkörpern ... 183
Abbildung 37: Visualisierungsalternativen der Teilcheneigenschaften ... 185
Abbildung 38: Schülervorstellung zur Betrachtung der Reaktion von Natrium und Chlor auf der Teilchenebene ... 190
Abbildung 39: Übergang zu sich überschneidenden Teilchen ... 194
Abbildung 40: Wasserteilchen mit innerer Struktur ... 194
Abbildung 41: Kugelpackung mit Teilchen unterschiedlicher Größe ... 195
Abbildung 42: Herkömmliche Darstellung des Übergangs von Elektronenhüllen zur LEWIS-Schreibweise ... 198
Abbildung 43: Verknüpfung von Elektronenwolken und LEWIS-Schreibweise. 199

TABELLENVERZEICHNIS

Tabelle 1: Konzepte zur faktoriellen Struktur der Raumvorstellung 108
Tabelle 2: Daten der Stichprobe (Testvorform) 124
Tabelle 3: Rohpunktmittelwerte $\overline{x}$ und Standardabweichungen s (Testvorform) 125
Tabelle 4: Häufigkeiten und kumulierte Häufigkeiten (Testvorform) 126
Tabelle 5: Kenngrößen (Testvorform) 129
Tabelle 6: Schwierigkeitsindizes und Trennschärfenkoeffizienten (Testvorform) 131
Tabelle 7: Reliabilitätskoeffizienten (Testvorform) 135
Tabelle 8: Daten der Stichprobe 138
Tabelle 9: Rohpunktmittelwerte $\overline{x}$ und Standardabweichungen s 139
Tabelle 10: Häufigkeiten und kumulierte Häufigkeiten 140
Tabelle 11: Kenngrößen 143
Tabelle 12: Schwierigkeiten und Trennschärfen 143
Tabelle 13: Reliabilitätskoeffizienten 144
Tabelle 14: Zwei-Stichproben-F-Test 146
Tabelle 15: Zwei-Stichproben-t-Test unter Annahme gleicher Varianzen 147
Tabelle 16: Rohpunktmittelwerte nach Geschlecht und Jahrgangsstufen 148
Tabelle 17: Signifikanzen der Rohpunktunterschiede nach Geschlecht 149
Tabelle 18: Signifikanzen der Rohpunktunterschiede nach Jahrgangsstufen 149
Tabelle 19: Varianzanalyse der Rohpunktunterschiede nach Jahrgängen 150
Tabelle 20: Signifikanzen der Rohpunktunterschiede zwischen V3D- und K3D-Test nach Geschlecht 150
Tabelle 21: Signifikanzen der Rohpunktunterschiede zwischen V3D- und K3D-Test nach Jahrgangsstufen 150
Tabelle 22: Signifikanzen der Rohpunktunterschiede zwischen V3D- und K3D-Test nach Aufgaben 151

ABKÜRZUNGSVERZEICHNIS

Abkürzungen im Text:

3D-Test	Zusammengefaßter V3D- und K3D-Test
EE	Evolutionäre Erkenntnistheorie
HTML	Hypertext Markup Language
IST	Intelligenz-Struktur-Test von AMTHAUER
K3D-Test	Konventioneller 3D-Test
RAT	Raumanschauungstest von BARKE
RVT	Raumvorstellungstest
V3D-Test	Virtueller 3D-Test
VR	Virtuelle Realität
VRML	Virtual reality modeling language
WWW	World Wide Web

Abkürzungen der Zeitschriften:

chemkon	Chemie konkret
Chem. Sch.	Chemie in der Schule
chimdid	chimica didactica
ChiuZ	Chemie in unserer Zeit
Educ. Chem.	Education in Chemistry
JChemEd	Journal of Chemical Education
MNU	Der mathematische und naturwissenschaftliche Unterricht
Nachr. Chem. Tech. Lab.	Nachrichten aus Chemie, Technik und Laboratorium
NiU-Chemie	Naturwissenschaften im Unterricht – Chemie
NiU-Physik	Naturwissenschaften im Unterricht – Physik
NiU-P/C	Naturwissenschaften im Unterricht – Physik/Chemie
PdN-Ch.	Praxis der Naturwissenschaften – Chemie
PdN-Ph.	Praxis der Naturwissenschaften – Physik

LITERATURVERZEICHNIS

AMTHAUER, R.: *Intelligenz-Struktur-Test: Handanweisung für die Durchführung und Auswertung* 2., erw. u. verb. Aufl. Göttingen: Hogrefe, 1953.

AMTHAUER, R.: *Intelligenz-Struktur-Test.* 2.Aufl. Göttingen: Hogrefe, 1955.

ANTON, M.: *Das Fach „Biochemphys" – Nützt es dem Schüler?* In: BEHRENDT, H. (Hrsg.): Zur Didaktik der Physik und Chemie: Probleme und Perspektiven. Bd. 18: Vorträge auf der Tagung für Didaktik der Physik/Chemie in Potsdam, September 1997. Alsbach/Bergstraße: Leuchtturm, 1998, S. 128-130.

APEL, K.-O.: *Nichtmetaphysische Letztbegründung?* In: BRAUN, E. (Hrsg.): Die Zukunft der Vernunft aus der Perspektive einer nichtmetaphysischen Philosophie. Würzburg: Königshausen und Neumann, 1993, S. 59-85.

BAARS, G.; CHRISTEN, H. R.: *Die Teilchenvorstellung – ein Unmodell?* Chem. Sch. 42 (1995), Nr. 3, S. 113-114.

BARFIELD, W.; SANDFORD, J.; FOLEY, J.: *The mental rotation and perceived realism of computer-generated three-dimensional images.* Int. J. Man-Machine Studies. 29 (1988), Nr. 6, S. 669-684.

BARKE, H.-D.: *Ein an räumlichen Strukturen orientierter Weg zur Einführung von Grundbegriffen der Chemie im Unterricht.* Dissertation, Pädagogische Hochschule Niedersachsen, 1978.

BARKE, H.-D.: *Das Training des Raumvorstellungsvermögens durch die Arbeit mit Strukturmodellen im Chemieunterricht.* MNU. 36 (1983a), Nr. 6, S. 352-356.

BARKE, H.-D.: *Chemische Strukturen – „hemmungslos mitgeteilt"?* chimdid. 9 (1983b), Nr. 4, S. 264-266.

BARKE, H.-D.: *Strukturmodelle zur chemischen Reaktion – mit verschiedenen oder gleich großen Kugeln?* NiU-P/C. 33 (1985), Nr. 3, S. 92-94.

BARKE, H.-D.: *Strukturvorstellungen als Mittler zwischen Phänomenen und Symbolen.* NiU-P/C. 36 (1988), Nr. 35, S. 6-14.

BARKE, H.-D.: *Chemieverständnis und Raumvorstellung: Chemie im Projekt „Mädchen in Naturwissenschaften und Technik".* MNU. 45 (1992), Nr. 7, S. 437-439.

BARNICKEL, G.: *Molecular Modelling – von der Theorie zur Wirklichkeit.* ChiuZ. 29 (1995), Nr. 4, S.176-185.

BAUMBACH, E.: *Zu „Was erklärt der ‚Modellversuch zur Volumenkontraktion' wirklich?": Untersuchungen mit einer Schülergruppe.* Chem. Sch. 42 (1995), Nr. 4, S. 158-159.

BAUMERT, J.; LEHMANN, R. u.a.: *TIMSS – Mathematisch-naturwissenschaftlicher Unterricht im internationalen Vergleich: Deskriptive Befunde.* Opladen: Leske und Budrich, 1997.

BECKER, H.-J. u.a.: *Fachdidaktik Chemie.* 2. Aufl. Köln: Aulis, 1992.

BENNAHUM, D.: *Avatare laden zum Tanz: Ein neuer Softwarestandard soll das Internet zu einem begehbaren Raum machen, in dem die Menschen sich ein wenig heimisch fühlen. Ein Gespräch mit Mark Pesce, dem Schöpfer von VRML.* Die Zeit. Nr. 9 vom 21.2.1997, S. 70.

BERGERHOFF, F.; BERGERHOFF, K.; KRUMM, B.: *Strukturorientierung: Kritische Anmerkungen zu einer vermeintlich neuen Tendenz in der Fachdidaktik Chemie.* chimdid. 9 (1983), Nr. 2/3, S. 181-188.

BERGERHOFF, F.; BERGERHOFF, K.; KRUMM, B.: *Zum Beitrag: „Der strukturorientierte Chemieanfangsunterricht und der hessische Lehrplan für die Sekundarstufe I".* PdN-Ch. 33 (1984), Nr. 7, S. 215-217.

BLEICHROTH, W.: *Zur bildhaften Darstellung des Teilchenmodells der Materie.* NiU-P/C. 37 (1989), Nr. 48, S. 315-318.

BODNER, G. M.; MCMILLEN, TH. L. B.: *Cognitive restructuring as an early stage in problem solving.* Journal of Research in Science Teaching. 23 (1986), Nr. 8, S. 727-737.

BOLAY, E.: *„Modellvorstellungen in der Chemie" und eine „Synopse der chemischen Bindungstypen".* PdN-Ch. 30 (1981), Nr.12, S. 369-371.

BORTZ, J.: *Statistik für Sozialwissenschaftler.* 3., neu bearb. Aufl. Berlin: Springer, 1989.

BRANDT, V.: *ToolBook – ein Multimedia-Handbuch zum Thema Katalyse in der Sekundarstufe I.* NiU-Chemie. 8 (1997), Nr. 39, S. 132-134.

BRINGEWSKI, F.: *Chemie im Internet.* Nachr. Chem. Tech. Lab. 44 (1996), Nr. 2, S. 239-240.

BUCK, P.: *Ist ‚Volumen' eine Eigenschaft von Molekülen, Atomen und Elementarteilchen?* chimdid. 8 (1982), Nr. 1, S. 43-58.

BUCK, P.: *Die Teilchenvorstellung – ein „Unmodell".* Chem. Sch. 41 (1994), Nr. 11, S. 412-416.

BUNGE, M.: *Physik und Wirklichkeit.* In: KRÜGER, L. (Hrsg.): Erkenntnisprobleme der Naturwissenschaften: Texte zur Einführung in die Philosophie der Wissenschaft. Köln: Kiepenheuer und Witsch, 1970, S. 435-457.

BUNGE, M.: *Method, model and matter.* Dordrecht: Reidel, 1973.

CARTER, C. S.; LARUSSA, M. A.; BODNER, G. M.: *A study of two measures of spatial ability as predictors of success in different levels of general chemistry.* Journal of Research in Science Teaching. 24 (1987), Nr. 7, S. 645-657.

CHRISTEN, H. R.: *Kimball- und Gillespie-Modell in didaktischer Sicht.* In: WENINGER, J.; BRÜNGER, H. (Hrsg.): Atommodelle im naturwissenschaftlichen Unterricht. Bd. 1: Bericht über eine IPN-Arbeitstagung. Weinheim: Beltz, 1976, S. 239-247.

CLAUß, G.; EBNER, H.: *Grundlagen der Statistik für Psychologen, Pädagogen und Soziologen.* Nachdruck der 2., neubearb. und erw. Aufl. Thun: Verlag Harri Deutsch, 1977.

COMENIUS, J. A.: *Große Didaktik.* Hrsg. von A. FLITNER. 7. Aufl. Stuttgart: Klett-Cotta, 1992.

DÄMMGEN, U.; DEMUTH, R.: *Elektronendichtekarten – ein Schlüssel zum Verständnis chemischer Bindung.* NiU-P/C. 37 (1989), Nr. 45, S. 179-186.

DANIELS, H.; HENNING, I.: *Thesen über die unterschiedlichen Intentionen wissenschaftlicher und didaktischer Materiemodelle und die Konsequenzen hieraus für den Chemieunterricht.* PdN-Ch. 28 (1979), Nr. 5, S. 113-119.

TOM DIEK, H.: *Das Gillespie-Modell und seine Brauchbarkeit für das Strukturverständnis und ein einfaches Strukturmodell ohne quantenmechanische Voraussetzungen.* In: WENINGER, J.; BRÜNGER, H. (Hrsg.): Atommodelle im naturwissenschaftlichen Unterricht. Bd. 1: Bericht über eine IPN-Arbeitstagung. Weinheim: Beltz, 1976, S. 222-238.

DIEHL, J.; KOHR, H.: *Deskriptive Statistik.* 7. Aufl. Frankfurt a. M.: Fachbuchhandlung für Psychologie, 1987.

DOMKE, B.: *Umfrage zum Computereinsatz im Chemieunterricht.* Chem. Sch. 42 (1995), Nr. 12, S. 471-472.

DOMKE, B.: *Gibt es eine Praxis des Computereinsatzes im Chemieunterricht?: Ergebnisse einer Umfrage.* chemkon. 3 (1996), Nr. 3, S. 149.

DUDEN (Wissenschaftlicher Rat der Dudenredaktion) (Hrsg.): *Duden Fremdwörterbuch.* 5., neu bearb. u. erw. Aufl. Mannheim: Dudenverlag, 1990.

DUESBURY, R. T.; O'NEIL, H. F.: *Effect of type of practice in a computer-aided design environment in visualizing three-dimensional objects from two-dimensional orthographic projections.* Journal of

Applied Psychology. 81 (1996), Nr. 3, S. 249-260.

DUIT, R.; GLYNN, S.: *Analogien – Brücken zum Verständnis.* NiU-Physik. 6 (1995), Nr. 27, S. 44-50.

ECKHARDT, H.: *Das Schalen-Modell nach Kossel und Lewis und seine Verfeinerung: Didaktische Überlegungen zur genetischen Entwicklung.* In: WENINGER, J.; BRÜNGER, H. (Hrsg.): Atommodelle im naturwissenschaftlichen Unterricht. Bd. 1: Bericht über eine IPN-Arbeitstagung. Weinheim: Beltz, 1976, S. 185-204.

EHLERT, M.: *Vorstellungen und innere Modelle der Schüler von Stoffen und Stoffumwandlungen im Chemieanfangsunterricht.* chimdid. 19 (1993), Nr. 1, S. 71-75.

ENGELS, E.-M.: *Erkenntnis als Anpassung?: Eine Studie zur Evolutionären Erkenntnistheorie.* Frankfurt a. M.: Suhrkamp, 1989.

FACH-OVERHOFF, M.: *Computerunterstützte interaktive Lernprogramme im Chemieunterricht – Möglichkeiten und Grenzen für ein besseres Chemieverständnis: Fragestellungen und Ergebnisse einer empirischen Untersuchung.* In: REINERS, CH.; WAMBACH, H. (Hrsg.): Chemiedidaktik in der Unterrichtspraxis: Festschrift für Hans Otto Hammer. Essen: Westarp, 1989, S. 47-69.

FÄSSLER, TH. F..; SAVIN, A.: *Chemische Bindung anschaulich: die Elektronen-Lokalisierungs-Funktion.* ChiuZ. 31 (1997), Nr. 3, S. 110-120.

FISCHLER, H.: *Was versteht man in der Physik unter „Teilchen"?* NiU-Physik. 8 (1997), Nr. 41, S. 185-187.

FISCHLER, H.; LICHTFELDT, M.: *Teilchen und Atome: Modellbildung im Unterricht.* NiU-Physik. 8 (1997), Nr. 41, S. 180-184.

FISCHLER, H.; ROTHENHAGEN, A.: *Experimente zum Teilchenmodell.* NiU-Physik. 8 (1997), Nr. 41, S. 203-209.

FLADT, R.: *Stellungnahme zu den Artikeln: „Strukturorientierung – Kritische Anmerkungen zu einer vermeintlich neuen Tendenz in der Fachdidaktik Chemie" von Bergerhoff et al. und „Leserforum – Chemische Strukturen – hemmungslos mitgeteilt?" von H.-D. Barke.* chimdid. 10 (1984), Nr. 2/3, S. 189-191.

FLADT, R.; BUCK, P.: *Ein Dialog über die Funktion der Teilchenmodelle im Chemieunterricht.* Chem. Sch. 43 (1996), Nr. 2, S. 69-72.

FLECHSIG, E.: *Wie sieht ein Atom aus?* chimdid. 1 (1975), Nr. 1, S. 1-5.

FRIEBE, J.: *Quantitative Untersuchung der menschlichen Raumwahrnehmung mit den Methoden der Computergraphik.* Münster: Waxmann, 1995.

FRIEDHOFF, R. M.; BENZON, W.: *Visualization: The second computer revolution.* New York: Freeman, 1988.

FRITSCH, L.; EHLERT, M.: *Vorstellungen der Schüler vom Bau der Stoffe.* Chem. Sch. 37 (1990), Nr. 4, S. 118-127.

GALLIMORE, J. J.; BROWN, M. E.: *Visualization of 3-D computer-aided design objects.* International Journal of Human-Computer Interaction. 5 (1993), Nr. 4, S. 361-382.

GDCH (Gesellschaft Deutscher Chemiker) (Hrsg.): *Denkschrift zur Lehrerbildung für den Chemieunterricht auf der Sekundarstufe II.* Weinheim: Verlag Chemie, 1977.

GDCH (Gesellschaft Deutscher Chemiker) (Hrsg.): *Denkschrift zur Lehrerbildung für den Chemieunterricht in den Altersstufen der Zehn- bis Fünfzehnjährigen.* Frankfurt a. M.: GDCh, 1983.

GDCH (Gesellschaft Deutscher Chemiker) (Hrsg.): *Empfehlungen und Informationen zum Computereinsatz im Chemieunterricht.* Frankfurt a. M.: GDCh, 1996.

GENSEBERGER, R.: *Entwicklung eines Modellbegriffs bei 15-16jährigen Schülern.* chimdid. 13 (1987), Nr. 1, S. 5-20.

GINSBURG, H. P.; OPPER, S.: *Piagets Theorie der geistigen Entwicklung.* 8., völlig überarb. und erg. Aufl. Stuttgart: Klett-Cotta, 1998.

GOBRECHT, H.: *Bergmann-Schaefer: Lehrbuch der Experimentalphysik.* Bd. 1: Mechanik, Akustik, Wärme. 9., verb. Aufl. Berlin: De Gruyter, 1974.

GOLDSTEIN, E. B.: *Sensation and perception.* 3. Aufl. Belmont: Wadsworth, 1989.

GRÄBER, W.; STORK, H.: *Die Entwicklungspsychologie Jean Piagets als Mahnerin und Helferin des Lehrers im naturwissenschaftlichen Unterricht. Teil 1.* MNU. 37 (1984a), Nr. 4, S. 193-201.

GRÄBER, W.; STORK, H.: *Die Entwicklungspsychologie Jean Piagets als Mahnerin und Helferin des Lehrers im naturwissenschaftlichen Unterricht. Teil 2.* MNU. 37 (1984b), Nr. 5, S. 257-269.

GROSSER, CH.: *Strukturorientierter Chemieunterricht – von Anfang an.* PdN-Ch. 24 (1975), Nr. 10, S. 261-271.

GROSSER, CH.: *Ionen im Chemieanfangsunterricht?* In: DAHNCKE, H. (Hrsg.): Zur Didaktik der Physik und Chemie: Probleme und Perspektiven. Vorträge auf der Tagung für Didaktik der Physik/Chemie in Bonn, September 1977. Hannover: Schroedel, 1978, S. 107-109.

GROSSER, CH.: *Strukturorientierter Chemieunterricht von Anfang an.* NiU-P/C. 33 (1985), Nr. 5, S. 134-139.

GROSSER, CH. u.a.: *Strukturorientierter Chemieanfangsunterricht – Falsch und außerdem nichts Neues?* PdN-Ch. 35 (1986), Nr. 4, S. 43-44.

GROSSLIGHT, L. u.a.: *Understanding models and their use in science: Conceptions of middle and high school students end experts.* Journal of Research in Science Teaching. 28 (1991), Nr. 9, S. 799-822.

HÄRTEL, H.: *Visualization of concepts in physics.* In: CUNNINGHAM, S.; HUBBOLD, R. J. (Hrsg.): Interactive learning through visualization: The impact of computer graphics in education. Berlin: Springer, 1992, S. 137-144.

HAMMER, H. O.: *Ein Beitrag zum Modellbegriff in seiner Bedeutung für die Chemie.* In: HAMMER, H. O.; REINERS, CH. (Hrsg.). Chemiedidaktik: Brücke zwischen Theorie und Unterrichtspraxis. Festschrift für Professor Dr. K. Schlösser. Köln: Eigenverlag, 1990, S. 163-193.

HARRISON, A. G.; TREAGUST, D. F.: *Secondary students' mental models of atoms and molecules: Implications for teaching chemistry.* Science Education. 80 (1996) Nr. 5, S. 509-534.

HARTMANN, ST.: *Modelle und Forschungsdynamik: Strategien der zeitgenössischen Physik.* PdN-Ph. 44 (1995), Nr. 1, S. 33-41.

HAUPT, P.: *Strukturmodelle von Atomverbänden: Eine Brücke zum Verständnis zwischen Phänomen und Atomvorstellung.* NiU-P/C. 30 (1982), Nr.1, S. 25-30.

HEIM, M.: *The essence of VR.* Idealistic Studies. 23 (1993), Nr. 1, S. 49-62.

HERTZ, H.: *Die Prinzipien der Mechanik.* Darmstadt, 1963.

HÖFLING, O.: *Physik.* Bd. 2, Teil 1: Mechanik – Wärme. 15. Aufl. Bonn: Dümmler, 1987.

HOSENFELD, I.; STRAUSS, B.; KÖLLER, O.: *Geschlechtsdifferenzen bei Raumvorstellungsaufgaben – eine Frage der Strategie?* Zeitschrift für Pädagogische Psychologie. 11 (1997), Nr. 2, S. 85-94.

HRUSOVSKÝ, I.: *Die Kategorie „Struktur".* Deutsche Zeitschrift für Philosophie. 26 (1978), S. 1527-1534.

HYDE, R.T. u.a.: *Integration of molecular modelling algorithms with tutorial instruction: Design of an interactive three-dimensional computer-assisted learning environment for exploring molecular structure.* JChemEd. 72 (1995), Nr. 8, S. 699-702.

HYDE, R. T.; SHAW, P. N.; JACKSON, D. E.: *The evaluation of integrated courseware: Can interactive molecular modelling help students understand three-dimensional chemistry?* Computers Educ. 26 (1996), Nr. 4, S. 233-239.

IHLENFELDT, W.-D.: *Virtual Reality in der Chemie.* Nachr. Chem. Tech. Lab. 45 (1997), Nr. 6, S. 630-634.

IHLENFELDT, W.-D.; GASTEIGER, J.: *Chemie auf dem Internet: Neue Wege der Vermittlung chemischer Informationen.* ChiuZ. 29 (1995), Nr. 5, S. 249-259.

JOB, G.: *Altlasten der Physik (29): Bindungskräfte.* Physik in der Schule. 35 (1997), Nr. 7/8, S. 246.

JUNG, W.: *Fachdidaktische Aspekte von Theoriebegriffen.* chimdid. 3 (1977), Nr. 4, S. 153-168.

JUNG, W.: *Zur Bedeutung von Schülervorstellungen für den Unterricht.* In: DUIT, R.; JUNG, W.; PFUNDT, H. (Hrsg.): Alltagsvorstellungen und naturwissenschaftlicher Unterricht. Köln: Aulis, 1981, S. 1-23.

JUST, E.: *Die Teilchenvorstellung im Anfangsunterricht und die Unterscheidung zwischen kleinsten Teilchen und Teilchenverband (-aggregat).* NiU-P/C. 33 (1985), Nr. 6, S. 219-222.

KANT, I.: *Kritik der reinen Vernunft.* 2. Aufl. Unveränderter photomechanischer Abdruck von „Kants gesammelte Schriften. Hrsg. von der Königlich Preußischen Akademie der Wissenschaften" Bd. III, Berlin 1904. Berlin: De Gruyter, 1968.

KEIG, P. F.; RUBBA, P. A.: *Translation of representations of the structure of matter and its relationship to reasoning, gender, spatial reasoning, and specific prior knowledge.* Journal of Research in Science Teaching. 30 (1993), Nr. 8, S. 883-903.

KELLER, G.: *Über das Denken in Modellen: Ein Beitrag zur Didaktik der Chemie.* Frankfurt: Diesterweg, 1977.

KELLERT, S. H.: *Space perception and the fourth dimension.* Man and World. 27 (1994), Nr. 2, S. 161-180.

KESSELRING, T.: *Jean Piaget.* München: Beck, 1988.

KINZEL, W.: *Bilder elementarer Quantenmechanik.* Physikalische Blätter. 51 (1995), Nr. 12, S. 1190-1191.

KIRCHER, E.: *Zum Modellbegriff und zu seiner Bedeutung für den naturwissenschaftlichen Unterricht.* In: WENINGER, J.; BRÜNGER, H. (Hrsg.): Atommodelle im naturwissenschaftlichen Unterricht. Bd. 1: Bericht über eine IPN-Arbeitstagung. Weinheim: Beltz, 1976, S. 248-264.

KIRCHER, E. u.a.: *„Atommodelle im Unterricht": Ein Bericht über fachdidaktische Auffassungen, methodische Konzeptionen und Unterrichtsbeispiele.* chimdid. 8 (1982), Nr. 2, S. 127-142.

KIRCHER, E.: *Vorstellungen über Atome.* NiU-P/C. 34 (1986), Nr. 13, S. 132-135.

KIRCHER, E.: *Studien zur Physikdidaktik: Erkenntnis- und wissenschaftstheoretische Grundlagen.* Kiel: IPN, 1995.

KLAUS, G.; LIEBSCHER, H. (Hrsg.): *Wörterbuch der Kybernetik.* Bd. 1: Abbildung – Multiprogramming. Frankfurt a. M.: Fischer, 1979.

KLEMMER, G.: *Überlegungen zum Chemieunterricht unter besonderer Berücksichtigung der Strukturtheorie.* MNU. 29 (1976), Nr. 6, S. 346-352.

KM NRW (Kultusministerium des Landes Nordrhein-Westfalen) (Hrsg.): *Richtlinien und Lehrpläne für das Gymnasium – Sekundarstufe I – in Nordrhein-Westfalen: Chemie.* Frechen: Verlagsgesellschaft Ritterbach, 1993a.

KM NRW (Kultusministerium des Landes Nordrhein-Westfalen) (Hrsg.): *Richtlinien und Lehrpläne für die Realschule in Nordrhein-Westfalen: Chemie.* Frechen: Verlagsgesellschaft Ritterbach, 1993b.

KM NRW (Der Kultusminister des Landes Nordrhein-Westfalen) (Hrsg.): *Richtlinien und Lehrpläne für die Hauptschule in Nordrhein-Westfalen: Chemie.* Frechen: Verlagsgesellschaft Ritterbach, 1989.

KNOTE, H.: *Zur Atomvorstellung bei Dreizehn- bis Fünfzehnjährigen.* Der Physikunterricht. 9 (1974), Nr. 4, S. 86-96.

KÖLLER, O.; ROST, J.; KÖLLER, M.: *Individuelle Unterschiede beim Lösen von Raumvorstellungsaufgaben aus dem IST- bzw. IST-70-Untertest „Würfelaufgaben".* Zeitschrift für Psychologie. 202 (1994), Nr. 1, S. 65-85.

KOJO, I.; LIINASUO, M.; ROVAMO, J.: *Three-dimensional illusory objects produced by rotation in depth.* Perception. 23 (1994), Nr. 8, S. 905-912.

KRAFT, V.: *Erkenntnislehre.* Wien: Springer, 1960.

KUHN, W.: *Analogien in historischer, methodologischer und didaktischer Sicht.* PdN-Ph. 43 (1994), Nr. 5, S. 2-16.

KULLMANN, K.: *Hypothese, Theorie, Modell: Bestimmung dieser Begriffe und ihre Anwendung in der Chemie in Wissenschaft und Lehre.* Dissertation, Universität zu Köln, 1992.

KULLMANN, K.: *Was erklärt der „Modellversuch zur Volumenkontraktion" wirklich?* Chem. Sch. 41 (1994), Nr. 12, S. 470-471.

KWM Bay (Bayerisches Staatsministerium für Unterricht und Kultus) (Hrsg.): *Lehrplan für das bayerische Gymnasium.* München: Kommunalschriften-Verlag Jehle, 1990.

KWM Bay (Bayerisches Staatsministerium für Unterricht, Kultus, Wissenschaft und Kunst) (Hrsg.): *Lehrplan für das bayerische Gymnasium: Fachlehrplan für Chemie.* München: Kommunalschriften-Verlag Jehle, 1991.

KWM Bay (Bayerisches Staatsministerium für Unterricht, Kultus, Wissenschaft und Kunst) (Hrsg.): *Lehrplan für die vierstufige bayerische Realschule.* München: Oldenbourg, 1993.

KWM Bay (Bayerisches Staatsministerium für Unterricht, Kultus, Wissenschaft und Kunst) (Hrsg.): *Lehrplan für die bayerische Hauptschule.* München: Oldenbourg, 1997.

LEATHERDALE, W. H.: *The role of analogy, model and metaphor in science.* Amsterdam: North-Holland Publishing Company, 1974.

LIENERT, G.; RAATZ, U.: *Testaufbau und Testanalyse.* 5., völlig neubearb. und erw. Aufl. Weinheim: Beltz, 1994.

LORENZ, K.: *Die Rückseite des Spiegels: Versuch einer Naturgeschichte menschlichen Erkennens.* 9. Aufl. München: dtv, 1987.

LSW NRW (Landesinstitut für Schule und Weiterbildung des Landes Nordrhein-Westfalen) (Hrsg.): *Lehrplan Naturwissenschaften Gesamtschule Sekundarstufe I: Stand März 1996.* Unveröffentlicht. Soest: LSW, 1996.

MAIER, P. H.: *Geschlechtsspezifische Differenzen im räumlichen Vorstellungsvermögen.* Psychologie in Erziehung und Unterricht. 43 (1996), Nr. 4, S. 245-265.

MASKILL, R.; PEDROSA DE JESUS, H.: *Asking model questions.* Educ. Chem. 34 (1997), Nr. 5, S. 132-134.

MCGRAW, K. O.; TSAI, W.-S.: *A computer program for conducting mental rotation experiments.* Teaching of Psychology. 20 (1993), Nr. 4, S. 246-247.

MERZ, F.: *Geschlechterunterschiede und ihre Entwicklung: Ergebnisse und Theorien der Psychologie.* Göttingen: Hogrefe, 1979.

MNU (Verein zur Förderung des mathematischen und naturwissenschaftlichen Unterrichts): *Empfehlungen zur Gestaltung von Chemielehrplänen.* MNU. 37 (1984), Nr. 3, S. 161-174.

MNU (Verein zur Förderung des mathematischen und naturwissenschaftlichen Unterrichts): *Empfehlungen und Überlegungen zur Gestaltung von Lehrplänen für den Computer-Einsatz im Unterricht der allgemeinbildenden Schulen.* MNU. 38 (1985), Nr. 4, S. 229-236.

MNU (Verein zur Förderung des mathematischen und naturwissenschaftlichen Unterrichts): *Empfehlungen zur Gestaltung von Chemielehrplänen: Kurzfassung.* MNU. 43 (1990), Nr. 3, Beilage.

MÜLLER, M.: *Der „Modellversuch zur Volumenkontraktion" – ein untaugliches Hilfsmittel.* Chem. Sch. 42 (1995a), Nr. 3, S. 115-116.

MÜLLER, M.: *Nochmals: Das Unmodell der Teilchen – Kritik an der Kritik.* Chem. Sch. 42 (1995b), Nr. 9, S. 336-337.

NAUMER, H.: *Die Genese der Atommodelle und deren Einführung im Unterricht.* In: WENINGER, J.; BRÜNGER, H. (Hrsg.): Atommodelle im naturwissenschaftlichen Unterricht. Bd. 1: Bericht über eine IPN-Arbeitstagung. Weinheim: Beltz, 1976, S. 85-107.

NAUMER, H.; MARTIN, S.: *Simulationen im Chemieunterricht: Experiment – Modell – Simulation.* PdN-Ch. 34 (1985), Nr. 5, S. 17-24.

NEWBY, G. B.: *Virtual reality.* In: WILLIAMS, M. E. (Hrsg.): Annual review of information science and technology. Bd. 28. Medford: Learned Information Inc., 1993, S. 187-229.

NÖDING, S.; FLOHR, F.: *Methodik, Didaktik und Praxis des Chemieunterrichts.* 4., von S. NÖDING u. F. FLOHR völlig neubearb. Aufl. d. „Methode und Praxis des chemischen Unterrichts" von W. FLÖRKE u. F. FLOHR. Heidelberg: Quelle und Meyer, 1979.

OPHARDT, CH. E.: *Inorganic molecules: A visual database.* JChemEd. 73 (1996), Nr. 3, S. 246.

PAIVIO, A.: *Mental representations: A dual coding approach.* New York: Oxford University Press, 1986.

PAULING, L.: *Grundlagen der Chemie.* 8. Aufl. Weinheim: Verlag Chemie, 1969.

PELLEGRINO, J. W. u.a.: *A computer-based test battery for the assessment of static and dynamic spatial reasoning abilities.* Behavior Research Methods, Instruments and Computers. 19 (1987), Nr. 2, S. 231-236.

PFUNDT, H.: *Das Atom – letztes Teilungsstück oder erster Aufbaustein?: Zu den Vorstellungen, die sich Schüler vom Aufbau der Stoffe machen.* chimdid. 7 (1981), Nr. 2, S. 75-94.

PIAGET, J.; INHELDER, B. u.a.: *Die Entwicklung des räumlichen Denkens beim Kinde.* Stuttgart: Klett, 1975.

PIEPER, M.: *Computer-Animation: Inhalt, Ästhetik und Potential einer neuen Abbildungs-Technik.* Regensburg: Roderer, 1994.

PREUß, H.: *Analogon oder Modell?: Über die Verwendung von Begriffen in der Beschreibung unseres Materieverständnisses.* MNU. 40 (1987), Nr. 2, S. 81-84.

PRIBYL, J. R.; BODNER, G. M.: *Spatial ability and ist role in organic chemistry: A study of four organic courses.* Journal of Research in Science Teaching. 24 (1987), Nr. 3, S. 229-240.

QUAISER-POHL, C.: *Die Fähigkeit zur räumlichen Vorstellung: Zur Bedeutung von kognitiven und motivationalen Faktoren für geschlechtsspezifische Unterschiede.* Münster: Waxmann, 1998.

RALLE, B.: *Die neuen Medien: Wünschenswertes und Machbares.* MNU. 51 (1998), Nr. 8, S. 451.

VON RANDOW, G.: *Die Wissenschaft von der visuellen Wende.* Die Zeit. Nr. 50 vom 6.12.1996, S. 35.

RAUSCH, M.: *Moleküle aus dem Internet.* PdN-Ch. 47 (1998), Nr. 6, S. 16-22.

REINERS, CH.: *Die Bindung in Koordinationsverbindungen: Erkenntnistheoretische und lernpsychologische Merkmale der Modellmethode in der Sekundarstufe II.* Essen: Westarp, 1989.

REINERS, CH.: *Einführung oder Weiterführung?: Zur Problematik des Modelldenkens auf der Sekundarstufe I.* NiU-Chemie. 3 (1992), Nr. 13, S. 112-114.

REINERS, CH.: *Systemische Aspekte und Säure-Base-Konzepte.* MNU. 50 (1997), Nr. 3, S. 135-141.

REINERS, CH.: *Das metallische Bindungschamäleon: Wege zu systemischen Sichtweisen im Chemieunterricht.* PdN-Ch. 47 (1998a), Nr. 3, S. 2-7.

REINERS, CH.: *Ergebnisse eines Assoziationstests zu chemischen Begriffen bei Lehramtsstudenten.* Unveröffentlichtes Arbeitspapier, Universität zu Köln, 1998b.

RICKEN, F. (Hrsg.): *Lexikon der Erkenntnistheorie und Metaphysik.* München: Beck, 1984.

RIEDL, R.: *Biologie der Erkenntnis: Die stammesgeschichtlichen Grundlagen der Vernunft.* 3., durchges. Aufl. Berlin: Parey, 1981.

ROST, D.: *Der Begabungsfaktor „Raumvorstellung": Theorie und Training.* Dissertation, Universität Hamburg, 1976.

SABOROWSKI, J.: *Ausgewählte Computerprogramme für den Chemieunterricht: Eine kritische Bestandsaufnahme.* Staatsexamensarbeit, Universität zu Köln, 1994.

SABOROWSKI, J.: *Evaluation von Chemieunterrichtssoftware.* In: BEHRENDT, H. (Hrsg.): Zur Didaktik der Physik und Chemie: Probleme und Perspektiven. Bd. 18: Vorträge auf der Tagung für Didaktik der Physik/Chemie in Potsdam, September 1997. Alsbach/Bergstraße: Leuchtturm, 1998, S. 209-211.

SABOROWSKI, J.; REINERS, CH. S.: *Zur Bedeutung des Einsatzes moderner Computertechnologie für das Denken in Modellen im Chemieunterricht.* In: BEHRENDT, H. (Hrsg.): Zur Didaktik der Physik und Chemie: Probleme und Perspektiven. Bd. 17: Vorträge auf der Tagung für Didaktik der Physik/Chemie in Bremen, September 1996. Alsbach/Bergstraße: Leuchtturm, 1997, S. 192-194.

SACHER, W.: *Multimedia und Computersimulationen im Unterricht.* MNU. 51 (1998), Nr. 8, S. 452-458.

SCHMIDKUNZ, H.; HÄUSLER, K. (Hrsg.): *Unterricht Chemie: Stundenbilder, Experimente, Medien.* Bd. 5: Atombau und chemische Bindung. Köln: Aulis, 1994.

SCHMIDT, H.-J.: *Zur Arbeit mit Modellvorstellungen im Chemieunterricht.* MNU. 30 (1977), Nr. 6, S. 351-362.

SCHMIDT, S.: *Das strukturorientierte Unterrichtskonzept in der Sekundarstufe I.* NiU-P/C. 33 (1985), Nr. 5, S. 143-150.

SCHMIDT, S.: *Die Struktur von Stoffen als Leitlinie zum Verstehen chemischer Phänomene.* Dissertation, Pädagogische Hochschule Kiel, 1987.

SCHÜTT, H.-W.: *Die geschichtliche Entwicklung der klassischen Atommodelle.* In: WENINGER, J.; BRÜNGER, H. (Hrsg.): Atommodelle im naturwissenschaftlichen Unterricht. Bd. 1: Bericht über eine IPN-Arbeitstagung. Weinheim: Beltz, 1976, S. 73-84.

SCHULMEISTER, R.: *Grundlagen hypermedialer Lernsysteme: Theorie – Didaktik – Design.* Bonn: Addison-Wesley, 1996.

SCHULZ, W.: *Unterricht – Analyse und Planung.* In: HEIMANN, P.; OTTO, G.; SCHULZ, W.: Unterricht: Analyse und Planung. Hannover: Schroedel, 1965, S.13-47.

SCHUMMER, J.: *Zwischen Wissenschaftstheorie und Didaktik der Chemie: Die Genese von Stoffbegriffen.* chimdid. 21 (1995), Nr. 2, S. 85-110.

SEILNACHT, T.: *Der Positionenstreit um den Atombegriff im Chemieunterricht.* Chem. Sch. 45 (1998), Nr. 2, S. 111-114.

SENTKER, A.: *Quantenchemie: Dank Walter Kohn und John Pople kann heute jeder Moleküle bauen.* Die Zeit. Nr. 43 vom 15.10.1998.

SHUBBAR, K. E.: *Learning the visualisation of rotations in diagrams of three dimensional structures.* Research in Science and Technological Education. 8 (1990), Nr. 2, S. 145-154.

SPIERLING, V.: *Kleine Geschichte der Philosophie: 50 Porträts von der Antike bis zur Gegenwart.* 3. Aufl. München: Piper, 1992.

STACHOWIAK, H.: *Allgemeine Modelltheorie.* Wien: Springer, 1973.

STEGMÜLLER, W.: *Hauptströmungen der Gegenwartsphilosophie.* Stuttgart: Kröner, 1969.

STEINBUCH, K.: *Denken in Modellen.* In: SCHAEFER, G.; TROMMER, G.; WENK, K. (Hrsg.): Denken in Modellen. Braunschweig: Westermann, 1977, S. 10-17.

STEINER, D.: *PC-Spartan – Ein Blick in die Welt der Moleküle.* NiU-Chemie. 8 (1997), Nr. 42, S. 302-303.

STEUER, J.: *Defining virtual reality: Dimensions determining telepresence.* Journal of Communication. 42 (1992), Nr. 4, S. 73-93.

STÖCKLER, M.: *Modell, Idealisierung und Realität: Theoretische Modelle im Lichte der Wissenschaftstheorie.* PdN-Ph. 44 (1995), Nr. 1, S. 16-22.

STORK, H. *Zum Verhältnis von Theorie und Empirie.* Der Chemieunterricht. 10 (1979), Nr. 3, S. 45-61.

SUBRAHMANYAM, K.; GREENFIELD, P. M.: *Effect of video game practice on spatial skills in girls and boys.* Journal of Applied Developmental Psychology. 15 (1994), Nr. 1, S. 13-32.

TOUCHÉ, W.: *Atommodelle im Chemie- und Physikunterricht der gymnasialen Mittelstufe – Versuch einer Koordination – Ergebnis einer gemeinsamen Fortbildungsveranstaltung der Fachleiter der Fächer Physik und Chemie des Landes Schleswig-Holstein.* PdN-Ph. 38 (1989), Nr. 4, S. 2-6.

VOLLMER, G.: *Evolutionäre Erkenntnistheorie: Angeborene Erkenntnisstrukturen im Kontext von Biologie, Psychologie, Linguistik, Philosophie und Wissenschaftstheorie.* 4., durchges. Aufl. Stuttgart: Hirzel, 1987.

VOLLMER, G.: *Was können wir wissen?* Bd. 1: Die Natur der Erkenntnis: Beiträge zur Evolutionären Erkenntnistheorie. 2., durchges. Aufl. Stuttgart: Hirzel, 1988a.

VOLLMER, G.: *Was können wir wissen?* Bd. 2: Die Erkenntnis der Natur: Beiträge zur modernen Naturphilosophie. 2., durchges. Aufl. Stuttgart: Hirzel, 1988b.

VOLLMER, G.: *Was können wir wissen?: Denken und Erkennen.* In: Deutsches Institut für Fernstudien an der Universität Tübingen (Hrsg.): Der Mensch: Anthropologie heute. Studienbrief 7. Tübingen: DIFF, 1993.

VOSSEN, H.: *Kompendium Didaktik Chemie.* München: Ehrenwirth, 1979.

WEDEKIND, F.; BADER, H. J.; BLUME, R.: *Wie stehen Chemie- und Physiklehrer zum Einsatz des Computers im Fachunterricht?: Ergebnisse regionaler Untersuchungen in Nordrhein-Westfalen und Bayern.* chimdid. 18 (1992a), Nr. 1, S. 5-26.

WEDEKIND, F.; BADER, H. J.; BLUME, R.: *Wie stehen Chemie- und Physiklehrer zum Einsatz des Computers im Chemieunterricht?* NiU-Chemie. 3 (1992b), Nr. 13, S. 120-121.

WEIDENMANN, B.: *„Multimedia": Mehrere Medien, mehrere Codes, mehrere Sinneskanäle?* Unterrichtswissenschaft. 25 (1997), Nr. 3, S. 197-206.

VON WEIZSÄCKER, C. F.: *Zu den Begriffen Materie, Energie, Information und Form.* In: WENK,

K.; TROMMER, G. (Hrsg.): Naturerscheinung Energie. Braunschweig: Westermann, 1977, S. 188-202.

WENINGER, J.; BRÜNGER, H. (Hrsg.): *„Malenter Empfehlungen" für die Behandlung der Atommodelle im naturwissenschaftlichen Unterricht.* In: WENINGER, J.; BRÜNGER, H. (Hrsg.): Atommodelle im naturwissenschaftlichen Unterricht. Bd. 1: Bericht über eine IPN-Arbeitstagung. Weinheim: Beltz, 1976, S. 302-309.

WENINGER, J.: *Das Denken im Kontinuum und im Diskontinuum. Teil 1.* MNU. 35 (1982), Nr. 4, S. 193-200.

WEST, TH. G.: *Visual thinkers, mental models and computer visualization.* In: CUNNINGHAM, S.; HUBBOLD, R. J. (Hrsg.): Interactive learning through visualization: The impact of computer graphics in education. Berlin: Springer, 1992, S. 91-102.

WIDDEL, H.; PFENDLER, C.: *Colour and spatial performance.* Perceptual and Motor Skills. 77 (1993), Nr. 3, S. 1249-1250.

ZIMBARDO, P. G.: *Psychologie.* 5., neu übers. und bearb. Aufl. Berlin: Springer, 1992.

Abkürzungen von Zeitschriftentiteln sind dem Abkürzungsverzeichnis zu entnehmen. Schulbücher und Software sind bibliographisch an entsprechender Stelle erfaßt und bleiben im Literaturverzeichnis unberücksichtigt. Entsprechendes gilt für Internetadressen.

ANHANG

A 1 Rohwerturlisten

A 1.1 Qualitativer Vortest (RVT)

Schüler	*Geschlecht*	*Alter*	*Klasse*	*Rohwert*
1	m	14	9c	8
2	m	15	9d	10
3	m	15	9d	9
4	m	15	9b	9
5	w	14	9b	5
6	w	15	9a	15
7	w	14	9e	15
8	w	15	9d	10
9	w	14	9c	3
10	w	14	9b	10
11	w	14	9b	15
12	w	15	9e	10
13	w	14	9d	9
14	w	15	9d	6
15	w	15	9d	4
16	w	14	9e	10
17	w	16	9b	5
18	w	15	9e	3
19	w	14	9d	13
20	w	15	9e	9
Mittel		14,60		8,90

A 1.2 Quantitativer Vortest

Klasse 7a				
Schüler	*Geschlecht*	*Alter*	*Rohwert V3D-Test*	*Rohwert RVT*
1	w	13	4	7
2	w	13	10	9
3	w	14	4	9
4	w	13	9	5
5	w	14	7	10
6	w	14	5	3
7	w	14	3	0
8	w	15	2	4
9	w	13	6	11
10	w		7	9
11	m	14	6	5
12	w	13	8	8
13	m	14	6	6
14	w	14	10	6
15	m	14	7	10
16	w	14	7	7
17	m	13	14	8
18	m	16	8	6
19	m	13	8	1
20	m	13	8	9
21	m	13	7	7
Mittel		13,70	6,95	6,67

Klasse 8a				
Schüler	*Geschlecht*	*Alter*	*Rohwert V3D-Test*	*Rohwert RVT*
1	w	14	9	10
2	w	14	9	10
3	w	15	5	8
4	m	14	9	10
5	w	14	8	10
6	m	15	4	9
7	m	14	7	5
8	w	15	6	9
9	w	14	6	6
10	m	14	10	11
11	m	13	11	11
12	w	14	6	8
13	m	15	7	7
14	m	14	10	13
15	m	14	7	9
16	m	18	9	9
17	m	15	7	5
18	m	14	9	11
19	m	14	7	9
20	m	15	6	8
21	m	14	2	10
Mittel		14,43	7,33	8,95

Klasse 7b				
Schüler	*Geschlecht*	*Alter*	*Rohwert K3D-Test*	*Rohwert RVT*
1	w	14	7	6
2	w	13	7	7
3	w	15	6	1
4	w	13	5	2
5	w	15	3	6
6	w	14	7	8
7	w	14	3	8
8	w	13	8	3
9	w	13	7	7
10	w	13	7	15
11	m	15	9	8
12	w	13	6	9
13	w	13	9	8
14	m	14	11	10
15	m	14	7	7
16	m	14	8	7
17	m	13	7	13
18	m	13	8	5
19	m	13	9	11
20	m	14	7	4
21	m	15	8	9
22	m	13	10	7
23	m	15	4	8
24	m	13	8	9
Mittel		13,71	7,13	7,42

Klasse 8d				
Schüler	*Geschlecht*	*Alter*	*Rohwert K3D-Test*	*Rohwert RVT*
1	m	16	16	11
2	m	13	10	8
3	m	15	10	8
4	m	16	6	9
5	m	16	11	13
6	m	15	11	16
7	w	16	4	5
8	w	15	8	4
9	w	15	6	1
10	m	14	8	11
11	w	15	7	7
12	w	15	5	7
13	w	15	4	3
14	m	15	3	3
15	w	14	5	6
16	w	14	6	11
17	m	16	7	13
18	w	14	11	12
19	w	15	3	10
20	w	14	6	5
21	m	16	8	10
Mittel		14,95	7,38	8,24

A 1.3 Hauptuntersuchung

Klasse 7a					
Schüler	*Geschlecht*	*Alter*	*Rohwert V3D-Test*	*Rohwert K3D-Test*	*Rohwert RVT*
1	w	13	6		9
2	w	13	5		9
3	m	13	8		8
4	m	14	3		11
5	m	14	9		14
6	m	12	7		10
7	w	12	4		9
8	m	12	5		9
9	m	13	4		4
10	w	12	4		5
11	w	13	6		6
12	w	14	2		13
13	m	14		7	15
14	w	12		6	5
15	m	12		5	8
16	m	13		5	14
17	m	15		4	5
18	w	13		4	6
19	w	12		4	12
20	w	12		2	8
21	w	12		5	8
22	m	12		5	7
23	w	12		2	9
24	m	12		3	8
25	w	12		2	9
Mittel		12,72	5,25	4,15	8,84

Klasse 7b					
Schüler	*Geschlecht*	*Alter*	*Rohwert V3D-Test*	*Rohwert K3D-Test*	*Rohwert RVT*
1	w	12	7		7
2	m	13	8		15
3	w	12	6		8
4	m	12	5		6
5	m	13	7		5
6	w	13	5		6
7	m	14	6		8
8	w	12	3		9
9	w	14	4		8
10	w	13	4		6
11	m	12	5		10
12	m	12	8		9
13	m	13	4		13
14	m	12		1	8
15	w	12		1	6
16	w	13		4	7
17	w	13		7	12
18	w	12		7	12
19	w	13		7	7
20	m	12		5	9
21	m	12		5	11
22	m	13		4	10
23	m	12		6	15
24	m	13		4	7
25	m	13		6	5
Mittel		12,60	5,54	4,75	8,76

Klasse 8a					
Schüler	*Ge-schlecht*	*Alter*	*Rohwert V3D-Test*	*Rohwert K3D-Test*	*Rohwert RVT*
1	w	13	6		10
2	w	13	6		13
3	w	14	4		10
4	w	14	2		9
5	w	14	4		8
6	w	14	9		14
7	m	14	4		13
8	m	15	8		7
9	w	14	7		10
10	m	13	6		6
11	w	14	2		8
12	w	13	3		12
13	m	14	6		8
14	m	14	7		13
15	w	13	7		13
16	m	14		6	7
17	m	15		7	9
18	m	13		7	11
19	m	13		7	13
20	m	13		4	6
21	m	14		2	9
22	w	13		4	9
23	w	15		8	10
24	m	13		9	14
25	w	14		4	9
26	w	13		5	12
27	w	13		3	8
28	m	13		5	5
29	m	14		2	12
Mittel		13,66	5,4	5,21	9,93

Klasse 8c					
Schüler	*Ge-schlecht*	*Alter*	*Rohwert V3D-Test*	*Rohwert K3D-Test*	*Rohwert RVT*
1	m	14	9		10
2	m	14	9		11
3	w	15	4		12
4	w	14	5		8
5	w	14	7		11
6	m	13	9		11
7	w	13	8		11
8	w	13	7		11
9	m	13	7		13
10	w	14	9		13
11	w	13	3		10
12	m	16	9		11
13	w	13	5		11
14	w	14		2	9
15	m	13		5	10
16	m	13		5	10
17	m	13		5	3
18	w	14		7	12
19	w	14		5	9
20	w	13		4	12
21	w	13		5	8
22	w			7	8
23	w	14		4	5
24	w	14		7	5
25	w	14		3	6
26	w	15		6	9
27	w	14		5	11
Mittel		13,73	7,00	5,00	9,63

Klasse 9a					
Schüler	*Ge-schlecht*	*Alter*	*Rohwert V3D-Test*	*Rohwert K3D-Test*	*Rohwert RVT*
1	m	14	7		2
2	w	14	8		9
3	w	15	7		4
4	w	14	9		13
5	m	16	6		11
6	w	15	7		5
7	w	15	8		16
8	w	15	5		6
9	m	15	6		13
10	w	14	8		9
11	w	14	9		9
12	w	16	6		8
13	m	15	9		14
14	w	15		6	9
15	m	15		5	4
16	m	15		5	13
17	w	14		5	16
18	w	14		4	6
19	m	15		5	12
20	w	14		5	8
21	m	14		9	9
22	m	15		3	2
23	m	15		7	6
24	w	14		5	8
Mittel		14,67	7,31	5,36	8,83

Klasse 9b					
Schüler	*Ge-schlecht*	*Alter*	*Rohwert V3D-Test*	*Rohwert K3D-Test*	*Rohwert RVT*
1	w	16	7		8
2	w	16	5		5
3	m	14	7		7
4	w	15	9		14
5	w	15	9		10
6	w	15	7		10
7	m	15	7		10
8	w	15	2		13
9	m	14	7		14
10	m	14	6		9
11	m	14		7	13
12	w	16		5	10
13	w	15		3	5
14	m	15		4	8
15	w	14		5	10
16	m	14		7	8
17	m	14		9	6
18	w	14		4	3
19	m	16		10	15
20	m	14		7	10
Mittel		14,75	6,60	6,10	9,40

A 2 Testmaterial der Testvorform

A 2.1 Objekte

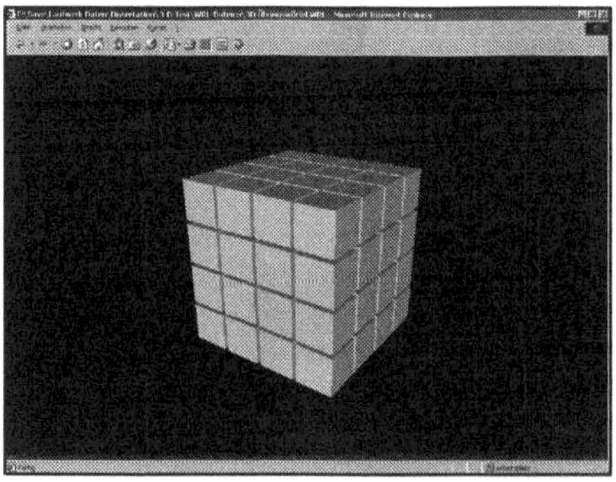

Übungswürfel

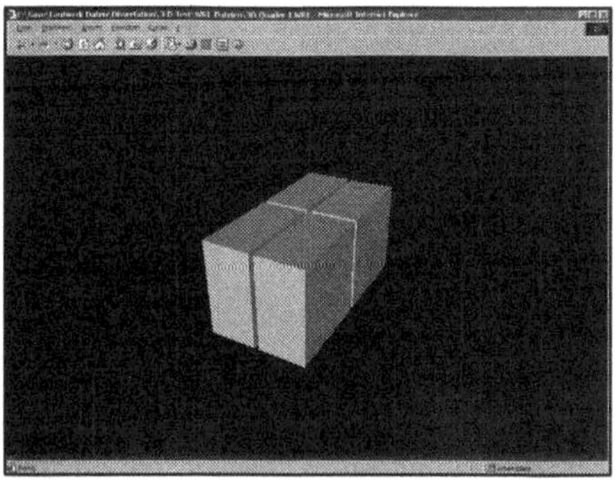

Quader 1

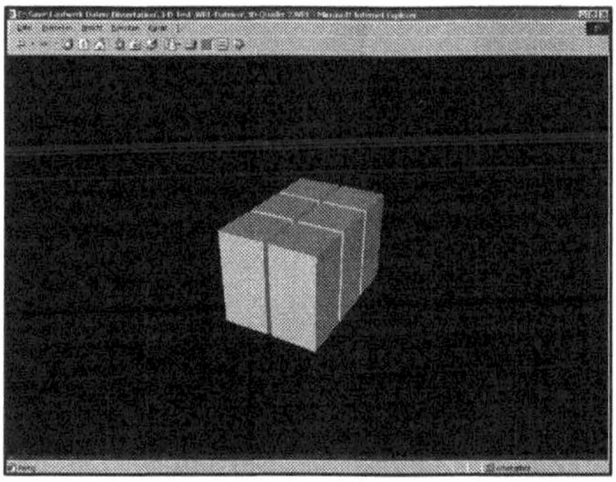

Quader 2

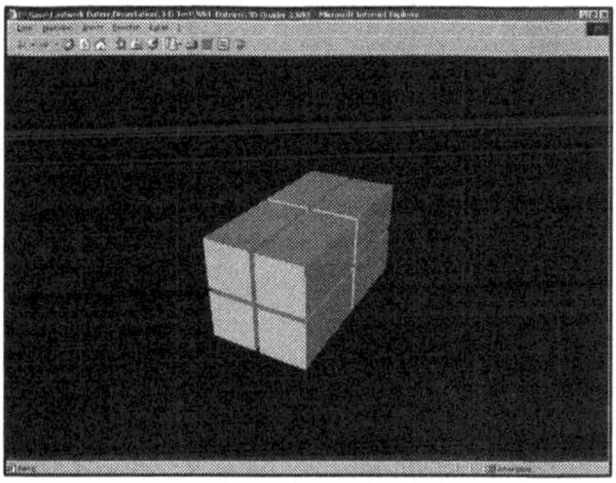

Quader 3

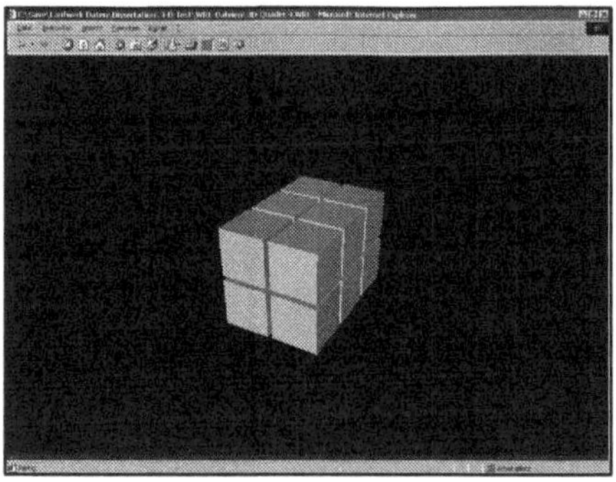

Quader 4

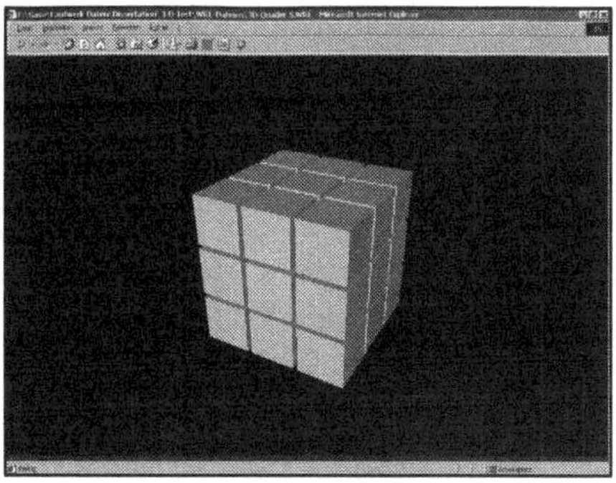

Quader 5

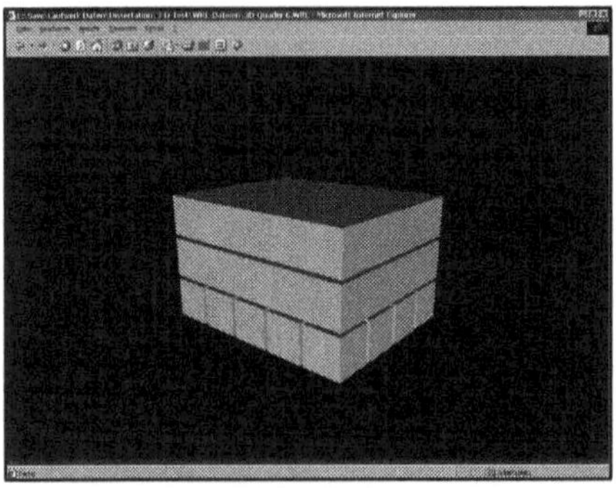

Quader 6

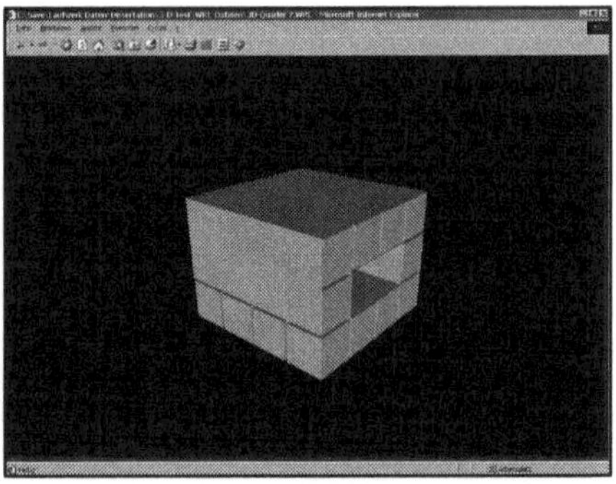

Quader 7

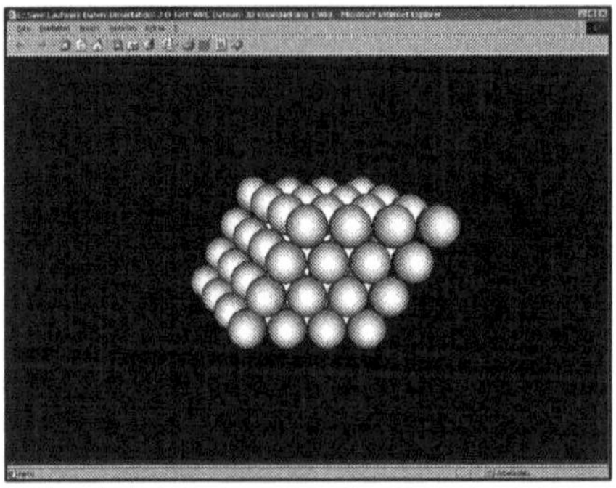

Kugelpackung 1

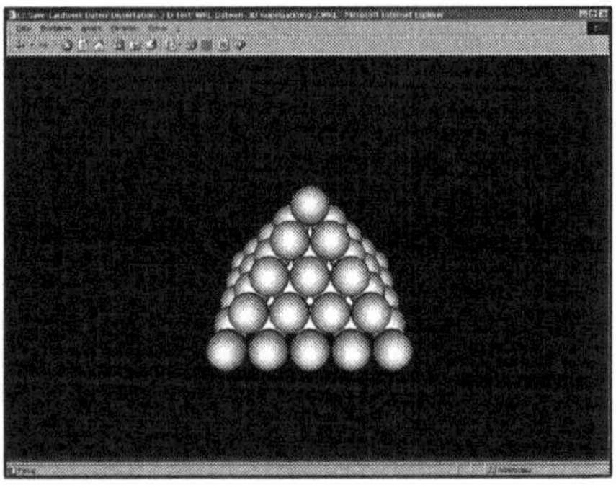

Kugelpackung 2

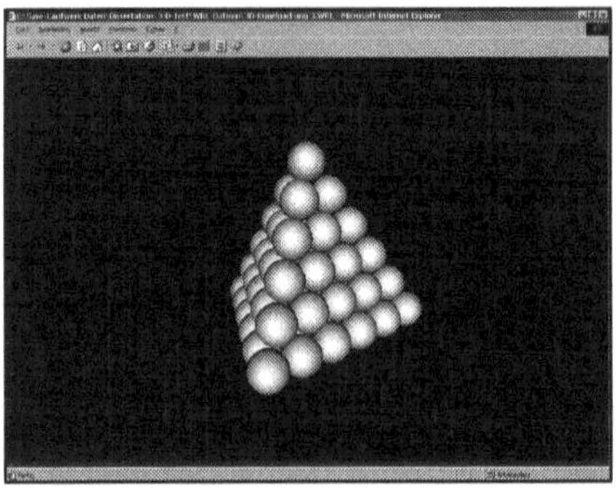

Kugelpackung 3

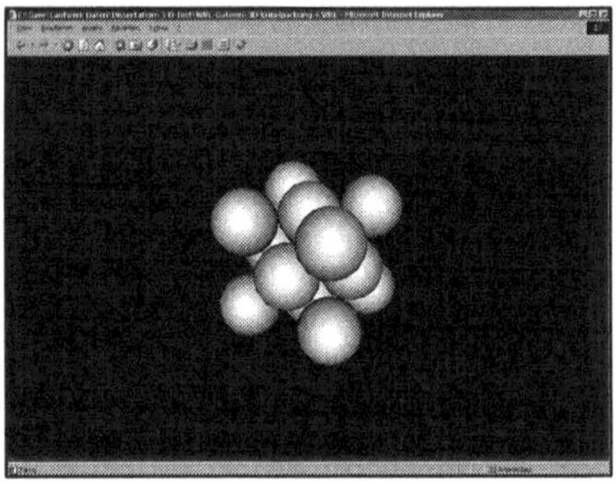

Kugelpackung 4

A 2.2 Menüprogramm

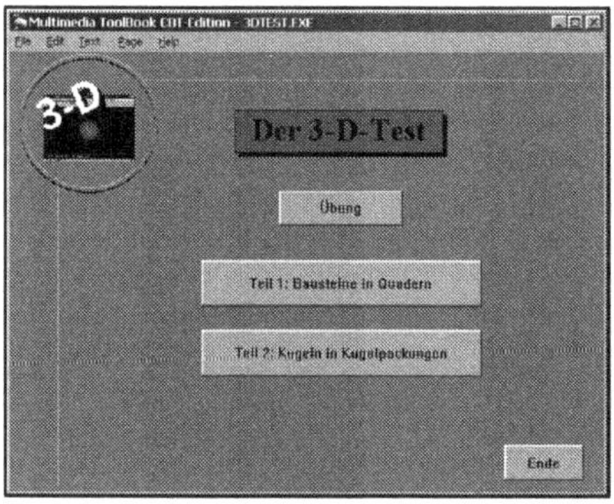

Hauptseite

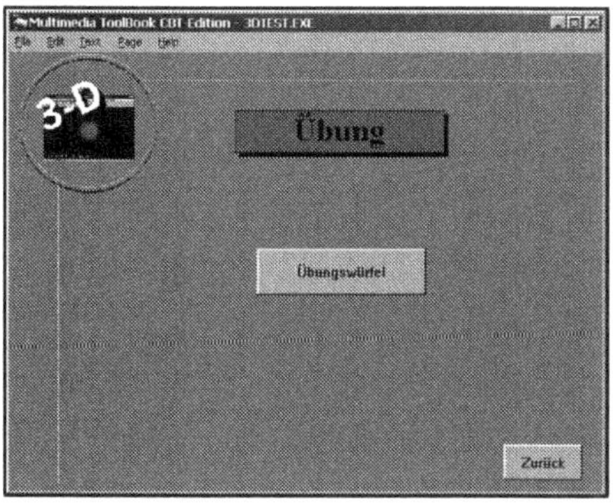

Übung

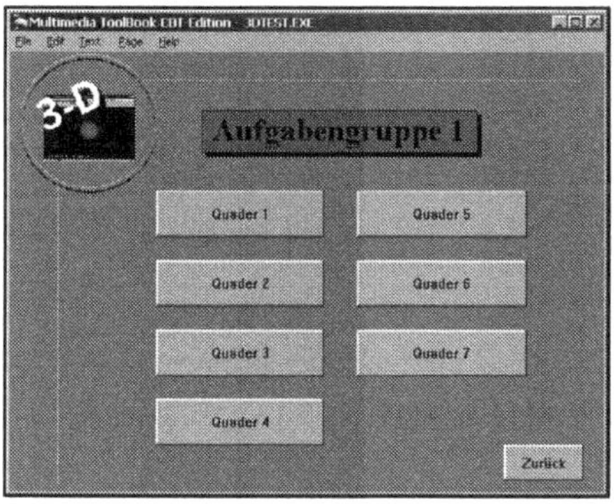

Aufgabengruppe 1

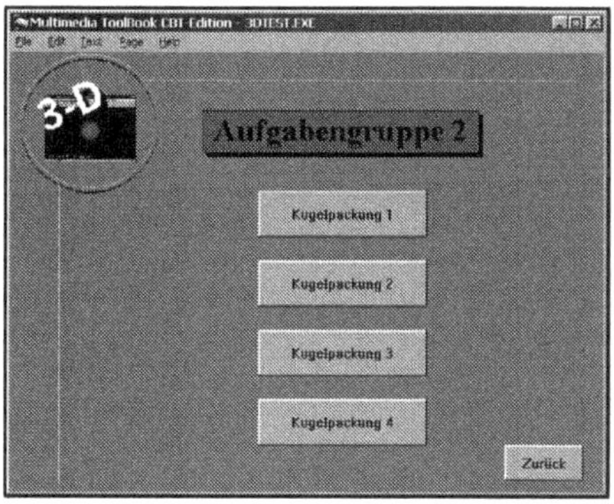

Aufgabengruppe 2

A 2.3 Testbögen

Jörg Saborowski | Universität zu Köln | Chemie und ihre Didaktik

Testbogen zum V-3-D-Test

Name:

Schule:

Klasse:

Alter: 12 13 14 15 16 17

Geschlecht: W / M

Datum:

Ich habe schon mit Computern gearbeitet: ja / nein

Ich kann mit einer Maus umgehen: ja / nein

Hinweise

- Auf diesem Testbogen stehen die Fragen und die möglichen Antworten zu den Körpern in dem Computerprogramm.
- Lasse Dir vom Computer immer einen Körper anzeigen, schaue ihn Dir an, drehe ihn mit den Pfeiltasten wie Du möchtest und beantworte dann die Frage zu dem Körper.
- Beachte, daß zu manchen Körpern mehrere Fragen gestellt werden!
- Kreuze immer nur **eine** Antwort an. Wenn Du Dich verschrieben hast streiche einfach durch.
- Denke daran, daß Du nur eine bestimmte Zeit zum Lösen der Aufgaben hast!

Viel Spaß!

Übung

Übungswürfel:

1) Aus wieviel kleinen Bausteinen besteht dieser Würfel?

20 44 52 64 78

2) Wieviel Bausteine liegen im Innern des Würfels, die von keiner Seite zu sehen sind?

1 2 8 10 16

Warte auf das Zeichen zum Umblättern!

1

Jörg Saborowski | Universität zu Köln | Chemie und ihre Didaktik

Aufgabengruppe 1: Bausteine in Quadern

Quader 1:

1) Aus wievielen Bausteinen besteht der Quader?

4 6 8 10 12 14 16

Quader 2:

2) Aus wievielen Bausteinen besteht der Quader?

4 6 8 10 12 14 16

Quader 3:

3) Aus wievielen Bausteinen besteht der Quader?

4 6 8 10 12 14 16

Quader 4:

4) Aus wievielen Bausteinen besteht der Quader?

4 6 8 10 12 14 16

Quader 5:

5) Aus wievielen Bausteinen besteht der Würfel?

1 4 6 12 15 19 27

6) Wieviele Bausteine liegen völlig im Inneren des Würfels und sind mit keiner Seite von außen zu sehen?

1 4 6 12 15 19 27

7) Wieviele Bausteine sind mit nur zwei Seitenflächen von außen sichtbar?

1 4 6 12 15 19 27

Auf der nächsten Seite geht's weiter!

2

Jörg Saborowski | Universität zu Köln | Chemie und ihre Didaktik

Quader 6:

8) Wieviele Bausteine enthält der abgebildete Quader, wenn man ihn vollständig mit Bausteinen füllt?

20 36 48 56 60 64 72

9) Wieviele Bausteine liegen völlig im Inneren des Quaders?

4 6 8 10 12 14 16

10) Wieviele Bausteine sind von außen mit nur einer Seitenfläche sichtbar?

16 18 20 22 24 26 28

Quader 7:

11) Aus wievielen Bausteinen besteht der hohle Körper?

32 36 40 44 48 52 56

12) Wieviele Bausteine braucht man, um den Hohlraum vollkommen auszufüllen?

4 6 8 10 12 14 16

Warte auf das Zeichen zum Umblättern!

3

Jörg Saborowski Universität zu Köln Chemie und ihre Didaktik

Aufgabengruppe 2: Kugeln in Kugelpackungen

Kugelpackung 1:

1) Wieviel Kugeln enthält die Kugelpackung?

30 37 50 55 64 72 80

2) Wieviele Kugeln liegen im Inneren der Kugelpackung?

8 10 12 14 16 18 20

Kugelpackung 2:

3) Wieviel Kugeln enthält die Kugelpackung?

30 37 50 55 64 72 80

4) Wieviele Kugeln liegen im Inneren der Kugelpackung?

3 4 5 6 7 8 10

Kugelpackung 3:

5) Wieviele Kugeln liegen im Inneren der Kugelpackung?

3 4 5 6 7 8 10

6) Wieviele Kugeln benötigt man, um eine 7. Schicht Kugeln zu erzeugen?

21 24 28 32 34 36 48

7) Wieviele Kugeln würden dann im Inneren der neuen Kugelpackung liegen?

3 4 5 6 7 8 10

Kugelpackung 4:

8) Wieviel Kugeln enthält die würfelförmige Kugelpackung?

6 8 10 12 14 16 18

Das war's auch schon.
Vielen Dank für Deine Mitarbeit!

4

Jörg Saborowski | Universität zu Köln | Chemie und ihre Didaktik

Testbogen zum K-3-D-Test

Name:

Schule:

Klasse:

Alter: 12 13 14 15 16 17

Geschlecht: W / M

Datum:

Ich habe schon mit Computern gearbeitet: ja / nein

Ich kann mit einer Maus umgehen: ja / nein

Hinweise

- Auf diesem Testbogen stehen die Fragen und die möglichen Antworten zu den Körpern in dem Computerprogramm.
- Lasse Dir vom Computer immer einen Körper anzeigen, schaue ihn Dir an und beantworte dann die Frage zu dem Körper.
- Beachte, daß zu manchen Körpern mehrere Fragen gestellt werden!
- Kreuze immer nur **eine** Antwort an. Wenn Du Dich verschrieben hast streiche einfach durch.
- Denke daran, daß Du nur eine bestimmte Zeit zum Lösen der Aufgaben hast!

Viel Spaß!

Übung

Übungswürfel:

1) Aus wieviel kleinen Bausteinen besteht dieser Würfel?

20 44 52 64 78

2) Wieviel Bausteine liegen im Innern des Würfels, die von keiner Seite zu sehen sind?

1 2 8 10 16

Warte auf das Zeichen zum Umblättern!

1

Jörg Saborowski | Universität zu Köln | Chemie und ihre Didaktik

Aufgabengruppe 1: Bausteine in Quadern

Quader 1:

1) Aus wievielen Bausteinen besteht der Quader?

4 6 8 10 12 14 16

Quader 2:

2) Aus wievielen Bausteinen besteht der Quader?

4 6 8 10 12 14 16

Quader 3:

3) Aus wievielen Bausteinen besteht der Quader?

4 6 8 10 12 14 16

Quader 4:

4) Aus wievielen Bausteinen besteht der Quader?

4 6 8 10 12 14 16

Quader 5:

5) Aus wievielen Bausteinen besteht der Würfel?

1 4 6 12 15 19 27

6) Wieviele Bausteine liegen völlig im Inneren des Würfels und sind mit keiner Seite von außen zu sehen?

1 4 6 12 15 19 27

7) Wieviele Bausteine sind mit nur zwei Seitenflächen von außen sichtbar?

1 4 6 12 15 19 27

Auf der nächsten Seite geht's weiter!

2

Jörg Saborowski | Universität zu Köln | Chemie und ihre Didaktik

Quader 6:

8) Wieviele Bausteine enthält der abgebildete Quader, wenn man ihn vollständig mit Bausteinen füllt?

20 36 48 56 60 64 72

9) Wieviele Bausteine liegen völlig im Inneren des Quaders?

4 6 8 10 12 14 16

10) Wieviele Bausteine sind von außen mit nur einer Seitenfläche sichtbar?

16 18 20 22 24 26 28

Quader 7:

11) Aus wievielen Bausteinen besteht der hohle Körper?

32 36 40 44 48 52 56

12) Wieviele Bausteine braucht man, um den Hohlraum vollkommen auszufüllen?

4 6 8 10 12 14 16

Warte auf das Zeichen zum Umblättern!

3

Jörg Saborowski | Universität zu Köln | Chemie und ihre Didaktik

Aufgabengruppe 2: Kugeln in Kugelpackungen

Kugelpackung 1:

1) Wieviel Kugeln enthält die Kugelpackung?

30 37 50 55 64 72 80

2) Wieviele Kugeln liegen im Inneren der Kugelpackung?

8 10 12 14 16 18 20

Kugelpackung 2:

3) Wieviel Kugeln enthält die Kugelpackung?

30 37 50 55 64 72 80

4) Wieviele Kugeln liegen im Inneren der Kugelpackung?

3 4 5 6 7 8 10

Kugelpackung 3:

5) Wieviele Kugeln liegen im Inneren der Kugelpackung?

3 4 5 6 7 8 10

6) Wieviele Kugeln benötigt man, um eine 7. Schicht Kugeln zu erzeugen?

21 24 28 32 34 36 48

7) Wieviele Kugeln würden dann im Inneren der neuen Kugelpackung liegen?

3 4 5 6 7 8 10

Kugelpackung 4:

8) Wieviel Kugeln enthält die würfelförmige Kugelpackung?

6 8 10 12 14 16 18

Das war's auch schon.
Vielen Dank für Deine Mitarbeit!

4

A 3 Testmaterial der Testendform

A 3.1 Objekte

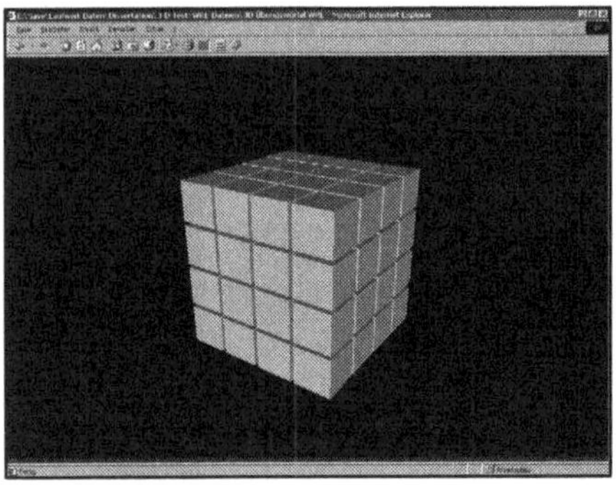

Quader der Übungsaufgabe

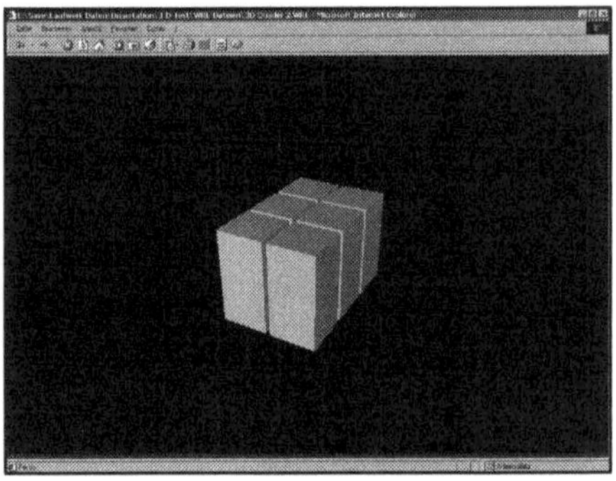

Quader der Aufgabe 1.1

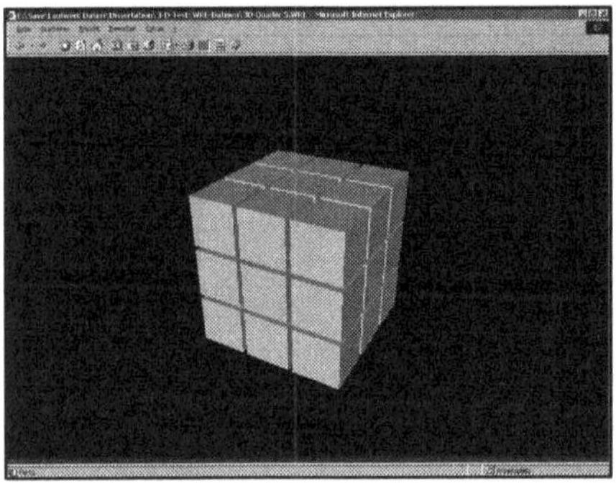

Quader der Aufgaben 1.2 und 1.6

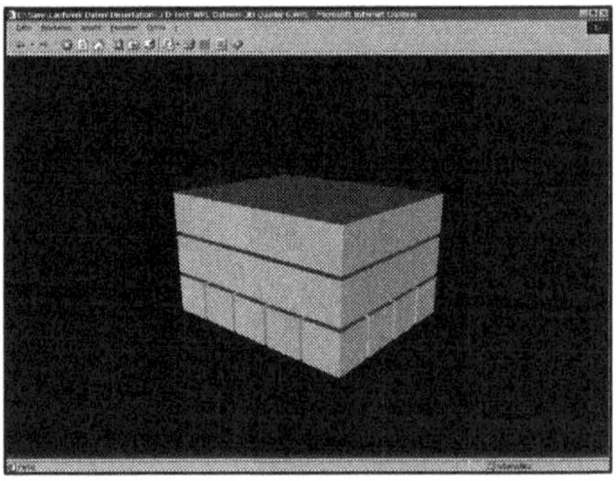

Quader der Aufgaben 1.3 und 1.5

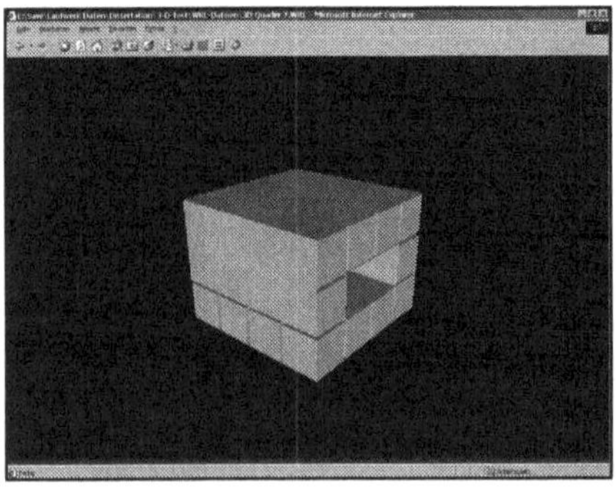

Quader der Aufgabe 1.4

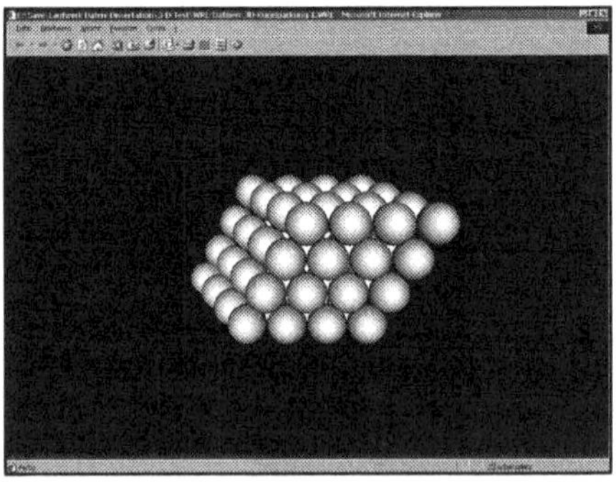

Kugelpackung der Aufgaben 2.1 und 2.2

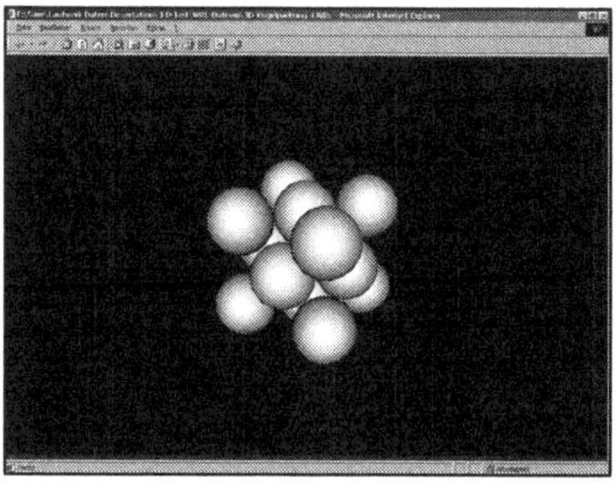

Kugelpackung der Aufgabe 2.3

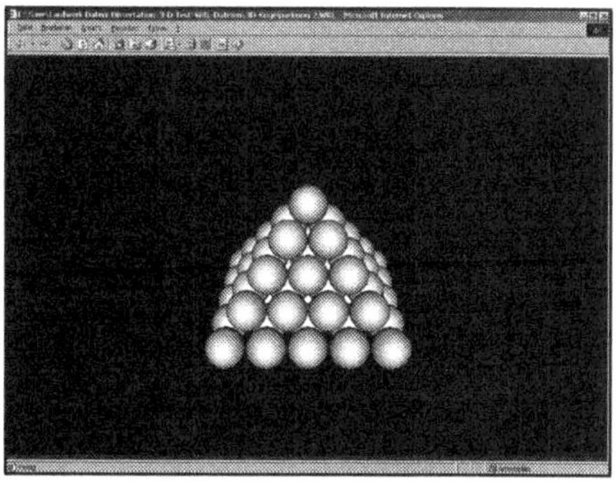

Kugelpackung der Aufgabe 2.4

A 3.2 Menüprogramm

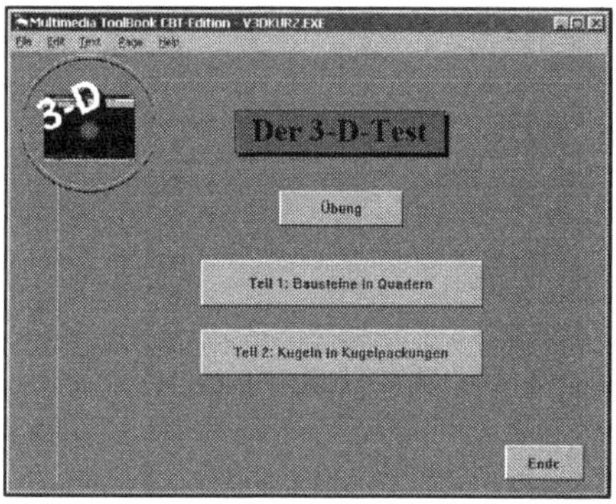

Hauptmenü

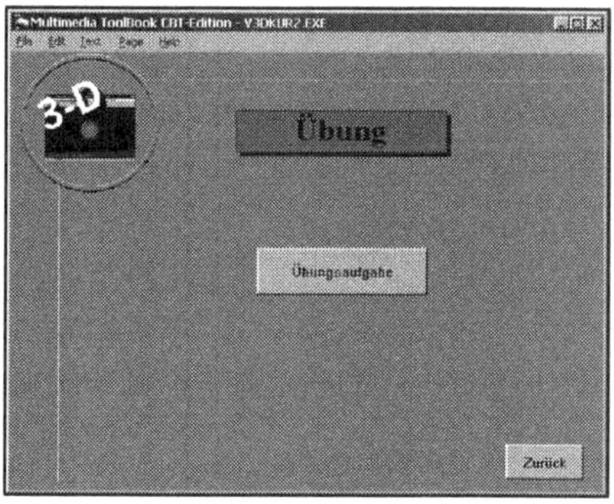

Übung

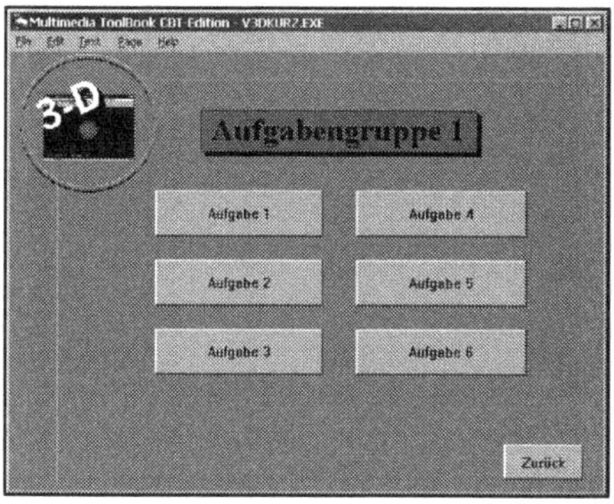

Aufgabengruppe 1

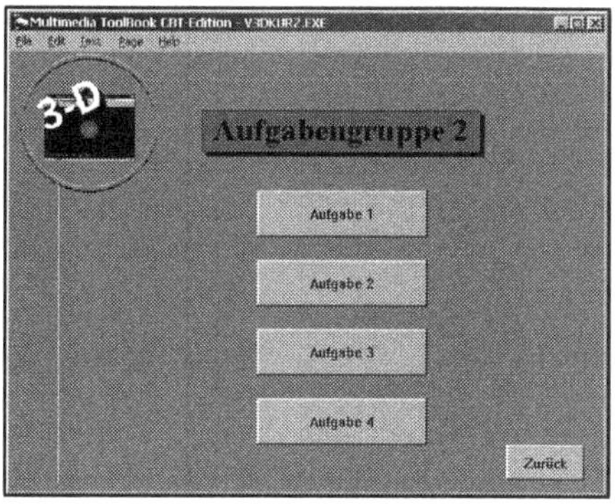

Aufgabengruppe 2

A 3.3 Testbögen

Jörg Saborowski Universität zu Köln Chemie und ihre Didaktik

Testbogen zum V-3-D-Test

Name:

Schule:

Klasse:

Alter: 12 13 14 15 16 17

Geschlecht: W / M

Datum:

Ich habe schon mit Computern gearbeitet: ja / nein

Ich kann mit einer Maus umgehen: ja / nein

Hinweise

- Auf diesem Testbogen stehen die Fragen und die möglichen Antworten zu den Körpern in dem Computerprogramm.
- Lasse Dir vom Computer immer einen Körper anzeigen, schaue ihn Dir an, drehe ihn mit den Pfeiltasten wie Du möchtest und beantworte dann die Frage zu dem Körper.
- Beachte, daß zu manchen Körpern mehrere Fragen gestellt werden!
- Kreuze immer nur **eine** Antwort an. Wenn Du Dich verschrieben hast streiche einfach durch.
- Denke daran, daß Du nur eine bestimmte Zeit zum Lösen der Aufgaben hast!

Viel Spaß!

Übung

Übungswürfel:

1) Aus wieviel kleinen Bausteinen besteht dieser Würfel?

20 44 52 64 78

2) Wieviel Bausteine liegen im Innern des Würfels, die von keiner Seite zu sehen sind?

1 2 8 10 16

Warte auf das Zeichen zum Umblättern!

1

Jörg Saborowski Universität zu Köln Chemie und ihre Didaktik

Aufgabengruppe 1: Bausteine in Quadern

Aufgabe 1:

Aus wievielen Bausteinen besteht der Quader?

4 6 8 10 12 14 16

Aufgabe 2:

Aus wievielen Bausteinen besteht der Würfel?

1 4 6 12 15 19 27

Aufgabe 3:

Wieviele Bausteine enthält der abgebildete Quader, wenn man ihn vollständig mit Bausteinen füllt?

20 36 48 56 60 64 72

Aufgabe 4:

Wieviele Bausteine braucht man, um den Hohlraum vollkommen auszufüllen?

4 6 8 10 12 14 16

Aufgabe 5:

Wieviele Bausteine liegen völlig im Inneren des Quaders?

4 6 8 10 12 14 16

Aufgabe 6:

Wieviele Bausteine sind mit nur zwei Seitenflächen von außen sichtbar?

1 4 6 12 15 19 27

Warte auf das Zeichen zum Umblättern!

2

Jörg Saborowski Universität zu Köln Chemie und ihre Didaktik

Aufgabengruppe 2: Kugeln in Kugelpackungen

Aufgabe 1:

Wieviel Kugeln enthält die Kugelpackung?

30 37 50 55 64 72 80

Aufgabe 2:

Wieviele Kugeln liegen im Inneren der Kugelpackung?

8 10 12 14 16 18 20

Aufgabe 3:

Wieviel Kugeln enthält die würfelförmige Kugelpackung?

6 8 10 12 14 16 18

Aufgabe 4:

Wieviele Kugeln liegen im Inneren der Kugelpackung?

3 4 5 6 7 8 10

Das war's auch schon.
Vielen Dank für Deine Mitarbeit!

3

Jörg Saborowski | Universität zu Köln | Chemie und ihre Didaktik

Testbogen zum K-3-D-Test

Name:

Schule:

Klasse:

Alter: 12 13 14 15 16 17

Geschlecht: W / M

Datum:

Ich habe schon mit Computern gearbeitet: ja / nein

Ich kann mit einer Maus umgehen: ja / nein

Hinweise

- Auf diesem Testbogen stehen die Fragen und die möglichen Antworten zu den Körpern in dem Computerprogramm.
- Lasse Dir vom Computer immer einen Körper anzeigen, schaue ihn Dir an und beantworte dann die Frage zu dem Körper.
- Beachte, daß zu manchen Körpern mehrere Fragen gestellt werden!
- Kreuze immer nur **eine** Antwort an. Wenn Du Dich verschrieben hast streiche einfach durch.
- Denke daran, daß Du nur eine bestimmte Zeit zum Lösen der Aufgaben hast!

Viel Spaß!

Übung

Übungswürfel:

1) Aus wieviel kleinen Bausteinen besteht dieser Würfel?

20 44 52 64 78

2) Wieviel Bausteine liegen im Innern des Würfels, die von keiner Seite zu sehen sind?

1 2 8 10 16

Warte auf das Zeichen zum Umblättern!

1

Aufgabengruppe 1: Bausteine in Quadern

Aufgabe 1:

Aus wievielen Bausteinen besteht der Quader?

4 6 8 10 12 14 16

Aufgabe 2:

Aus wievielen Bausteinen besteht der Würfel?

1 4 6 12 15 19 27

Aufgabe 3:

Wieviele Bausteine enthält der abgebildete Quader, wenn man ihn vollständig mit Bausteinen füllt?

20 36 48 56 60 64 72

Aufgabe 4:

Wieviele Bausteine braucht man, um den Hohlraum vollkommen auszufüllen?

4 6 8 10 12 14 16

Aufgabe 5:

Wieviele Bausteine liegen völlig im Inneren des Quaders?

4 6 8 10 12 14 16

Aufgabe 6:

Wieviele Bausteine sind mit nur zwei Seitenflächen von außen sichtbar?

1 4 6 12 15 19 27

Warte auf das Zeichen zum Umblättern!

Jörg Saborowski Universität zu Köln Chemie und ihre Didaktik

Aufgabengruppe 2: Kugeln in Kugelpackungen

Aufgabe 1:

Wieviel Kugeln enthält die Kugelpackung?

30 37 50 55 64 72 80

Aufgabe 2:

Wieviele Kugeln liegen im Inneren der Kugelpackung?

8 10 12 14 16 18 20

Aufgabe 3:

Wieviel Kugeln enthält die würfelförmige Kugelpackung?

6 8 10 12 14 16 18

Aufgabe 4:

Wieviele Kugeln liegen im Inneren der Kugelpackung?

3 4 5 6 7 8 10

Das war's auch schon.
Vielen Dank für Deine Mitarbeit!

3

A 4 RVT-Testbögen

Jörg Saborowski Universität zu Köln Chemie und ihre Didaktik

Testbogen zum Raumvorstellungstest

Name:

Schule:

Klasse:

Alter: 12 13 14 15 16 17

Geschlecht: W / M

Datum:

Hinweise

- Es werden Euch 5 Würfel vorgegeben, die Würfel a, b, c, d, e. Auf jedem Würfel sind sechs verschiedene Zeichen. Drei davon kann man sehen.
- Jede der Aufgaben zeigt einen der vorgegebenen Würfel in veränderter Lage. Ihr sollt herausfinden, um welchen Würfel es sich handelt. Der Würfel kann gedreht, gekippt oder gedreht und gekippt worden sein. Dabei kann natürlich auch ein neues Zeichen sichtbar werden.
- Dazu noch der Hinweis, daß die vorgegebenen Würfel a, b, c, d, e verschiedene Würfel sind. Sie tragen zwar die gleichen Zeichen, aber in verschiedener Lage.

Viel Erfolg!

Übung

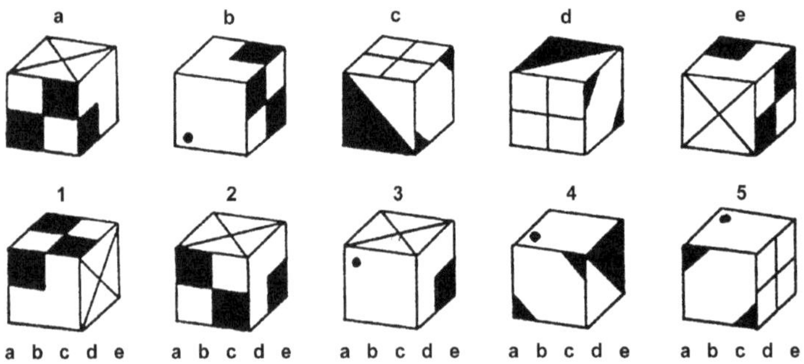

Warte auf das Zeichen zum Umblättern!

1

Jörg Saborowski Universität zu Köln Chemie und ihre Didaktik

Vergleich von Würfeln in veränderter Lage

a b c d e

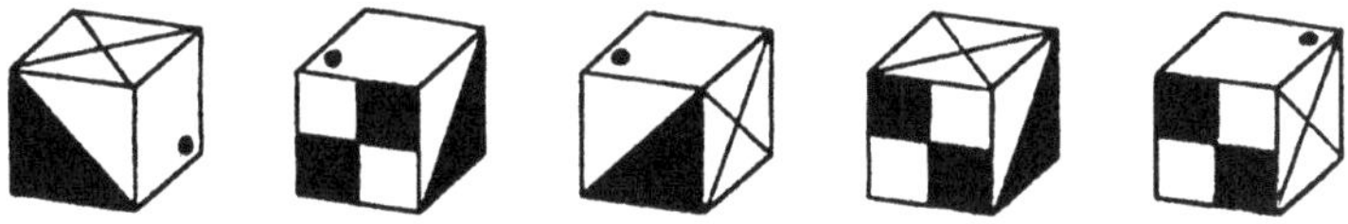

1 2 3 4 5

a b c d e a b c d e a b c d e a b c d e a b c d e

6 7 8 9 10

a b c d e a b c d e a b c d e a b c d e a b c d e

11 12 13 14 15

a b c d e a b c d e a b c d e a b c d e a b c d e

16 17 18 19 20

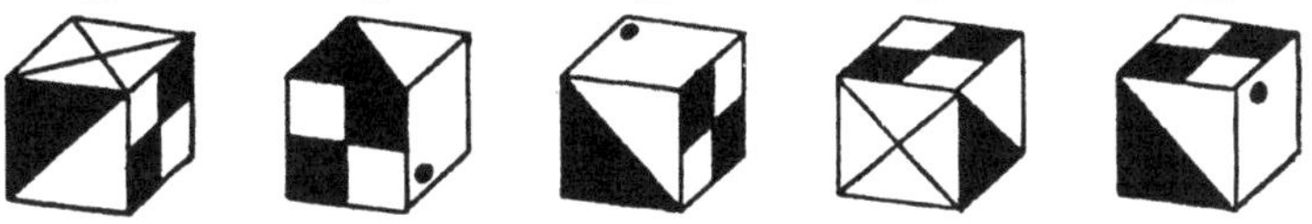

a b c d e a b c d e a b c d e a b c d e a b c d e

2

A 5 Aufgabengruppen I-IV des RAT von BARKE

I Bausteine in Quadern

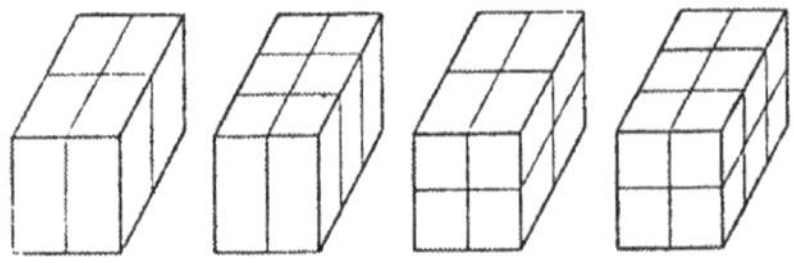

a b c d

1) Aus wieviel einzelnen Bausteinen besteht Quader a?

2) .... Quader b?

3) .... Quader c?

4) .... Quader d?

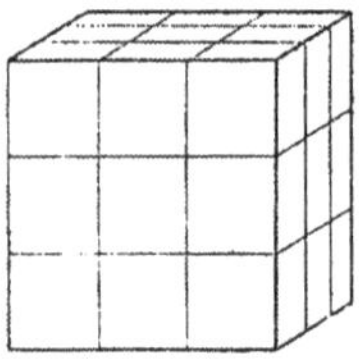

5) Aus wievielen Bausteinen besteht der abgebildete Würfel?

6) Wieviele Bausteine liegen völlig im Inneren des Würfels und sind mit keiner Seite von außen zu sehen?

7) Wieviele Bausteine sind mit nur zwei Seitenflächen von außen sichtbar?

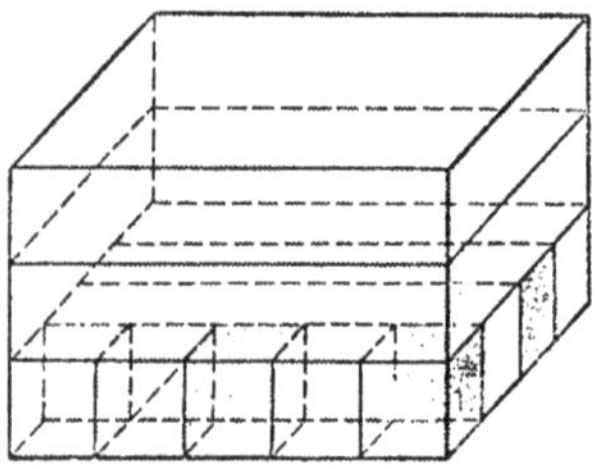

8) Wieviele Bausteine enthält der abgebildete Quader, wenn man ihn vollständig mit Bausteinen füllt?

9) Wieviele Bausteine liegen völlig im Inneren des Quaders?

10) Wieviele Bausteine sind von außen mit nur einer Seitenfläche sichtbar?

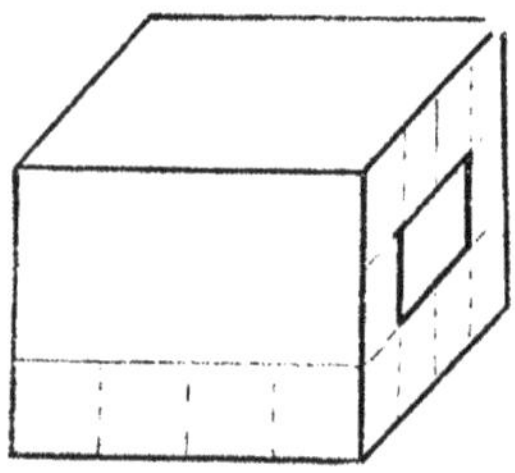

11) Aus wievielen Bausteinen besteht der abgebildete, hohle Körper?

12) Wieviele Bausteine braucht man, um den Hohlraum vollkommen auszufüllen?

II Kugeln in Kugelpackungen

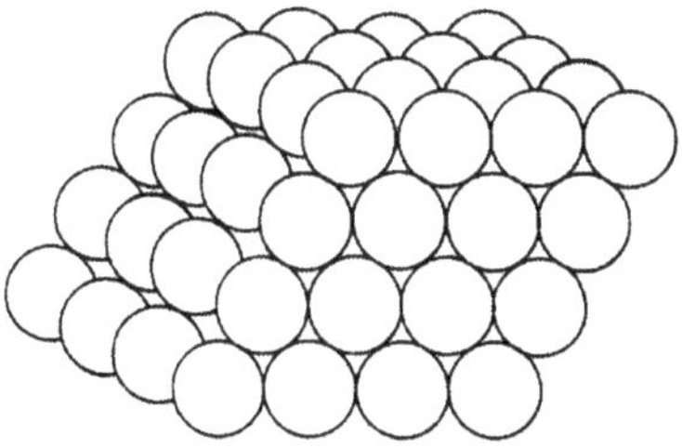

1) Wieviele Kugeln enthält die abgebildete Kugelpackung?

2) Wieviele Kugeln liegen im Inneren der Kugelpackung?

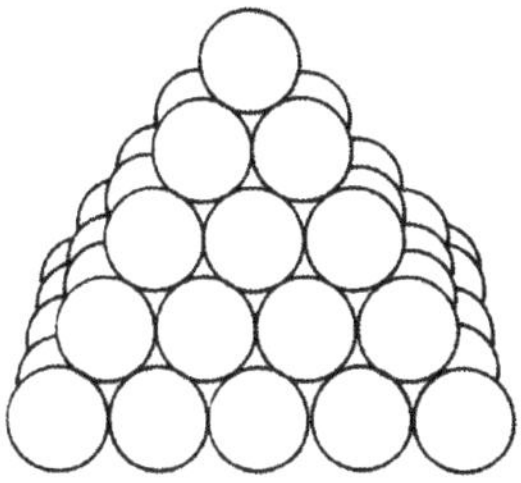

3) Wieviele Kugeln enthält die abgebildete Kugelpackung?

4) Wieviele Kugeln liegen im Inneren der Kugelpackung?

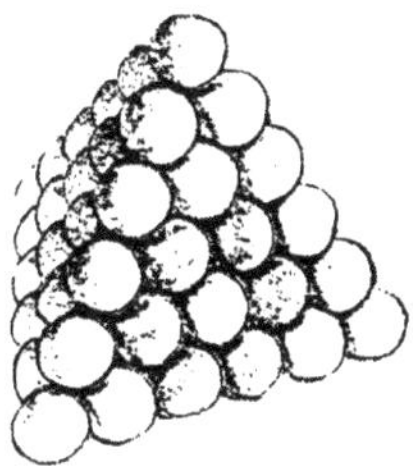

5) Wieviele Kugeln liegen im Inneren der abgebildeten Kugelpackung?

6) Wieviele Kugeln benötigt man, um eine 7. Schicht Kugeln zu erzeugen?

7) Wieviele Kugeln würden dann im Inneren der neuen Kugelpackung liegen?

8) Wieviele Kugeln enthält die abgebildete, würfelförmige Kugelpackung?

III Abwicklungen

1) Mit welchem Netz kann man <u>keinen</u> Würfel bauen?

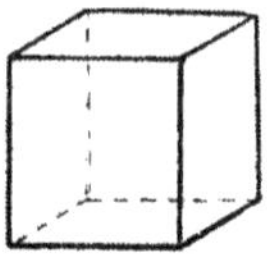

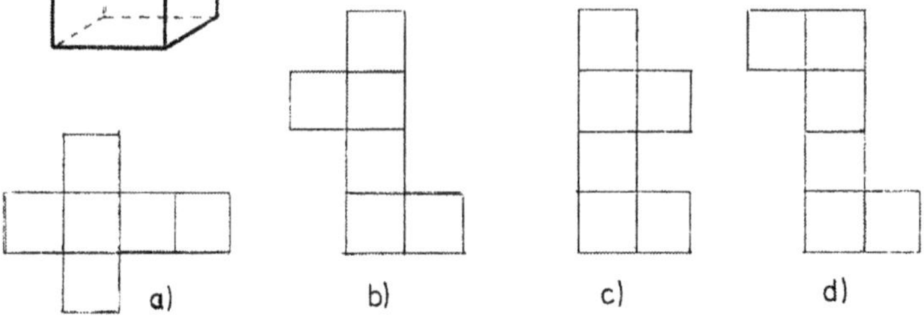

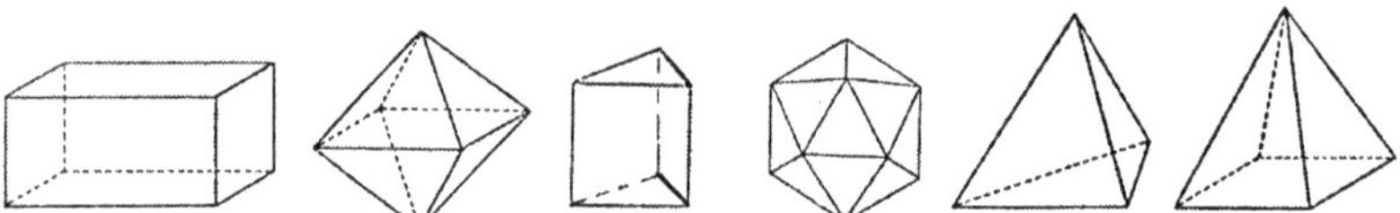

a b c d e f

Zu welchem der abgebildeten Körper a - f gehören die folgenden Netze?

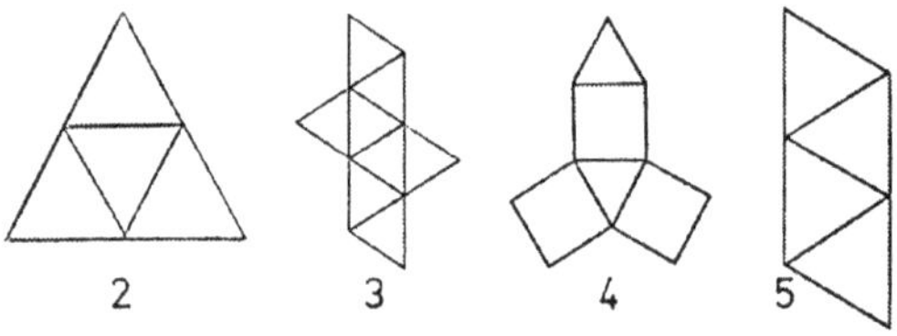

2) Netz 2 zu ?
3) Netz 3 zu ?
4) Netz 4 zu ?
5) Netz 5 zu ?
6) Netz 6 zu ?
7) Netz 7 zu ?
8) Netz 8 zu ?
9) Netz 9 zu ?

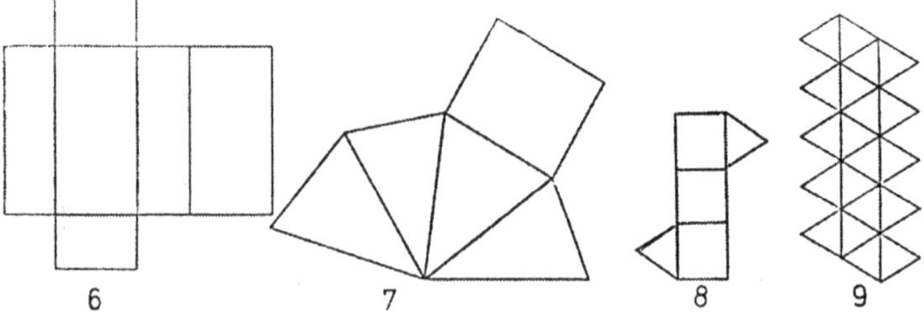

6 7 8 9

IV Strecken in Körpern

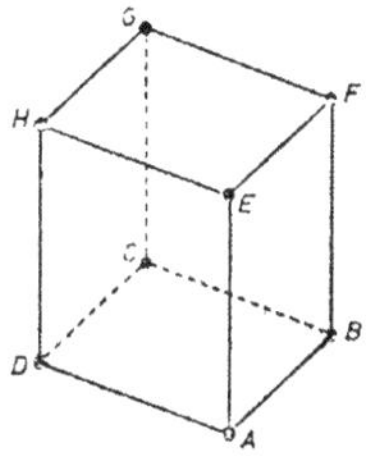

1) Kreuze die Punktverbindung an, die mitten durch den Quader hindurch geht!

a) DB b) DE c) DF d) DG

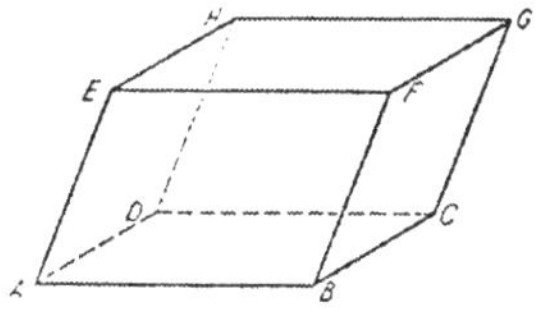

2) Kreuze die Punktverbindung an, die mitten durch den Körper hindurch geht!

a) FD b) HC c) DG d) AH

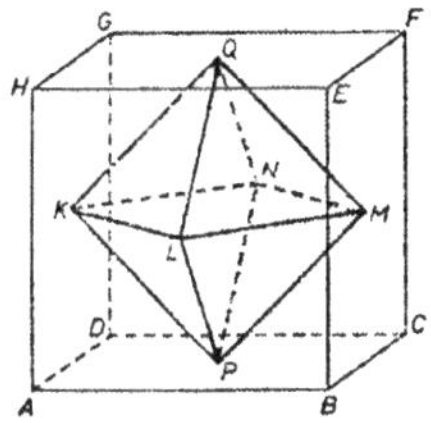

3) Kreuze den Weg zwischen den Punkten G und B an, der an einer Stelle durch den Würfel hindurch führt!

a) GNCB b) GKAB c) GNMB d) GKHB

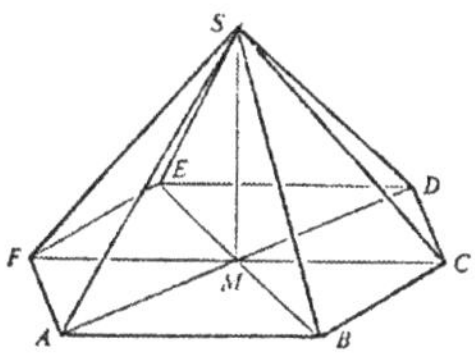

4) Kreuze die Verbindung von 5 Punkten an, die ein <u>ebenes</u> Dreieck bildet!

a) SFMDS b) BSFAB c) AMDSA d) FEDMF

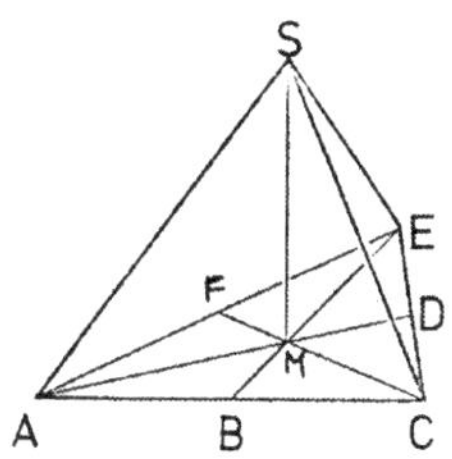

5) Kreuze die Verbindung von 5 Punkten an, die einen <u>räumlichen</u> Körper bildet!

a) SMCDS b) SAMDS c) SMFCS d) SEBMS

V Streckenvergleich in Körpern

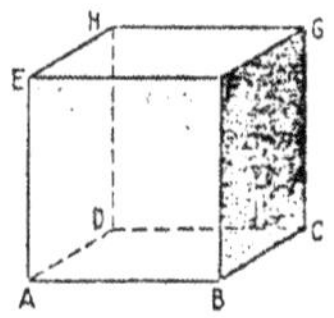

1) Kreuze an, welche der folgenden Strecken gleich lang ist wie BH!

a) CH b) AC c) AG d) BE

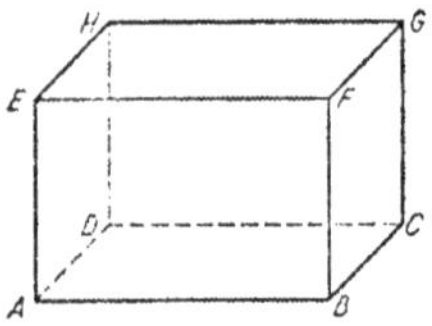

2) Kreuze das Paar Strecken an, das zwei gleichlange Strecken aufweist!

a) das Paar AG, EF
b) das Paar AB, EG
c) das Paar EC, HB
d) das Paar FC, HD

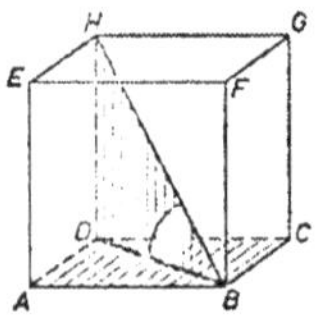

3) Kreuze an, welches Dreieck deckungsgleich ist mit Dreieck DBH!

a) das Dreieck AGC
b) das Dreieck ABD
c) das Dreieck EGH
d) das Dreieck HDC

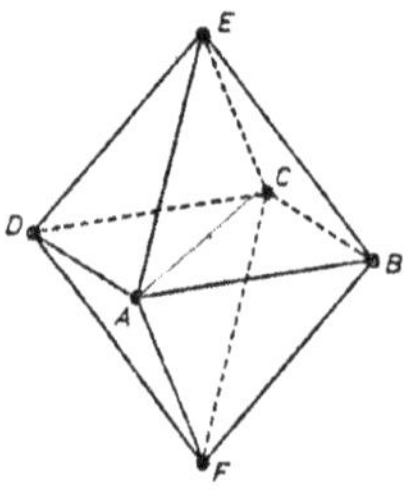

4) Alle Kanten des abgebildeten Körpers seien gleich lang.
Kreuze das Dreieck an, das dekkungsgleich ist mit Dreieck ACE!

a) das Dreieck ABF
b) das Dreieck DBF
c) das Dreieck DCE
d) das Dreieck CBF

VI Schnittebenen

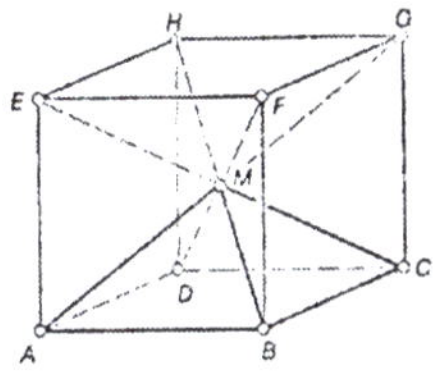

1) In diesem Würfel ist der Körper ABCDM besonders hervorgehoben.
Kreuze an, wieviele solcher Körper der Würfel insgesamt enthält!

2) Kreuze an, welcher der folgenden Körper nicht durch die schraffierte Schnittebene in zwei gleiche Körper geteilt wird!

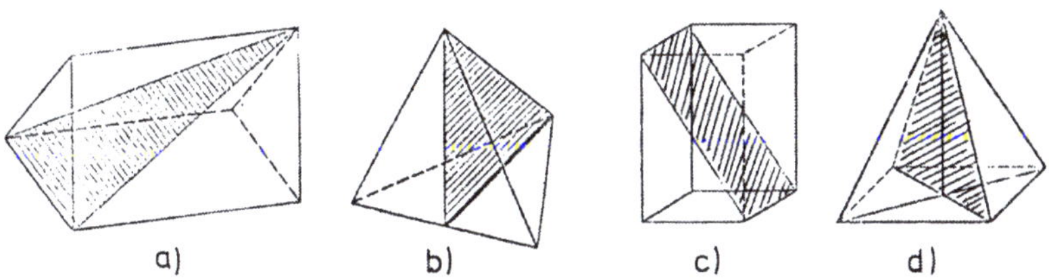

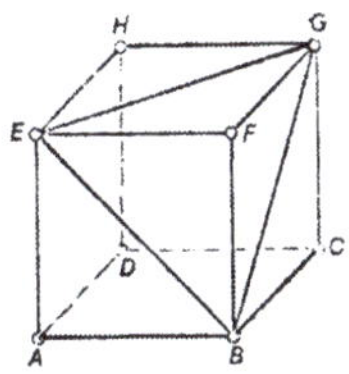

3) Diesem Würfel wird die Ecke BEGF abgeschnitten.
Kreuze an, wieviele solcher Ecken maximal abgeschnitten werden können!

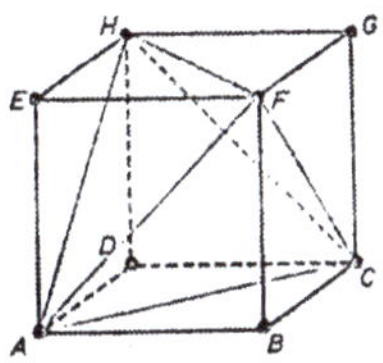

4) In diesem Würfel ist der Körper ACFH besonders hervorgehoben.
Kreuze an, welcher der folgenden Körper in der Form diesem entspricht!

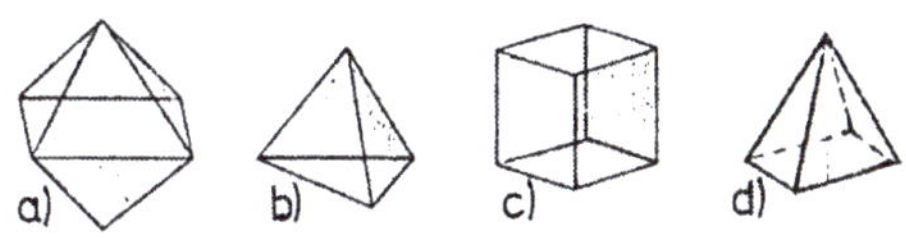